与国有企业相关的
世界贸易规则

张春霖　著

中信出版集团 | 北京

图书在版编目（CIP）数据

与国有企业相关的世界贸易规则 / 张春霖著 .
北京：中信出版社，2025. 8. --ISBN 978-7-5217
-7784-0

Ⅰ . F74

中国国家版本馆 CIP 数据核字第 2025WM1377 号

与国有企业相关的世界贸易规则

著　者：张春霖
出版发行：中信出版集团股份有限公司
　　　　　（北京市朝阳区东三环北路 27 号嘉铭中心　邮编　100020）
承印者：　北京通州皇家印刷厂
开本：787mm×1092mm　1/16　　印张：23　　　　字数：275 千字
版次：2025 年 8 月第 1 版　　　　　　印次：2025 年 8 月第 1 次印刷
书号：ISBN 978-7-5217-7784-0
定价：88.00 元

出版说明

　　本书是由清华大学中国现代国有企业研究院策划推出的国企研究系列丛书之一。国企研究系列丛书作为研究院的重要学术研究成果，旨在展现中国全面深化国资国企改革的理论与实践成果，构建中国特色社会主义现代国有企业制度理论体系。本书同时获得了北京水木现代国有企业研究院的大力支持。

　　国企研究系列丛书立足于国有企业改革的重点难点问题，丰富和深化中国特色现代国有企业制度理论体系，现实与历史相结合，理论与实践相结合，突出解决中国问题和总结中国经验的学术研究导向，专注于中国特色现代国有企业研究的现实性和可操作性，为中国国资国企改革实践建言献策。

目录

序言

白重恩

在改革开放政策的指引下，过去四十多年，中国逐渐融入国际贸易体系和国际经济交往体系，这不仅给中国带来贸易与投资的增长、产业竞争力的提升，更通过"开放促改革"的独特路径，推动了中国经济体制的不断完善和国民福祉的提升。如今，贸易保护主义卷土重来，国际经贸规则正在经历重构，世界贸易组织（WTO）的框架面临多重挑战，《全面与进步跨太平洋伙伴关系协定》（CPT-PP）等区域贸易协定开始塑造新的国际经贸规则和标准，与国有企业相关的贸易规则成为国际经贸博弈的一个重要议题。

全球经济秩序的这种深刻调整的大背景是崛起中的中国与西方国家，特别是与美国的矛盾和冲突。这些矛盾和冲突可以从三个不同维度来理解和应对。第一，地缘政治之争。其中最关键的是霸权之争，后者只在中美之间存在。美国认定中国要挑战其世界霸主地位，而中国一定要继续发展自己，所以这个冲突是无法回避的。第二，经济利益之争。国际贸易和经济往来尽管总体上是双赢的，但具体到各个国家或地区层面，就会出现有的要多赢一些，有的要少赢一些，由此引发争议，但这些争议可以通过双边或多边协商予以解决。另外，国际经贸带来的收益在一个国家内不同群体间的分配与其国内政策相关，国内政策中的问题也会影响对国际经贸的支持。第三，是意识形态和文化之争。当今世界的意识形态之争比冷战时期更为复杂，既包括传统的社会制度、政治体制意义上的意识形态之争，也包括一些更广义的方面，例如对人权的不同看法。此外，在西方世界内部，也有激烈的意识形态之争，例如美国的MAGA（让美国再次伟大）运动所代表的右翼保守势力与欧洲左翼自由派之争。这三个维度交织在一起，使中国与美国及其他西方贸易伙伴之间的经贸关系很容易被政治和安全逻辑裹挟。但是，我们要看到，中国、美国和其他西方贸易伙伴，包括在西方国家之间甚至一个国家的不同群体之间，在这三个维度的立场上都存在显著差异，这些差异以及应对这些差异的措施直接影响国际贸易、投资规则及全球供应链的演变。在中美战略竞争加剧的格局下，加强与美国之外其他西方贸易伙伴、东盟、"一带一路"沿线国家等多元伙伴的合作，求同存异，构建并不断扩大基于共同规则的经济"朋友圈"，将为中国提供更广阔的增长空间，也将为世界经济增长注入更多动力。在平台经济和全球价值链的地位日趋重要的今天和未来，扩大"朋友圈"的重要性逐渐加强。

具体到经贸关系中的国有企业议题，中国是全球国有企业规模最大的经济体，国有企业主要分布在战略性、基础性、关键性行业，同时也在市场竞争性行业中保持一定影响力，其特殊的治理结构与市场地位常成为国际经贸摩擦的焦点。要让国有企业真正融入国际体系，既需主动适应现有规则（如竞争中性、透明度要求），也需推动规则向更具包容性的方向改革，毕竟，全球绝大多数经济体均存在国有企业，完全排斥既不合理，也不现实。需要强调的是，规则并非单方面妥协，而是互惠对等的制度安排。对国有企业而言，遵守国际规则不仅能减少"不公平竞争"的舆论压力，帮助我们扩大"朋友圈"，更能通过市场化改革提升自身效率；对中国整体经济而言，推动国有企业规则透明化将创造更平等的竞争环境，释放市场活力，优化宏观结构（如平衡消费与投资以应对供需不平衡加剧内卷，同时更好地提升民生福祉）。

本书的重要意义正在于此。通过梳理 WTO 及 CPTPP 等框架下与国有企业相关的国际贸易规则的逻辑及其演变，本书很好地回答了四个关键问题：第一，国有企业为什么在经历了多次私有化浪潮之后仍然在各国经济中广泛存在？第二，与国有企业相关的现行国际贸易规则对国有企业的约束本质是什么？其背后的自由市场经济理念与包括中国在内的许多国家的国有企业实践的兼容点和冲突点何在？第三，未来与国有企业相关的世界贸易规则应该如何改革？第四，在捍卫多边主义与扩大开放的过程中，在与国有企业相关的国际贸易规则方面，中国应如何参与规则的改革与重构，以平衡自身制度特色与全球化的需要？

全球化虽遇逆流，但开放合作仍是不可逆转的潮流，尤其是对于不存在霸权之争、意识形态分歧不大的欧洲、东盟等其他国家，中国在"国有企业"这个议题上如何与它们形成共识，合作共赢，将是做大做实"朋友圈"的重要环节。2024 年召开的中共二十届三中全会再次以更大魄力推进制度型对外开放，这是基于经济发展、国际竞争和深化改革的需要做出的战略选择。这一政策的核心在于通过规则、规制、管理、标准的系统性开放和国际化对标、对接，同时积极参与引领全球经济治理，主动拓展双边和多边经贸合作关系，构建更高水平的开放型经济新体制。适应并对接国际规则的国有企业是制度型对外开放的重要组成部分。

因此，国有企业应该在制度型对外开放的指引下，对内深化改革，完善治理模式，对外则适应与之相关的贸易规则，同时抓住RCEP、CPTTP提供的历史机遇和政策红利，加快推进区域性自由贸易建设，进一步整合区域化的产业链体系，加快在生产、销售等各环节的国际化进程，构建自己的具有最大包容性的国际贸易生态体系。

致谢

本书的研究是分两个阶段完成的。第一阶段的成果是作者于 2021—2022 年完成的一份课题报告（张春霖，2022）。该报告的主题是如何通过改革来缓解中国国有企业与世界贸易体系的矛盾以及如何改革。这个主题是作者与清华大学经济管理学院院长、清华大学中国现代国有企业研究院院长白重恩教授讨论后共同确定的。该课题的实施得到了清华大学中国现代国有企业研究院的资助，吴盈盈博士（中国政法大学）、车路遥博士（中国政法大学）、周牧博士（中国社会科学院）和郭彦男博士（西南财经大学）作为课题组成员参与了课题的研究工作并做出了贡献。课题报告初稿完成后，在修改过程中得益于多位专家的评论意见，其中包括姚洋（北京大学国家发展研究院教授）、卢海（加拿大多伦多大学教授）、王琛（商务部处长）、张学源（商务部处长）、王涌（中国政法大学教授）、徐程锦（工业和信息化部国际经济技术合作中心助理研究员）和彼得罗斯·马夫罗伊迪斯（Petros Mavroidis，美国哥伦比亚法学院教授）。第二阶段的研究工作于 2023—2024 年完成。在此期间，作者继续得到了吴盈盈博士的慷慨协助，并得益于车路遥博士对部分内容的评论意见。为了本书的顺利出版，清华大学中国现代国有企业研究院给予了进一步的资助，中信出版集团主编吴素萍女士、编辑马媛媛女士付出了辛勤劳动。作者在此对以上机构和个人一并致以诚挚的谢意。

当然，本书可能存在的一切缺陷和谬误，由作者自己负责。

第一章
引言

本书研究的主题是与国有企业相关的世界贸易规则，目的是在深入了解各国经济中的国有企业现状和存在理由的基础上，全面梳理这一类贸易规则，讨论这些贸易规则的未来改革方向，并就中国如何应对这些贸易规则提出建议。"各国经济中的国有企业"包括中国，但重点是其他国家；"与国有企业相关的世界贸易规则"主要指世界贸易组织（以下简称 WTO）的相关规则、《全面与进步跨太平洋伙伴关系协定》（以下简称 CPTPP）第 17 章的规则，以及美国参与的部分双边和诸边自由贸易协定中与国有企业相关的规则。

本书的具体内容如下。作为引言，本章的其余部分说明本书研究的动因、意义和主要背景。第二章依据可以收集到的数据介绍各国经济中有企业的基本情况。第三章探讨国有企业为什么在经历了多次私有化浪潮之后仍然在各国经济中广泛存在，并讨论国有企业治理模式的概念。第四章介绍与国有企业相关的世界贸易规则的形成过程并梳理其主要内容。第五章通过几个重要案例，介绍 WTO 体系中与国有企业相关的规则被运用于中国国有企业的情况。第六章讨论未来世界贸易规则应当如何改革。第七章作为结束语，简要探讨中国对这些贸易规则应如何应对。

本书适合对以上问题有兴趣的任何读者阅读，尤其是高校学生、研究人员和从事相关工作的实际工作者。为方便读者开展进一步的深入研究，本书用比较大的篇幅提供了相关文献、数据，并给出了必要的介绍和分析。本书的写作已经力求通俗，但部分内容尤其是涉及法律的部分仍然具有较强的技术性，很多语言是从英文翻译而来。读者可能会发现，具备一定的经济学和国际贸易法的知识，有助于更深入地理解本书讨论的问题。

本书研究的是一个跨学科的主题，贸易规则本身属于国际贸易法的领域，但本书不是一本研究法律问题的专著。本书对相关贸易规则的解读、分析以及提出的评论意见和改革建议，都出自经济学分析的视角。试图了解相关贸易规则的确切法律含义及其在实际诉讼中如何应用的读者，应阅读相应的法学著作或就教于相关法律专家。

本章的其余部分探讨三个与本书主题相关的问题。第一，为什么要研究与国有企业相关的世界贸易规则？第二，世界贸易规则为什么要约束国有企业？第三，研究与国有企业相关的贸易规则，为什么要关注各国经济中的国有企业及其存在理由？

一、为什么要研究与国有企业相关的世界贸易规则？

本书之所以要研究与国有企业相关的世界贸易规则，基本的原因是，中国的国有企业与世界贸易体系之间存在摩擦和冲突。

企业的国家所有制是中国特色社会主义市场经济体制的一个重

要组成部分。由此形成的国家全资企业和国家控股企业，即通常所称的"国有企业"，在中国经济中扮演着十分重要的角色。根据国务院向全国人民代表大会的报告，2022 年底，作为国有股权资本投入金融和非金融类国有企业的公共资源总额高达 122.3 万亿元，相当于 2022 年的国内生产总值（GDP）（120.5 万亿元）（国务院，2023；国家统计局，2023）。国有企业不仅在中国经济的总产出中占有近 30% 的份额（张春霖，2019），而且对国民经济的控制力远不止这个百分比显示的水平。

但是，近年来，随着国际大环境的变化，中国国有企业与世界贸易体系的摩擦和矛盾也成为中国对外经贸关系中的焦点问题之一。首先，美国不断指责中国在国有企业方面没有履行作为 WTO 成员的承诺。其次，从 2017 年底以来，美国、欧盟和日本一直在进行一项针对他们所谓"不公平的市场扭曲和保护主义行为"的三方合作，其中包括国有企业问题，而中国就是不言而喻的目标（CSIS，2020）。在学术研究领域，2016 年，伍人英[①]发表了一篇影响广泛的论文，把中国的国有企业视为对以 WTO 为代表的世界贸易体系的一个主要挑战。该论文认为，中国经济体制的特点是，国家通过集中化的实体（如国资委）控制国有企业和金融机构，而这种体制已经迫使 WTO 成为它本不应该成为的"不同经济体制之间事实上的交互界面"（Wu，2016，第 261 页、第 267 页、第 284 页）。2021 年，两位研究 WTO 问题的著名专家马夫罗伊迪斯和萨皮尔（Sapir）出版了《中国和世界

[①] 伍人英（Mark Wu），现任哈佛大学费正清中国研究中心主任和哈佛大学法学院亨利·史汀生法学教授，教授国际贸易和国际经济法。曾任美国贸易代表办公室的高级顾问。

贸易组织：为什么多边主义仍然重要》一书①，对中国国有企业与WTO的矛盾做了专门研究。他们认为，关于中国国有企业得益于不公平的贸易优势的抱怨已经存在多年，WTO确实面临中国国有企业的挑战。他们主张引导中国"改变经济行为"（Mavroidis and Sapir，2021，第 ix 页）。

面对这样的国际环境，中国的基本应对之策是中国共产党第二十次全国代表大会阐明的方针：推进高水平对外开放，包括"稳步扩大规则、规制、管理、标准等制度型开放"。在国有企业方面，中国于 2021 年 9 月 16 日正式提出加入 CPTPP 的申请，就是稳步扩大制度型开放的一项重大举措，因为如后面将要看到的，CPTPP 是第一份设有专章规范国有企业行为的自由贸易协定。

很显然，在目前的国际环境中，在国有企业领域稳步扩大制度型开放，必须了解和研究与国有企业相关的现行世界贸易规则。无论是从事这方面实际工作的政府官员、国有企业管理人员，还是向他们提供支持的经济学、法学领域的研究人员，都是如此。这是本书研究的第一个动因。

其实，中国早在 2001 年就加入了 WTO，而 WTO 规则中已经包括适用于国有企业的一系列规则。例如，WTO 的《补贴与反补贴措施协定》（Agreement on Subsidies and Countervailing Measures）适用

---

① 彼得罗斯·马夫罗伊迪斯是美国哥伦比亚大学法学院教授，1992—1995 年曾在 WTO 法律部工作，1996 年以后一直任 WTO 法律顾问。安德烈·萨皮尔（Andre Sapir）是欧洲智库布鲁盖尔研究所（Bruegel）的高级研究员和布鲁塞尔自由大学经济学教授，2001—2004 年曾任欧盟委员会主席普罗迪的经济顾问。《中国和世界贸易组织：为什么多边主义仍然重要》一书以两个问题为案例研究中国和 WTO 的关系，国有企业问题是其中之一。

于所有企业，包括国有企业。此外，在中国的《加入 WTO 议定书》① 和附属的《工作组报告书》② 中，还有专门针对中国国有企业的规定③。但是，在加入 WTO 之后的很多年中，除了极少数例外，大多数关于国有企业的研究（包括作者本人的研究）都很少提及与国有企业相关的 WTO 规则，包括中国加入 WTO 时就国有企业问题做出的承诺。造成这种情况的一个客观原因是，中国国有企业面对的国际环境的演变有一个过程。在加入 WTO 之后很长时间内，中国与世界贸易体系虽然有一些摩擦，但并没有严重到后来这样的程度，所以在国内学术界并没有引起很高的重视。

根据 2000 年的《美国对华永久正常贸易关系法案》（U. S. - China Relation Act），从 2002 年起，美国贸易代表每年都要提交一份《关于中国的 WTO 履约情况向国会的报告》。因为这份报告每年都会提及中国国有企业，所以它提供了一个样本，可以通过其 20 年来关于中国国有企业的内容，看到美国对中国国有企业的态度演变的大体轨迹。

首先，2008 年之前，美国贸易代表在向国会提交的报告中对于中国在国有企业方面的 WTO 履约情况总体而言没有大的抱怨。2002—2004 年，提及国有企业的主要内容是说中国维持了对一些产品和服务的价格控制，其中涉及国有企业和私营企业。2005 年度的

---

① WTO：*Accession of the People's Republic of China.* WT/L/432. 23 November 2001.

② WTO：*Report of the Working Party on the Accession of China.* WT/ACC/CHN/49. 1 October 2001.

③ WTO：*Accession of the People's Republic of China.* WT/L/432. 23 November 2001. Paragraphs 10. 2, 12. 2；WTO：*Report of the Working Party on the Accession of China.* WT/ACC/CHN/49. 1 October 2001. Paragraphs 46，172.

报告第一次在"其他对内政策"一节专设"国家所有和国家投资企业"的小节，国有企业问题在报告中这一不甚显著的位置一直保持到2020年。2005年度的报告对中国履行WTO承诺的总体状况甚至给出了比较积极的评价。例如，报告指出，美国的利益相关者对中国2004年的履约表现比前几年明显地更加满意（USTR，2004，第4页）。关于国有企业，报告指出，从中国加入WTO以来，关于中国加入WTO时做出的不影响国有企业商业决策的承诺，美国官员没有从美国公司听到很多抱怨，不过由于缺乏信息，还难以对这个领域做出评估。但是，2005年，一些美国公司开始就中国政府在国有企业投资决策中的角色提出疑问，尤其是在石油天然气行业（USTR，2005，第46页）。2006年度的报告指出中国发布了一系列措施，限制国有企业吸收外商直接投资的能力。2007年度的报告进一步增加了两方面的内容：一是2006年中国政府宣布要对若干行业实行"绝对控制"，包括电信、煤炭、电力、石油石化、航运、航空和军工；二是2007年出台的《反垄断法》要求保护国有企业在具有国家战略意义的行业中的经营活动，美国敦促中国保证在贯彻此项措施时不要制造隐形或不合理的贸易壁垒，并给予外国货物、服务以及外国投资者及其投资同等优惠的待遇。

2008年度的报告标志着一个新阶段的开始。这份报告中关于国有企业的内容大幅增加，虽然仍是"其他对内政策"一节中的一个小节，但形成了新的结构。在这个新结构中，报告特别强调的核心问题是："中国政府一直深度干预特定行业的国家所有和国家投资企业的投资决策。"（USTR，2008，第54页）然后，报告列出了四方面的关切：（1）在中国加入WTO的最初几年没有听到关于政府影响国有企业商业决策的抱怨，但是，现在已经很清楚，中国2003年成立国资委的目的就是要深度干预国有企业的商业决策，包括战略、管理和投资。（2）2006年国务院发布文件要求国资委加强国有经济的控制力，列出了七个战略性行业，并要求战略性行业的关键企业必须在国家控制之下。（3）2008年通过的《企业国有资产法》的目的之一是使国有企业在国民经济中特别是在关键行业中发挥主导作用。（4）中国政府限制国有企业吸收外商直接投资的能力（USTR，2008，第54—55页）。

2009年度及以后各年度的报告都重复以上内容，有些年度的报告增加了一些新的内容，并在以后年度的报告中保持了下来。

• 2010年：（1）根据2009年中国政府统计，在工业企业资产中，国有企业资产的比重已经从1978年的92%大幅下降至44%。但是，国有企业在关键部门的集中意味着其影响力并没有相应下降。（2）2010年，中共中央、国务院发出关于国有企业"三重一大"（重大事项决策、重要干部任免、重大项目投资决策、大额资金使用）决策制度的意见，要求国有企业在"三重一大"决策中实行集体决策制度（USTR，2010，第59页、第60页）。

• 2012年：根据2010年中国政府统计，在工业企业资产中，国有企业资产的比重已经下降至42%（USTR，2012，第68页）。

• 2014年：（1）根据2013年中国政府统计，在工业企业资产中，国有企业资产的比重已经下降至41%。（2）2013年11月的中共十八届三中全会决议宣布了一系列影响深远的改革决定，包括让市场在资源配置中起决定性作用，但这些决定看来并不打算降低国有企业在经济中的地位。相反，在国有企业问题上，改革的目标是巩固和加强其在国内外市场上的竞争地位（USTR，2014，第80—81页）。

- 2015年：十八届三中全会决定尚未带来国有企业改革的明显进展，新的政策仍在制定之中（USTR，2015，第87页）。

- 2016年：国资委和财政部发布关于中央企业分类的文件。关于商业类国有企业，虽然重点是资本回报，但按文件规定，如果企业需要保障国家安全（不仅包括国防安全，还包括能源和资源安全、食品安全、网络和信息安全）、提供公共服务、贡献于战略性新兴产业的发展或执行重大的"走出去"项目，则其资本回报就会被认为是令人满意的。对商业性国有企业的这种管理方式说明，中国要兑现它在2012年5月与美国举行的战略与经济对话中做出的发展一个对所有企业都公平的市场竞争环境的承诺，仍存在挑战（USTR，2017，第94页）。

- 2017年：（1）围绕中国国有企业的棘手问题的数量正在增加。（2）十八届三中全会以来出台的新政策都旨在进一步加强中国政府和党在国有企业中的权力。（3）近年来，混合所有制被视为国有企业改革的一个新方向（USTR，2018，第76—77页）。

- 2018年：尽管中国人民银行提到正在考虑对国有企业适用竞争中性原则，但真正的国有企业改革看来并不在中国的日程之上（USTR，2019，第103页）。

2019年度的报告是使用上述结构的最后一份报告。在2020年度和2021年度的报告中，国有企业问题升级为报告的"重点关切部分"的"非关税措施"一节中与"产业补贴"平级的一个小节。在2022年度的报告中，国有企业问题的地位被进一步提高，与

"国家主导的非市场贸易体制""补贴"等问题并列为美国的贸易关切。具体来说，在国有企业问题上，美国的"关切"主要包括三个方面：一是中国采取的政策措施旨在强化国有企业在经济中的地位；二是中国采取了很多措施确保政府和党干预国有企业在战略、管理、投资方面的商业决策，以便保证这些企业在国民经济中扮演主导角色；三是中国给国有企业提供了多方面的优惠待遇，包括巨额补贴（USTR，2023，第 9 页、第 13 页、第 25—26 页）。在 2022 年度的报告中，中国的贸易体制被认为属于国家主导的非市场经济的贸易体制，产业政策、巨额补贴、国有企业的主导地位等都被认为是这种体制的典型特征，也属于美国最关切的"尚未解决的结构性问题"（USTR，2023，第 13 页）。2024 年 2 月提交国会的 2023 年度的报告仍把国有企业问题列为"产业计划"（industrial plan）之后美国的第二个贸易关切，并大体维持了 2022 年度报告中关于国有企业的具体内容（USTR，2024）。

在这 20 多年中发生的一件大事是，2016 年 2 月 4 日，美国、日本等太平洋两岸的 12 个国家签署了 CPTPP 的前身 TPP（《跨太平洋伙伴关系协定》）。这对中国国有企业所处的国际环境来说是一个标志性的事件。如第四章将会详细介绍的，在 TPP 之前，与国有企业相关的贸易规则分布很零散。TPP 是第一份设专章规范国有企业行为的自由贸易协定，它第一次把与国有企业相关的贸易规则收集、整理在一起并进行了升级。整个 TPP，尤其是关于国有企业的第 17 章，是在美国主导下谈判完成的。2017 年 1 月 20 日美国宣布退出 TPP，该协定由剩下的其他成员国改名为 CPTPP，但第 17 章没有改动。

美国主导 TPP 谈判，对其针对中国的战略意图从来直言不讳

（Fleury and Marcoux，2016）。2014 年，时任美国总统奥巴马就明确指出，TPP 的一个附带利益就是在该地区设定中国必须适应的高标准。[①] 2015 年 10 月 5 日 TPP 谈判完成之日，奥巴马在其讲话中再次指出，协定的关键就是不能让中国这样的国家制定贸易规则；这些规则必须由美国来制定。[②] 具体到关于国有企业的规定，虽然作为 TPP 创始成员国的越南、马来西亚、新加坡都有大量国有企业，但很多研究者认为，美国主导关于国有企业贸易规则的谈判，其目的肯定包括为中国进入这个贸易区域设置门槛（Kawase and Ambashi，2018；Petri and Plummer，2019）。

2016 年以后，中文文献中出现了一批对 TPP（后来的 CPTPP）第 17 章相关规则和应对措施的研究（例如，项安波，2016；熊月圆，2016；徐昕，2017；张丽萍，2017）。这些研究对深入理解国有企业面对的国际环境变化做出了重要贡献。但是，对与国有企业相关的 WTO 规则的研究仍然相对薄弱，因而对 CPTPP 规则的研究也未能追寻其与 WTO 规则的内在联系和历史渊源。即使英文文献，也没有全面梳理与国有企业相关的贸易规则。吴盈盈于 2017 年提交给伊利诺伊大学的博士论文是英文文献中第一部系统研究与国有企业相关的 WTO 规则的著作。她的研究后来也延伸到 CPTPP（Wu，2022）。本书的目的之一，就是在包括 WTO、CPTPP 第 17 章和美国参与的部分自由贸易协定这样一个大的范围之内，全面系统地梳理与国有企业相关的世界贸易规则。如第四章将会看到的，把这三部分放在

①　https：//obamawhitehouse. archives. gov/the － press － office/2014/12/03/remarks － president － business － roundtable.

②　https：//obamawhitehouse. archives. gov/the － press － office/2015/10/05/statement － presi-dent － trans － pacific － partnership.

一起非常重要，因为它们之间是相互联系的。之所以把美国参与的部分自由贸易协定包括在研究范围之内，是因为很多 WTO 规则、CPTPP 规则的思想渊源可能来自美国，或者至少受到了美国的影响。

本书研究的第二个动因是探讨与国有企业相关的贸易规则改革。当年加入 WTO 时，《中国加入 WTO 议定书》和《工作组报告书》中关于国有企业的内容是有谈判余地的，中国是经过谈判才接受的。但其他 WTO 规则适用于所有成员方，中国作为新加入的成员只能是规则的接受者。现在申请加入 CPTPP，情况也一样。对于 CPTPP 第 17 章的规定，中国只能选择接受或不接受，不可能与其他成员国重新谈判并进行修改。但是，现行的与国有企业相关的贸易规则并非完美无缺，改革的必要性是公认的。中国作为当今世界的贸易大国和国有企业大国，理应在未来的改革中发挥应有的作用。这样做不仅是为了维护中国自身的国家利益，在当前逆全球化浪潮此起彼伏的国际环境下，中国更需要像国家领导层宣布的那样，坚定站在历史正确一边，坚持经济全球化大方向，旗帜鲜明主张自由贸易和真正的多边主义，维护以世界贸易组织为核心的多边贸易体制权威性和有效性。① 因此，对于现行的与国有企业相关的世界贸易规则，中国作为负责任的大国，除了需要对已经接受的规则严格履行承诺，还需要对这些规则的进一步改革进行深入研究，形成自己的立场和方案，力求推动多边贸易体制进一步完善。

有人可能会持悲观立场，觉得自由贸易时代已经成为历史，这种看法高估了反自由贸易的力量。自由贸易时代并没有结束，也不

---

① http://politics.people.com.cn/n1/2023/0928/c1024-40086807.html.

会结束。未来的趋势取决于两种力量的平衡。一方面，阻碍自由贸易的力量是非常强大的，其中包括一些国家基于国家安全、意识形态、民族主义、民粹主义等非经济方面的考量而采取的行动。但这样的行动都是有经济成本的。另一方面，自由贸易有助于提高经济效率、促进经济增长，这是已经被历史证明的一个基本事实，自由贸易的反对者也无法否认。

因此，长期来看，阻碍自由贸易的逆流迟早会因其自身的经济成本而受到遏制。人们只要仍然追求效率和经济增长，自由贸易的时代就不会结束。即便是一些经济体选择把自己孤立和封闭起来，自由贸易仍然会在世界上其他愿意实行开放的经济体之间继续进行。这就是为什么说，旗帜鲜明地主张自由贸易，就是站在历史正确的一边。

二、世界贸易规则为什么要约束国有企业？

有人可能会认为，世界贸易规则约束国有企业是对国有企业的所有制歧视。因为中国是国有企业大国，国有企业在中国经济中又发挥着独特的作用，所以也许有人甚至会认为这是打压中国发展的阴谋。在当前的国际大环境中，出于地缘政治目的而滥用贸易规则的事情确实经常发生。但世界贸易规则之所以约束国有企业，既不是所有制歧视，也不是地缘政治方面的阴谋，而是根源于维护自由贸易的需要。

今天的世界贸易体系是第二次世界大战后建立的。与战后国际政治经济秩序的其他部分一样，世界贸易体系也是在二战的战胜国尤其是美国、英国的主导下建立的。还在战争结束前，美国就已经提出建立一个贸易方面的国际组织，目的是在多边基础上降低关税、促进自由贸易。1945 年 12 月，15 个国家开始关于关税减免的谈判。1946 年，联合国经济和社会理事会开始着手准备创立一个名为"国际贸易组织"（International Trade Organization）的国际组织。1947 年 10 月，在古巴首都哈瓦那召开的联合国贸易和就业大会通过了《国际贸易组织宪章》，后来被称为《哈瓦那宪章》。[①]《哈瓦那宪章》覆盖一系列广泛的议题，是关于世界贸易体系的一份雄心勃勃的蓝图。虽然关于所有事宜的正式谈判都已经完成，但《哈瓦那宪章》最终未能得到美国国会批准，而没有美国批准，其他国家都不愿意批准。这样，国际贸易组织就未能面世（Mavroidis and Sapir，2021，第 5 页）。但是，《哈瓦那宪章》中的第四章是一个例外。这一章题为"商业政策"，主要涉及市场准入，如关税、数量限制、补贴、国家贸易等问题。这一章不仅保存了下来，而且在 1945 年 15 国关税谈判取得进展的基础上，被发展成后来的《关税与贸易总协定》（General Agreement on Tariffs and Trade，以下简称GATT）。GATT 于 1948 年 1 月 1 日生效[②]，在此后近半个世纪中为全球范围内的贸易自由化提供了框架，直到 1994 年 4 月 15 日，在经历了 7 年多所谓的"乌拉圭回合"谈判之后，123 个国家签署了《马拉喀什建立世界贸易组织协定》[③]，GATT 才发展成为 WTO。

所以，简单说来，从 GATT 到 WTO，世界贸易体系的核心是作

[①] Havana Charter for an International Trade Organization. 见 https：//www.wto.org/english/docs_e/legal_e/havana_e.pdf，2022 年 2 月 18 日查阅。

[②] 中国是 GATT 的 23 个创始成员之一。其余 22 个是澳大利亚、比利时、巴西、缅甸、加拿大、锡兰（今斯里兰卡）、智利、古巴、捷克斯洛伐克、法国、印度、黎巴嫩、卢森堡、荷兰、新西兰、挪威、巴基斯坦、南罗得西亚（今津巴布韦）、叙利亚、南非、英国和美国。

[③] 见 https：//www.wto.org/english/docs_e/legal_e/04-wto_e.htm，2022 年 2 月 18 日查阅。

为贸易伙伴的成员方政府之间签订的一系列贸易协定。贸易伙伴之间为什么要签订这些贸易协定呢？一个主要目的是避免落入所谓的"囚徒困境"（孔庆江，2020，第8页、第11页）。比如，贸易伙伴都知道，降低贸易壁垒对大家都有利，但同时大家又都希望关税收入越多越好。如果A方降低关税开放市场，自己的关税收入会降低，B方会获益，但无法保证B方一定会同样降低关税开放它自己的市场。考虑到这种情况，每个贸易伙伴的最优选择就是不管别人怎么说、怎么做，自己永远不要降低关税壁垒。这样就会形成"逐底竞次"（race to the bottom），陷入博弈论所说的囚徒困境，使自由贸易给大家带来的利益最小化。贸易协定的意义就在于，每个贸易伙伴都可以从别的贸易伙伴那里就维护自由贸易得到一个可信的承诺，并在此基础上做出并兑现自己的承诺，从而使自由贸易带给大家的利益趋于最大化。所以，世界贸易体系也可以说是贸易伙伴之间为在全球经济范围内促进社会福利而采取集体行动的一种机制。

世界贸易体系的规则，或者说贸易伙伴之间为维护自由贸易而相互做出的承诺，虽然千条万绪，但其中有若干基本原则。第一条就是非歧视原则。WTO成员方一旦签约加入，就承诺平等对待所有贸易伙伴及其企业。具体来说，一个WTO成员方承诺遵守两项规则：最惠国待遇和国民待遇。最惠国待遇的规则要求，任何缔约方给予来自或运往任何其他国家任何产品的利益、优惠、特权或豁免，应立即无条件地给予来自或运往所有其他缔约方领土的同类产品。① 而国民

---

① Article 1.1，GATT 1994，见 https：//www.wto.org/english/res_e/publications_e/ai17_e/gatt1994_art1_gatt47.pdf，2022年2月19日查阅。关于该条的解释，见孔庆江（2020，第23页）。

待遇则禁止任何缔约方为国内产品提供比来自其他缔约方的进口产品更优惠的待遇。[①] 通俗来说，最惠国待遇就是要求一个缔约方对其所有贸易伙伴的产品一视同仁，不能差别对待；国民待遇则要求一个缔约方对其国内产品和其他缔约方的产品一视同仁，不能差别对待。

另一个基本原则是市场准入。关税是阻碍市场准入的最常见壁垒，也是 GATT 谈判的主要焦点。世界贸易体系的规则大部分归结于降低关税壁垒、促进市场准入。但是，自由的贸易流动也可以被非关税壁垒所阻碍，例如数量限制、技术壁垒等。在这些方面，已有的贸易规则已经非常复杂。当进口产品必须与得益于补贴的本国产品竞争的时候，补贴可以起到和非关税壁垒相似的作用。换句话说，当参与竞争的本国产品已经通过补贴而获得额外竞争优势的时候，降低关税的承诺可以毫无意义。世界贸易体系对补贴的控制主要依靠《补贴与反补贴措施协定》中确立的一系列规则[②]，其中，补贴被定义为政府或任何公共机构给予的、有利益授予的一项财务资助［第 1.1(b)条］。

但是，如果补贴被用于促进出口，也就是说，本国产品必须与得益于补贴的进口产品竞争，则世界贸易体系也维护另一个基本原则，即公平贸易的原则。例如，在诸如反倾销和反补贴措施等贸易规则中体现的，就是公平贸易的精神。设计这些措施的目的是部分抵销"不公平"行为的效应，从而防止此类行为再次发生。与"不公平"贸易行为相联系的一个常见的贸易政策目标是"平等竞争"，

---

① Article 3，GATT 1994，见 https：//www.wto.org/english/res_e/booksp_e/gatt_ai_e/art3_e.pdf，2022 年 2 月 19 日查阅。关于该条的解释，见孔庆江（2020，第 25 页）。

② https：//www.wto.org/english/docs_e/legal_e/24-scm.pdf. Accessed on February 19, 2022.

但"公平"和"不公平"之间经常存在模糊地带（Jackson，1997，第247—248页）。

世界贸易体系的规则，包括上述基本原则，约束的都是缔约方政府的行为。在非歧视、市场准入和公平贸易等原则的背后隐含着一个基本假定：在世界市场上竞争的是企业而不是它们的政府。如美国著名国际贸易法专家杰克逊指出的，"第二次世界大战后的国际贸易体系显然是建立在这样一些规则和原则的基础之上，这些规则和原则假定的是自由市场导向的经济。GATT 的规则肯定是以此为指导思想而制定的"（Jackson，1997，第247—248页）。换句话说，为维护自由贸易而被缔造出来的世界贸易体系，本来是要在自由市场经济的规则基础上运作的。为什么在世界市场上竞争的只能是企业而不能是它们的政府？其中的道理非常显而易见。政府拥有私营企业所没有的很多权力，比如征税权、造币权、监管权。如果政府携这些权力与私营企业竞争，市场上当然就不可能存在公平竞争，自由贸易也就成为一句空话。比如，如果是两家私营企业在竞争，一家企业要把竞争对手赶出自己的市场，只能是把自己的成本降得更低、效率提得更高；而如果是政府，则只要不断向竞争对手征税就可以了。所以，用非歧视、市场准入和公平贸易等原则以及相关的贸易规则约束政府行为，对于维护自由贸易至关重要。

但这些和国有企业又有什么关系呢？如第四章将会详细介绍的，专门针对国有企业的贸易规则是比较晚才出现的。最先出现的其实是既适用于国有企业也适用于私营企业的规则。但国有企业的行为之所以被纳入贸易规则的约束范围，根本原因是它可以成为政府行为的工具。比如，政府可以在贸易协定上签字承诺不设立贸易壁垒，换取贸易伙伴也取消它们的贸易壁垒，然后间接通过自己的国有企业设立贸易壁垒。在这种情况下，如果不把国有企业的行为纳入约束范围，在贸易协定上签字的政府就都会钻这样的空子，使贸易协定成为一纸空文。补贴的情况与此类似。政府可以签字承诺不给自己的企业发放补贴，然后间接通过国有金融机构发放补贴。所以如果《补贴与反补贴措施协定》把发放补贴的主体只限定在政府本身而不包括所谓的"公共机构"，就会有政府驱使国有金融机构钻这样的空子，使协定失去约束效力。

从更一般的意义上说，国有企业和私营企业的不同在于，它与政府有着特殊的关系。如果国有企业与政府事实上"政企不分"，国有企业的行为就是政府行为，那么一国的国有企业参与世界市场的竞争，实际上就是该国政府在参与世界市场的竞争。在这种情况下，前面所说的世界贸易体系背后的隐含假定就会不复存在，自由贸易就会受到威胁。所以，要维护自由贸易，贸易规则对政府行为的约束不可避免地必须延伸到国有企业的行为。

事实上，不仅国有企业，私营企业尽管与政府的关系不同，但也可以成为政府行为的工具。比如，政府可以授予特定私营企业以特许经营权，允许其垄断经营进出口贸易，这样的私营企业是"国家贸易企业"（state trading enterprise），可以成为政府贸易政策的工具；政府也可以用特定的方式"委托或指挥"（entrust or direct）私营企业给其他企业提供补贴。后面将会看到，在这些情况下，世界贸易体系的规则对私营企业的行为同样会施加约束。

三、为什么要关注各国经济中的国有企业及其存在理由？

研究与国有企业相关的世界贸易规则，为什么要首先关注各国经济中的国有企业及其存在理由？这个问题的第一个答案是，与国有企业相关的世界贸易规则是为全世界的国有企业制定的，所以首先有必要了解全世界范围内国有企业的基本情况以及它们为什么存在。

因为中国是国有企业大国，所以人们很容易不自觉地把国有企业当成一个"中国现象"。在国际上，因为中国本身是一个贸易大国，所以说到国有企业与世界贸易体系的矛盾时，经常有人会下意识地认为那说的就是中国的国有企业。这样的理解并不完全符合事实。如第二章将会看到的，中国确实是一个国有企业大国，但世界上几乎所有经济体都有国有企业。其中与中国情况最接近的是曾经实行过中央计划经济、20世纪80年代以后开始向市场经济转轨的经济体，本书沿用文献中的用法，称之为"转轨经济体"，包括中国、越南、俄罗斯、塞尔维亚等。剩下的经济体，本书按世界银行的收入分类标准，划分为高收入、中等收入和低收入经济体。美国是国有企业在经济中的作用最微乎其微的国家，但也有相当数量的国有企业。

世界贸易体系中与国有企业相关的规则，并不是只为中国的国有企业制定的，未来的改革也必须充分考虑到全球范围内各经济体国有企业的实际情况。所以，要理解现行规则并深入探讨其未来改革的必要性和方向，必须从中国经济中走出来，从全球经济的视角了解各国经济中国有企业的基本情况。

探讨各国经济中国有企业存在的理由尤其重要。举例来说，如果按照某种极端观点，国有企业本身没有任何存在的价值，那么贸易规则的制定就应该最大限度地提高各经济体设立和维持国有企业的成本，争取让国有企业尽早从世界市场消失。但如果这种极端观点被证明是错误的，国有企业的存在有其经济合理性，贸易规则就必须寻求多目标之间的平衡。比如，如果承认国有企业按低于成本的价格提供全民可及的公共服务是一项合理的经济职能，政府给国有企业提供合理的成本补偿与公平竞争、自由贸易之间就不存在冲突，贸易规则因此就必须区分这种补偿与真正的反竞争补贴。但是，如果国有企业的这种职能是多余的，私营企业也可以按同样的方式提供同样的公共服务，那就是另一回事。所以，要足够深入地探讨与国有企业相关的贸易规则改革的必要性及其方向，首先必须研究国有企业存在的理由，否则就没有坚实的理论基础。

但是，关注和了解各国经济中的国有企业及其存在理由，其意义还不止于此。如第二章将会看到的，各国经济中的国有企业情况非常复杂。虽然为了研究方便，本书把它们都称为"国有企业"，但很多国家的国有企业并不叫"国有企业"。至于内涵，更是千差万别。大体说来，转轨经济体的国有企业由于历史原因与中国的国有企业比较接近，因而比较容易理解。其他经济体的国有企业和中国都有比较大的差异，有的产生于非常不同的法律体系之中。对中国的学者和实际工作者来说，深入了解和研究各国经济中的国有企业，至少还有三个方面的意义。

第一，在国际市场上，中国的私营企业会越来越多地遭遇与别国国有企业竞争的情况。到目前为止，国内研究与国有企业相关的贸易规则的出发点几乎完全是中国国有企业与世界贸易体系的摩擦和矛盾。事实上，这只是事情的一个方面。随着中国私营企业不断进入全球市场，它们与别国国有企业发生竞争的情况会越来越多，别国政府通过其国有企业设置贸易壁垒，对中国私营企业给予歧视性待遇等方面的风险都是现实存在的。因此，对中国私营企业来说，也存在如何利用与国有企业相关的贸易规则保护自身权益的问题。从这个角度出发，研究者和政策制定者都需要对各国经济中的国有企业及其职能有深入了解。

第二，在中国的对外投资项目中，中国投资方的很多合作伙伴都是所在国的国有企业。这是因为中国的投资比较多地集中在基础设施领域，而很多国家的能源、交通等基础设施行业都是由国有企业主导的。因此，从这个角度看，深入了解各国经济中的国有企业及其职能，也非常重要。

第三，中国的国有企业改革仍然在进行中，其他国家国有企业的管理体制和改革经验，对中国未来的国有企业改革可以提供借鉴意义。

第二章

各国经济中的国有企业

国家通过投资于企业的股权而参与企业层面的微观经济活动，是全球范围内广泛存在的一种经济现象，而对于这种经济现象，人们的认识到目前为止还是非常有限的。国家此类行为的结果之一就是把它投资的企业变成"国有企业"。因此，理解这种经济现象的途径之一，就是研究各国经济中的国有企业，构建一个国有企业的"全球图景"（global landscape），即搞清楚全球范围内国有企业的总体情况。不过，这不是唯一的途径。因为国家投资参与的企业只有一部分变成了"国有企业"：在大多数国家，国家仅仅在其中作为非控制性少数股东参与的那些企业，法律上和统计上并不算作国有企业。所以，在研究各国经济中的国有企业的同时，还必须重视并全面覆盖国家在企业层面的其他形式的参与，即一些英文文献中所称的"国家的经济足迹"（footprint）。

最近十多年来，国有企业在各国经济中广泛存在的事实在国际学术界引起了越来越多的重视，人们也越来越注意到国家在企业层面的参与正在强化。因此，很多研究试图从各国经济中国有企业的规模和行业分布入手加深对这一现象的理解。若干颇具影响的研究（例如 Christiansen，2011；OECD，2017；Richmond et al.，2019；EBRD，2020）对构建国有企业的全球图景做出了重要贡献。但是，由于数据限制，这些研究不可避免地像拼图一样，只揭示了国有企业全球图景的某个局部。有的只覆盖部分国家，如经济合作与发展组织（OECD）成员，有的只覆盖部分行业（如银行业）或部分国有企业（如大企业、上市公司）。此外，这些研究大多没有超越国有企业的概念，以覆盖国家的经济足迹。

2022 年，本书作者把能收集的数据集中于一个数据库，以国有企业在各国经济中的比重和行业分布为重点，试图为国有企业构建一个初步的全球图景，并明确提出了超越国有企业概念研究国家经济足迹的必要性（张春霖，2023）。本章主要依据这个数据库并结合此后的其他研究，首先介绍各国经济中国有企业的基本情况，然后扩展到国家的经济足迹。

人们目前对国有企业的全球图景和国家的经济足迹只有有限的了解，主要是因为数据限制，而数据收集的一个重要障碍是国有企业定义的跨国差异。因此，本章第一节首先讨论定义和数据问题。第二节依据作者于 2022 年构建的数据库，分析各国经济中国有企业的规模和行业分布。第三节超越国有企业的概念，把国家作为一个股权投资者来对待，考察国家的经济足迹。

一、定义与数据

以数据为基础研究各国经济中的国有企业，必然遇到的难题就是各国的国有企业没有统一的定义。本节首先探讨国有企业的定义问题在全球范围内的复杂性，并与中国的国有企业、国家出资企业的定义做对比，然后介绍最近十多年来为研究各国经济中的国有企业而收集数据所取得的主要进展。

1. 定义的复杂性

什么是国有企业？在中国，这似乎是一个极其简单的问题，国有企业当然就是国家所有的企业，包括国家全资和国家控股的企业。但是，如下面将要看到的，深究起来，即使在中国，事情也不是这么简单，而在全球范围内，更是复杂得多。然而，要理解各国经济中的国有企业，就不得不耐心面对这个复杂问题。

在全球范围内，国有企业的定义大致可以分为两大类。一类可以称为"本地（local）定义"，即各个国家或司法辖区的法律或统计意义上的定义；剩下的可以称为"非本地定义"，包括贸易协定的定义、国际组织的定义、研究者为构建数据库而设立的定义等。不同类型的定义有不同的意义。本地定义通常具有两方面的意义：其一，在一个国家或司法辖区发生的商务活动和法律纠纷，通常适用的是该国或司法辖区的定义；其二，一个国家或司法辖区的国有企业数据，通常是按照它们自己的定义生成的。贸易协定的定义，一般只适用于该协定的执行。国际组织的定义，其目的取决于具体情况。研究者自己设立的定义一般都是为了构建数据库或其他研究性质的目的。

国际货币基金组织曾经研究过国有企业的一些本地定义，认为这些定义有若干共同之处：被定义为国有企业的实体（1）有属于自己的、单独的法人资格；（2）是至少部分地由一个政府单位控制的实体；（3）主要从事商业或经济活动（IMF，2020，第47页）。独立法人资格、政府控制、主要从事商业活动这三点，大体上可以说是全球范围内国有企业的三个基本特征。但是，在这三个基本特征中，政府控制的具体含义深究起来非常复杂。而另外两点，也不像看上去那么简单。

关于政府控制的含义，由国际货币基金组织（IMF）自己制定的、旨在为各国财政数据提供统一的统计标准的《政府财政统计手册》（Government Finance Statistics Manual 2014，以下简称《手册》）（IMF，2014）对"公共公司"即国有企业有一个定义，该定义对政府控制做了很详细的解析。按该定义：

> 如果一个政府单位，或者一个公共公司，或二者的某种联合，控制着一个公司，则该公司就是一个公共公司。对一个公司的控制的含义是决定该公司一般公司政策的能力。此处使用的"一般公司政策"应作广义理解，其含义包括与公司作为一个市场生产者的战略目标相关的财务和经营政策（IMF，2014，第 28 页）。

关于"控制"，该《手册》特别提出了八个更详细的衡量指标：（1）拥有多数投票权；（2）控制着该实体的董事会或其他管理机构；（3）控制着核心管理人员的任免；（4）控制着该实体的关键委员会；（5）通过"金股"或期权实行控制；（6）通过监管实行控制；（7）通过一个或多个公共部门的大客户实行控制；（8）政府贷款附加的控制（IMF，2014，第 29 页）。

2016 年完成的 CPTPP 第 17 章第 17.1 条对国有企业的定义也将重点放在了对"控制"的界定上，同时还界定了"商业活动"。按照其定义，国有企业是一个主要从事商业活动的企业，在其中，一个缔约方（1）直接拥有 50% 以上的股份资本；或者（2）通过所有者权益控制着 50% 以上的投票权；或者（3）有权任命董事会或与之相当的管理机构的多数成员。至于"商业活动"，其特征是：

（1）企业从事该活动以营利为目的；（2）从事该活动的结果是生产了一种货物或提供了一种服务，并将该货物或服务售卖给了相关市场的消费者；（3）售卖的数量和价格是由该企业决定的。

2017 年，OECD 为开展一项关于国有企业的研究而邀请若干国家回答其一项问卷调查。为此，OECD 对国有企业下了一个定义。该定义接受各国认定的"中央政府在其中行使所有权和控制权的公司实体"为国有企业，而把重点放在"经济活动"上：

> 国有企业是"按本国法律作为企业组织起来的、中央政府在其中行使所有权和控制权的公司实体……此外，法定公司（statutory corporations），即那些其法人地位由特定立法确立的公司，如果从事经济活动，无论是专门从事经济活动，还是同时追求公共政策目标，都应被视为国有企业。经济活动指的是那些在给定的市场上提供货物或服务的活动，而这些活动至少在原则上可以由私营的营利性提供者来提供。准公司（quasi corporations），即在一般政府部门内部从事自主性商业活动的单位，如果在财务上是自主的且收取有经济意义的价格，也应被视为国有企业"（OECD，2017，第 11 页）。

在世界银行于 2023 年底完成的题为《国家企业》（The Business of the State）的报告（World Bank，2023）中，国有企业定义是重点问题之一。该报告主张从三个方面扩大国有企业定义的口径（Dall'Olio et al.，2022）。其一是把国家在企业持有股份的门槛降低到 10%。因为国家是否在一个企业享有控制权，需要逐个企业去考察，这在构建数据库的时候难以做到。为了不低估国有企业的数量，10%被认为是一个比较合适的门槛。其二是不仅要包括中央政府所属企业，还要包括地方政府所属企业。其三是不仅要包括政府直接持有股份的企业，还要包括政府通过国有企业和其他实体"间接"持有股份的企业。世界银行认为，以往传统的国有企业定义在这三个方面的口径都过于狭窄，只统计中央政府直接持有50%以上股份的企业，因而低估了国有企业的数量。为了区别于按传统口径统计出来的国有企业，世界银行把按照他们扩大后的口径统计出来的企业叫作"国家企业"。[①]

　　世界银行的定义和OECD的定义一样，都是研究者为收集数据构建数据库而设立的。他们主张要包括地方政府所属企业、政府通过其他实体"间接"持有股份的企业，当然都是正确的。在构建企业层面的数据库时，为了确保不漏掉政府持股不到50%但拥有控制权的企业，把国家持股的门槛下调到10%，也不失为一种折中的办法。但是，他们认为传统的定义把国有企业只界定为政府"直接"持股的企业（如集团母公司）而不包括"间接"持股的企业（如集团全资子公司），似乎并没有充分的事实根据。现实生活中这样的情况非常罕见。世界银行也指出，口径如此狭窄的定义并非出自某个国家，而是报告作为"传统定义"的一个基准（benchmark）自行设定的；之所以这样设定，是因为这个定义反映了"很多国家"的定义的共同特征（World Bank，2023，第22页）。但报告并没有提供证据说明究竟哪些国家使用口径如此狭窄的定义。另外值得注意的是，世界银行的报告

---

① 如果孤立地看，"business of the state"最合适的中文翻译应该就是"国有企业"。但是，因为世界银行报告使用这个名词的用意就是区别于"state - owned enterprise"，即国有企业，所以，本书将它译为"国家企业"。

主张扩大国有企业定义口径的目的之一，是更全面地呈现国家的经济足迹，但是，它的数据库设置持股10%的门槛，还是着眼于国家的控制权。对于国家在其中只持有非控制性少数股权的企业，报告并未覆盖。

从以上这些在国际上有影响的定义以及相关研究来看，在全球范围内，国际货币基金组织提出的国有企业定义的三大特征都有不同程度的复杂性。

关于独立法人资格，这个问题看似简单，实则不然。首先，在一些国家，国有企业即使在法律形式上也不是有限责任公司，不具有独立于政府的法人资格。比如世界银行的报告数据涉及的"大多数国家，国有企业并不采取有限责任公司的形式"（World Bank，2023，第53页）。OECD的国有企业定义主要指"公司实体"，也包括了"法定公司""准公司"，这说明OECD的问卷调查（OECD，2017）所覆盖的国有企业多数应该是公司实体。但是，在一些国家，其国有企业即使在法律形式上是公司，在财务上也并不一定完全独立于政府。政府财政对国有企业债务承担连带责任的现象在很多国家尤其是发展中国家都是存在的。例如，根据国际货币基金组织的报告，在中东、北非、中亚地区，很多国家的政府都向国有企业的债务提供担保（IMF，2021，第32页）。在哈萨克斯坦，主权财富基金Samruk-Kazyna代表国家在主要大型国有企业中行使国家股东权利。但这些大型国有企业在借债时还是要由该国政府的国民经济部给Samruk-Kazyna下达一个总额度，再由Samruk-Kazyna分配给下属国有企业，并保证它们都遵守该额度（IMF，2021，第39页）。

政府控制是最复杂的一个特征。虽然看起来所有的定义都把国有企业界定为由政府"控制"的企业，即不包括那些政府在其中没有控制权的企业，但国际货币基金组织所说的"至少部分地由一个政府单位控制的实体"这句话至少在两个方面有进一步界定的余地。

其一，哪些"政府单位"？比如是只包括中央政府，还是也包括地方政府？如世界银行报告指出的，在一些国家的国有企业定义或统计中确实只包括中央政府所属企业而不包括地方政府所属企业。OECD 的研究（2017）只关注中央政府在其中行使所有权和控制权的企业。印度的公共企业调查也只覆盖"中央公共部门企业"（Central Public Sector Enterprises，CPSEs，Government of India，2021）。此外，还有一个问题就是世界银行报告提出的，是否包括政府通过其他实体"间接"持有股份的国有企业（World Bank，2023，第 2 页）？所谓其他实体，包括政府直接持股的国有企业以及各种类型的国家持股公司，类似于中国国资委下属中央企业的集团公司的"一级企业"。在大多数国家，这应该不是问题，政府通过其他实体间接持有股份的企业应该都包括在国有企业的定义之内。但如果层级很多，持股结构很复杂，追寻国家股份的"血缘"关系也可能非常困难甚至不可能。

其二，怎么算"控制"？国家在一个企业是否拥有控制权，严格来说只能通过逐个企业考察才能确定。如国际货币基金组织的《政府财政统计手册》指出的，在一些场合，国家通过金股、监管权力，甚至凭借作为大客户的市场权力，都可以控制一个企业。因此，简单地以国家持股比例界定控制权并不可靠。但是，在很多情况下，因为企业数量太多、数据缺乏等原因，逐个企业界定控制权是不现实的，只能退而求其次，用国家持股比例作为替代。其中，最常见的方式就是以 50% 为线，把国家持有多数股份的企业界定为国有企业。因为国家如果在一个企业持有 50% 以上的股份，一般情况下肯定是拥有控制权的，所以这样做不会高估国有企业的数量，但可能会低估国有企业数量，因为它会漏掉那些国家持股比例低于50%但仍然拥有控制权的企业。在股权结构高度分散的公司中，想要获得控制权完全不需要持有50%以上的股份，持股10%甚至更低就足以控制一家公司。为了弥补这个缺陷，一些研究者已经做出了努力。例如，相关学者的一项研究（Szarzec et al.，2021，第4页）把门槛降低到25%，同时增加了一个条件，就是国家（包括其他国企）在其中必须是最大的股东。世界银行2023年的报告把门槛降到10%。但这二者都是研究者使用的定义。当然，门槛降低到10%减少了低估国有企业数量的风险，但也增加了高估的风险，因为国家完全可以持有10%或更高的股份但并不拥有控制权。

关于第三个基本特征，即主要从事商业或经济活动，虽然大多数国家的国有企业从事的都可以算作OECD定义所说的"经济活动"或CPTPP定义所说的"商业活动"，但也有例外。比如国有企业在巴基斯坦就包括"非商业公共部门公司"（Pakistan Ministry of Finance，2021，第3页），这类公司类似于中国的事业单位。有的国家（如缅甸）的有些国有企业的主业不是生产产品和服务，而是发放许可证、牌照，是一个监管或收税机构（Bauer，2018，第10页）。

上述三个基本特征当然都是指国有企业的定义，而没有考虑那些国家在其中只持有非控制性少数股份的企业。

与以上情况对比，中国国有企业定义的口径应该是比较完全的。首先，在中国，国有企业当然指的是"企业"，既包括公司制，也包括非公司制的企业；既包括中央政府所属企业，也包括地方政府所属企业；既包括政府直接持有股份的"一级企业"，也包括所有包含国有股份、具有独立法人身份的企业。这些都是非常清楚的。关于是否从事经济活动，中国的定义也比较清楚，因为中国的"企业"区别于政府、社会组织和事业单位，所从事的活动大体上就是 OECD 定义所说的经济活动。当然，也存在少数例外，比如中国烟草总公司虽然名为企业，但仍具有非商业职能。

关于控制权的界定，国家统计局有比较详细的定义。国家统计局定义的国有企业（国家统计局，2021，第 13 章尾注）包括"国有和国有控股企业"。其中"国有"企业当然是 100% 的国有全资企业，而"国有控股"企业包括四种情况：（1）绝对控股，即国家持股 50% 或以上；（2）相对控股，即国家持股不足 50% 但属于最大股东；（3）合同控股，即国家不是最大股东，但按与其他股东的合同约定行使控制权；（4）如果一个企业中国家股东和另一股东各持有 50% 的股权，那么该企业在统计上也被定义为国有企业。所以，按国家统计局的定义，即使国家持股只有 10%，只要是最大股东，或者按与其他股东的合同约定行使控制权，这个企业就是国有企业。

至于国家在企业的非控制性少数股份，中国的《企业国有资产法》① 对其已经覆盖。2008 年通过的《企业国有资产法》中的"企业"不是"国有企业"，而是口径更大的"国家出资企业"。按其第五条规定，"本法所称国家出资企业，是指国家出资的国有独资企业、国有独资公司，以及国有资本控股公司、国有资本参股公司"。但该法没有进一步界定什么是国有资本控股公司、国有资本参股公司。2023 年修改后的《公司法》② 把"国家出资的国有独资

---

① 《中华人民共和国企业国有资产法》，https：//www.gov.cn/flfg/2008 – 10/28/content_1134207. htm。

② 《中华人民共和国公司法》，http：//www.npc.gov.cn/npc/c2/c30834/202312/t20231229_433999. html。

公司、国有资本控股公司"称为"国家出资公司"（第一百六十八条），但也没有对二者进行界定。

与国家统计局的定义对比可以发现，两部法律留下了进一步澄清的余地。比如，如果国家在一个公司的股份占比小于50%，但国有股东是最大股东并享有控制权，那么该公司按照《企业国有资产法》和《公司法》是否属于"国有资本控股公司"？两部法律的现有条文对于这个问题是没有明确答案的，因为二者都没有界定什么是"国有资本控股公司"。这里假定，两部法律中"国有资本控股公司"的含义与国家统计局的现行定义一致，即该公司属于国有资本控股公司，那么国家出资的企业除了国有独资企业、国有独资公司、国有资本控股公司，剩下的就是"国有资本参股公司"，而国有资本参股公司的定义就是那些国家在其中的股份占比低于50%、国家不是最大股东而且不享有控制权的公司。在这种情况下，因为国有企业的定义可以用《企业国有资产法》和《公司法》的概念表述为：

国有企业＝国有独资企业＋国有独资公司＋

国有资本控股公司

所以，《企业国有资产法》所说的"国家出资企业"，即国家在其中持有股份的所有企业，其定义可以表述如下：

国家出资企业＝国有独资企业＋国有独资公司＋

国有资本控股公司＋国有资本参股公司

＝国有独资企业＋国家出资公司＋

国有资本参股公司

＝国有企业＋国有资本参股公司

《中国加入WTO议定书》附属的《工作组报告书》的英文版使

用了"国家所有和国家投资企业"（state – owned and state – invested enterprise）的概念①，但没有给出定义。第一章提到美国贸易代表提交的《关于中国的 WTO 履约情况向国会的报告》中使用同样的概念，就是来源于此。② 2008 年《企业国有资产法》中的"国家出资企业"和 2001 年加入 WTO 文件中的"国家投资企业"是否有联系，无从考证，但二者在内涵上应该是近似甚至相同的，目的可能都是覆盖那些国家在其中仅持有非控制性少数股份的企业，以求全面覆盖所有包括国家股份的企业。事实上，关于"国家出资企业"比较合适的英文翻译也应该是"state – invested enterprise"，而如果不是为了避开《企业国有资产法》的用语，"state – invested enter-prise"被翻译为"国家出资企业"也未尝不可。为了行文方便，除了特指《企业国有资产法》和《公司法》的概念外，本书在其他地方将采用更为通行的"投资"一词，用"国家投资企业"来概括国有企业和国有资本参股公司或国家参股企业。

从以上分析可以得到两个结论。第一，在中国，《企业国有资产法》使用的"国家出资企业"概念应该得到更多的重视。目前，这个概念几乎无人提及，人们将关注点完全放在了国有企业上，国家参股企业几乎完全被忽视。这是不应该的，因为国家参股企业中同样有国家股权存在，同样会产生国有资本收益。好在 2023 年国务

---

① WTO：*Report of the Working Party on the Accession of China*. WT/ACC/CHN/49. 1 October 2001. Section Ⅱ. 6.

② 2012 年，美国商务部在与中国的一起 WTO 争端中准备了一份名为《公共机构备忘录》的文件，在该文件中使用了"国家投资企业"的概念，并解释这一术语的含义是，包含任何比例的国家股权的企业。见 Footnote 100, Panel Report, United States – Countervailing Duty Measures on Certain Products from China：Recourse of Article 21. 5 of the DSU by China. WT/DS437/RW. 21 March 2018。

院提交给全国人大常委会的《国务院关于 2022 年度金融企业国有资产管理情况的专项报告》①中，已经单独列出了"国有参股金融企业"的数据。这应该是在公共财政领域更为重视国家参股企业的开端。第二，在全球范围内，为了全面覆盖国家的经济足迹，定义国有企业必须从定义"国家投资企业"开始，国有企业应该被视为国家在其中享有控制权的国家投资企业，国家不享有控制权的国家投资企业则是国家参股企业。

2. 近年来收集数据的努力

1995 年，世界银行曾就国有企业问题发布了一份里程碑式的报告，题为《官僚办企业：政府所有权的经济学和政治学》（Bureaucrats in Business：The Economics and Politics of Government Ownership）。这份报告建立了一个多国别数据库，覆盖了 88 个国家和地区的国有企业，包括发达国家和发展中国家，但没有包括像俄罗斯和中国这样的转轨国家。数据是从各国官方收集的，指标覆盖面很广，其中包括 1978—1991 年各年国有企业在 GDP、就业、投资、信贷、外债中的比重，以及这些企业的财务平衡状况、从政府获得的净财务流量、从国内和国际渠道获得的信贷等（World Bank，1995）。但是，这个数据库后来没有更新。

最近十多年来，关于各国经济中的国有企业的研究逐渐增加。为此而收集数据的努力从方法上大体分为两类：一类是从各国官方直接获取数据，另一类是从现有的企业层面数据库中抽取数据。

从各国官方直接获取数据，主要是各个国际组织的做法，如OECD、世界银行、国际货币基金组织、欧洲复兴开发银行（EBRD）。

---

① http://www.npc.gov.cn/npc/c2/c30834/202310/t20231030_432659.html.

其中，OECD 的研究工作很有影响，覆盖其成员国和一些非成员国，主要着眼于国有企业的规模和行业分布。其数据的主要来源是对各国官方进行的问卷调查。第一轮调查针对 27 个 OECD 成员国 2009 年底的数据，完成于 2011 年初（Christiansen，2011，第 5 页）。最近的一轮数据收集是在 2017 年进行的，针对的是 2015 年底 40 个国家的数据，包括中国、印度等若干非成员国[①]（OECD，2017，第 11—12 页）。2017 年的研究要求填写问卷的各国官方使用前面提到的统一定义。此项研究使用的三个关键指标是国有企业的个数、其公司股权价值和就业人数，此外，研究还公布了各国国有企业按四种法律形式分类的行业分布数据：国有股权占多数的上市公司、国有股权占少数的上市公司、国有股权占多数的非上市公司、法定公司和准公司（OECD，2017，第 35—75 页）。

世界银行的《银行监管和管理调查》（Bank Regulation and Supervision Survey，BRSS）就银行业的国家所有制收集了丰富的数据。这项调查覆盖了世界上几乎所有经济体，就银行业如何监管和管理，包括银行的国家所有制，提供了经济体层面的可比数据库。《银行监管和管理调查》开始于 118 个司法辖区 2001 年的数据，于 2005 年公布。最近的一次调查于 2019 年完成，覆盖 160 个司法辖区的数据和信息。2019 年调查问卷的问题之一是要求提供 2011—2016 年银行体系的资产中由政府控制的银行（即政府在其中拥有 50% 或以上的股份）所占的比例。[②]

---

① 包括中国在内的少数几个国家，其问卷是由非政府机构回答的。

② 见该调查的介绍：https://www.worldbank.org/en/research/brief/BRSS。但关于这个问题，没有来自中国的数据。

国际货币基金组织于 2019 年完成的一项研究对中欧、东欧和东南欧的 21 个国家进行了问卷调查，从 18 个国家收到了回复。该研究以此为基础概述了该地区国有企业的情况（Richmond et al.，2019）。2021 年，国际货币基金组织发布的另一份报告覆盖了中东、北非和中亚相关国家以及阿富汗、巴基斯坦等 18 个国家，数据来自对这些国家的问卷调查（IMF，2021）。欧洲复兴开发银行也为其《转轨报告 2020—2021：国家复归》（EBRD，2020）从客户国政府收集了数据。

第二种做法是从现有的企业层面数据库中抽取数据。"福布斯全球最大 2 000 家企业"（Forbes Global 2000）是最常被使用的数据库之一。例如，为了发现哪些国家拥有国际上活跃的国有企业以及这些国有企业都在什么行业，于 2013 年发表的一篇关于 OECD 贸易政策的论文（Kowalski et al.，2013）使用"福布斯全球最大 2 000 家企业"名单上的上市公司数据，开发了一个全球最大国有企业的数据库。该论文提出了一个在 38 个样本国家衡量国有企业重要性的指标：组合国有企业份额（composite SOE share）。[①] 国际货币基金组织 2020 年的《财政监测》（Fiscal Monitor）报告在描述国有企业全球图景的部分也使用了"福布斯全球最大 2 000 家企业"名单上的企业数据（IMF，2020，第 49 页）。

另一个经常被使用的是 Bureau van Dijk 公司[②]构建的数据库。例如，国际货币基金组织的一篇论文从 Bureau van Dijk 公司的 Orbis

① 组合国有企业份额是一国出现在"福布斯全球最大 2 000 家企业"名单中最大 10 家企业的销售额、资产和市值中，国有企业份额的加权平均（权数相等）。在名单中出现的企业不到 10 家的国家不包括在内。

② Bureau van Dijk 公司是穆迪分析（Moody's Analytics）的下属公司，专注于全球企业数据和信息的收集和发布。见 https：//www. bvdinfo. com/en-us/。

数据库中抽取了欧盟 11 个新成员国和瑞典 2012—2014 年的 6 282 家国有企业的数据，用以描述这些国家的国有企业图景（Bower，2017，第 5 页）。欧盟（European Commission，2016）和亚洲开发银行（Naqvi and Ginting，2020）在其关于国有企业业绩的研究中也使用了 Orbis 的数据。

有学者的一项比较近期的研究（Szarzec et al.，2021）从 Bureau van Dijk 公司的 Amadeus 数据库[①]中抽取企业层面数据，构建了一个包含 30 个欧洲国家的 131 068 家大型非金融企业的数据库。[②]其中，他们找到了 6 330 家国家在其中拥有 50% 以上股权的企业，将之界定为国有企业。如果按国家拥有 25% 以上股权划线，则国有企业的数量增加到 7 353 家。使用总资产、营业收入和就业等指标，我们计算了按 50% 以上股权画线和按 25% 以上股权划线的情况下，国有企业在各个经济体的大型企业总量中所占的份额，然后将之视为国有企业在该经济体中的份额。

在上述这些研究的基础上，本书作者（张春霖，2023）构建了"国有企业全球图景数据库"（以下简称 GLSOE 数据库）。GLSOE 数据库覆盖了 140 个至少能找到一个数据的经济体。构建 GLSOE 数据库的目的是回答三个问题：在各国经济中，（1）按照在产出或就业中的比重衡量，国有企业的规模有多大？（2）在哪些行业中国有

---

① 该数据库提供欧洲企业的企业层面数据。见 https：//www.bvdinfo.com/en – us/our – products/data/international/amadeus？gclid = CjwKCAiAiKuOBhBQEiwAId _ sK34cuIii4y – snuh3WCKT1tRRQgl3jy5RD3gFbI – FXCuOlhvaeOm – axoCVwkQAvD_BwE.
② 一个企业如果符合以下条件，就被认为属于"大型"因而被包含在数据集之内：其 2007—2016 年的雇员平均人数为 250 人或以上，或者其总资产大于 4 300 万欧元，或者其营业收入大于 5 000 万欧元。

企业的地位最重要？（3）国有经济的行业构成如何？在这里，第
（3）个问题与第（1）个和第（2）个问题是有明确区分的。虽然其他
研究不一定总是做这样的区分，但这是观察国有企业在经济中的
角色的两种不同视角。国有企业在整个经济中或在特定行业中的
比重，说明了国家在整个经济层面或在行业层面的参与程度；而
国有经济的行业构成反映的则是国家在各类经济活动中配置国有
资本时遵循的优先顺序。由于这样的区分，一个行业中的国有企
业可以占据重要地位，而该行业在国有经济的构成中却并不重要，
或者相反。

GLSOE 数据库的大部分数据来自现有的研究，主要包括：（1）
OECD 于 2017 年的研究；（2）世界银行于 2019 年的《银行监管和管
理调查》；（3）有关研究者的国有企业数据库（Szarzec et al.，2021）；
（4）自然资源治理研究所（NRGI，2019）的国家石油公司数据库
（National Oil Company Database）。但是，也有很大比例的新数据直接
来自以下国家的官方出版物：

- 中国：财政部和国家统计局的官方数据，以及依据这些数据
进行的计算和估算（张春霖，2019）。

- 印度：中央公共部门企业调查，2019—2020 年（Government
of India，2021）。

- 印度尼西亚：国有企业部 2019 年年度报告（Indonesia Minis-
try of SOE，2020）。

- 挪威：2020 年国家所有权报告（Norwegian Ministry of Trade,
Industry and Fishery，2021）。

- 巴基斯坦：联邦国有企业足迹 2019 财年年度报告（Pakistan
Ministry of Finance，2021）。

• 瑞典：2020 年国有企业年度报告（Government Office of Sweden，2021）。

为控制工作量，GLSOE 数据库没有试图覆盖历史趋势。对每一个经济体的每一个指标，数据库只收集了最近一年的数据。在多数情况下，这是 21 世纪第一个十年晚期某一年的数据，但也可以是该十年较早时期的数据。

2023 年底，世界银行发布了题为《国家企业》的报告。该报告依据的是一个新的数据库，其中包含了 91 个国家的 76 000 家国有企业（World Bank，2023，第 xxi 页），这些企业是研究者按照前面所述的定义从 Orbis 数据库和其他来源的企业层面数据中筛选出来的，有一半左右来自 Orbis 数据库，其余来自其他数据来源（Dall'Olio，2022）。世界银行这份报告的贡献之一是，它使用自己的国有企业定义，即各级政府直接或间接在企业持股 10% 以上，过滤了 Orbis 数据库和若干其他数据库中的企业层面数据，筛选出 76 000 家符合该定义口径的企业。贡献之二是该报告把各行业分成了三类市场，即自然垄断市场、竞争性市场和居于二者之间的部分可竞争市场，并确定了数据库中每一家企业处于哪一类市场（World Bank，2023，第 xxi 页）。

但是，从研究国有企业的全球图景和国家的经济足迹的目的出发，世界银行的这个数据库也有两方面的缺陷。一方面，数据库没有覆盖中国和绝大多数发达国家。数据库的 91 个国家不包括任何北美和大洋洲国家，也不包括日本和韩国，所覆盖的 23 个欧洲和中亚国家除了意大利、希腊和土耳其，其他都是转轨国家。此外，91 个国家还包括 31 个非洲国家，19 个拉美和加勒比海国家，8 个南亚国家，5 个中东和北非国家，以及 5 个东亚太平洋地区国家（World

Bank，2023，第 19 页）。另一方面，对于每个国家，数据库不能保证其中包括的企业具有足够的代表性。这是因为这些企业并不是从各个国家全部企业的数据中筛选出来的，而是有多个数据来源，这些数据来源包含的各国企业数据是否完全或是否具有代表性，并无保证。此外，显然是受制于数据来源，数据库的 76 000 家企业在 91 个国家之间的分布并不平衡，俄罗斯一个国家的企业数量就占了 36%（World Bank，2023，第 xxi 页）。

由于这两方面的缺陷，世界银行的这个数据库不适合用来研究国有企业的全球图景和国家的经济足迹。本章以下部分仍将依据本书作者的 GLSOE 数据库。当然，GLSOE 数据库本身也有其局限性，主要是其数据基本上是以本地定义为基础的。本地定义虽然多数都具有前面提到的三大特征，但仍存在很大的跨国差异。因此，从中得出的分析结果只能被视为粗略或近似的结果，其数据也不适用于严密的经济计量学分析。

最为理想的状态是，世界各国都采用统一的定义收集并公布国有企业数据，或者各国的企业层面数据能全部集中在一起，由一家研究机构按照类似世界银行的方法，用一个统一定义过滤所有企业的数据，筛选出各国的国有企业。但这样的理想状态显然是遥不可及的。面对现实条件的制约，不同的研究出于不同的分析需要，不得不有所取舍。世界银行数据库的优势在于，76 000 家企业符合一个统一的定义，没有跨国差异，而且是企业层面数据；为此付出的代价是，对 91 个国家中的任何一个国家，都拿不出一个全国国有企业的总量数据，甚至拿不出有较高代表性的国有企业的样本数据。因此，这个数据库不适合回答 GLSOE 数据库要回答的那三个问题。与此相比，GLSOE 数据库接受了本地定义之间的跨国差异，也没有试图收集企业层面数据，得到的回报是数据覆盖的每一个国家都有符合其本地定义的全部企业的总量数据，因而有助于回答设计数据库时提出的三个问题，而这三个问题对于理解国有企业的全球图景是非常关键的。

二、国有企业的规模和行业分布

本节依次讨论前面提出的三个问题：在有数据的经济体中，按在产出或就业中的比重衡量，国有企业的规模有多大？在哪些行业中的国有企业的地位最为重要？国有经济的行业构成如何？

1. 国有企业在产出和就业中的份额

如何衡量一个经济体中国有企业的规模？国有企业在该经济体GDP中的份额显然是最理想的指标。但是，可靠的国有企业增加值数据非常少见。GLSOE 数据库使用了销售收入等其他国有企业产出指标作为增加值指标的替代，以求尽量使用国有企业产出占 GDP 的份额。但即使是销售收入等产出方面的数据也比较稀缺。在找不到有意义的产出数据的情况下，GLSOE 数据库退而求其次，使用国有企业就业在非农产业劳动力队伍[①]中所占的份额[②]。用这种方法，GLSOE 数据库一共收集到 66 个经济体的数据，其中 14 个经济体有

[①] 非农产业劳动力队伍的数据来自世界银行《世界发展指标》中劳动力队伍总量数据和农业在劳动力队伍中所占比重的数据，见 https：//databank. worldbank. org/source/world - development - indicators。

[②] 由于国有企业倾向于在资本密集度高的行业运营，它们在就业中的份额可能会低于它们在产出中的份额。除了就业，OECD 的研究还使用国有企业资产与 GDP 的比例（OECD, 2017）。但这是一个描述国有企业绝对规模的指标，在没有非国有企业资产数据的情况下，这个指标不能说明国有企业在经济中的相对份额。

产出数据，57 个经济体有就业数据，5 个经济体两类数据都有。为便于展示，它们被分为 4 组。第 1 组包括有产出数据的 14 个经济体。第 2～4 组是有就业数据的 57 个经济体，分别是转轨经济体 15 个，中等收入经济体 16 个，高收入经济体 26 个。因为没有找到数据，所以 66 个经济体中没有任何低收入经济体。

图 2.1 报告了 14 个经济体按产出计算的国有企业规模，其中 9 个是转轨经济体，包括中国、俄罗斯、越南、塞尔维亚等大型转轨经济体，在这些大型转轨经济体中，国有企业在产出中的份额为 24%～36%。

图 2.2～图 2.4 分三组报告了 57 个经济体的国有企业就业在非农产业劳动力队伍中所占的份额。从图 2.2 可以看到，俄罗斯、中国和塞尔维亚的国有企业就业在非农产业劳动力队伍中所占的份额也比较高，这与图 2.1 相一致。白俄罗斯的国有企业就

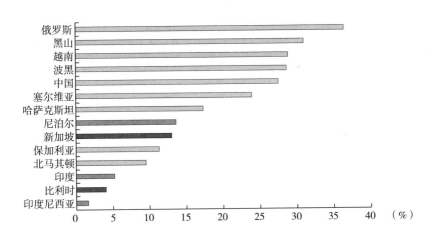

图 2.1　14 个经济体中国有企业的规模，按在产出中的份额衡量，
21 世纪第二个 10 年

注：新加坡、比利时为高收入经济体，尼泊尔、印度和印度尼西亚为中等收入经济体，其他为转轨经济体。
资料来源：GLSOE 数据库。

业在非农产业劳动力队伍中的占比高达50%，明显高于其他经济体。克罗地亚的情况和塞尔维亚比较接近。其他转轨经济体的这个指标多为1%~5%。图2.3和图2.4表明，16个中等收入经济

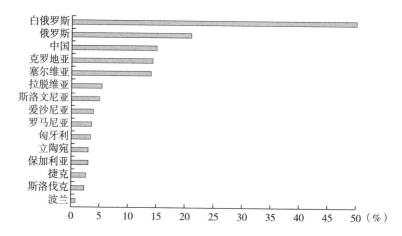

图2.2　15个转轨经济体中国有企业的规模，按在非农产业劳动力队伍中的份额衡量，21世纪第二个10年

注：中国和俄罗斯各有两个不同的估算值，这里取二者的平均值。

资料来源：GLSOE数据库。

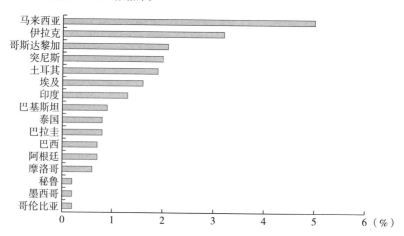

图2.3　16个中等收入经济体中国有企业的规模，按在非农产业劳动力队伍中的份额衡量，21世纪第二个10年

资料来源：GLSOE数据库。

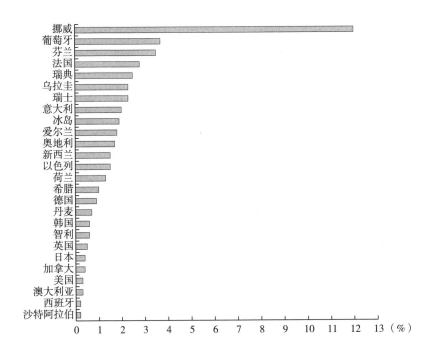

图 2.4　26 个高收入经济体中国有企业的规模，按在非农产业劳动力队伍
　　　　中的份额衡量，21 世纪第二个 10 年
资料来源：GLSOE 数据库。

体中的 7 个，和 26 个高收入经济体中的 14 个，其国有企业就业
在非农产业劳动力队伍中所占的份额也在 1% ~ 5%，而在 9 个中
等收入经济体和 11 个高收入经济体中，这个指标低于 1%。只有
挪威是例外，其国有企业就业占非农产业劳动力队伍的比重高达
12%，接近塞尔维亚、克罗地亚和中国的水平。

2. 关键行业中的国有企业

各行业的产出、就业或资产中国有企业所占份额，反映了国家在
行业层面的经济活动中的参与程度，但这方面的数据比整个经济层面
的数据更为稀缺。世界银行的《银行监管和管理调查》提供了关于银
行业国家所有制的丰富数据，自然资源治理研究所的国家石油公司数据

库则提供了石油天然气行业的数据。因此，GLSOE 数据库关于这两个行业收集了比较充分的数据，其他行业的数据则有些稀少。下面首先介绍银行业和能源行业的情况，然后讨论其他行业。

首先看银行业。利用世界银行 2019 年《银行监管和管理调查》的数据，图 2.5 ~ 图 2.9 展示了 134 个经济体的银行业中国有企业（即国有银行）的图景。为便于展示，将这 134 个经济体分为 5 组：转轨经济体 28 个，低收入经济体 13 个，中低收入经济体 29 个，中

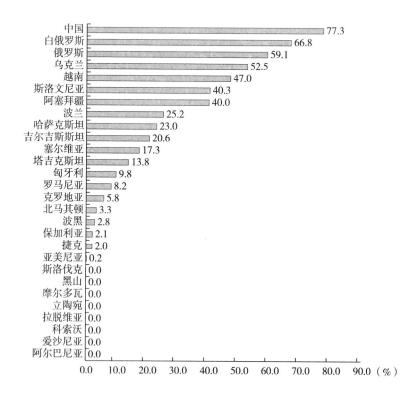

图 2.5   28 个转轨经济体的银行业资产中国有银行的份额，
21 世纪第二个 10 年

注：根据中国银保监会（现改为国家金融监督管理总局）2017 年年度报告，中国的数字包括国家开发银行和政策性银行（10.1%）、大型商业银行（36.8%）、股份制银行（17.8%）和城市商业银行（12.6%）。

资料来源：GLSOE 数据库。

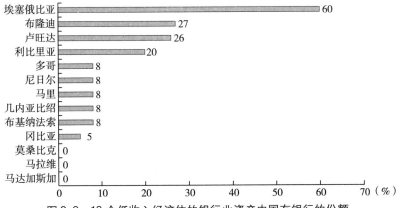

图 2.6　13 个低收入经济体的银行业资产中国有银行的份额，
21 世纪第二个 10 年

资料来源：GLSOE 数据库。

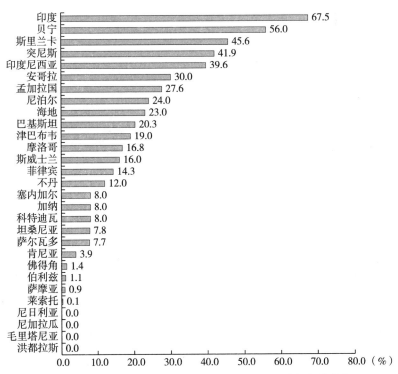

图 2.7　29 个中低收入经济体的银行业资产中国有银行的份额，
21 世纪第二个 10 年

资料来源：GLSOE 数据库。

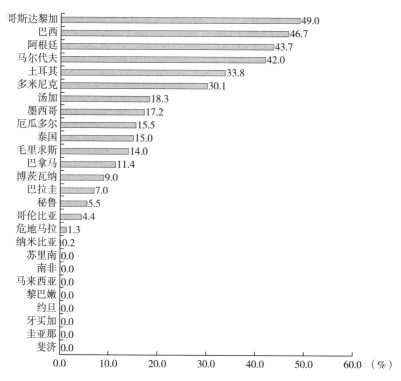

哥斯达黎加 49.0
巴西 46.7
阿根廷 43.7
马尔代夫 42.0
土耳其 33.8
多米尼克 30.1
汤加 18.3
墨西哥 17.2
厄瓜多尔 15.5
泰国 15.0
毛里求斯 14.0
巴拿马 11.4
博茨瓦纳 9.0
巴拉圭 7.0
秘鲁 5.5
哥伦比亚 4.4
危地马拉 1.3
纳米比亚 0.2
苏里南 0.0
南非 0.0
马来西亚 0.0
黎巴嫩 0.0
约旦 0.0
牙买加 0.0
圭亚那 0.0
斐济 0.0

0.0 10.0 20.0 30.0 40.0 50.0 60.0 （%）

图 2.8　26 个中高收入经济体的银行业资产中国有银行的份额，
　　　　21 世纪第二个 10 年

资料来源：GLSOE 数据库。

高收入经济体 26 个，高收入经济体 38 个。

从这些数据中可以得到的第一点观察是，中国的国有银行在银行业资产中占比高达 77.3%。还有一些其他经济体的国有银行在银行业资产中占比也比较高，但和中国相比都存在明显差距。比如，转轨经济体中的俄罗斯（59.1%）和越南（47.0%），其他发展中经济体中的埃塞俄比亚（60%）、印度（67.5%）和巴西（46.7%）。在高收入经济体中，国有银行在银行业资产中的占比一般都比较低，几个明显的例外是冰岛（65.9%）、德国（37.1%）和葡萄牙（37.0%）。

从数据可以得到的第二点观察是各经济体之间的巨大差异。在

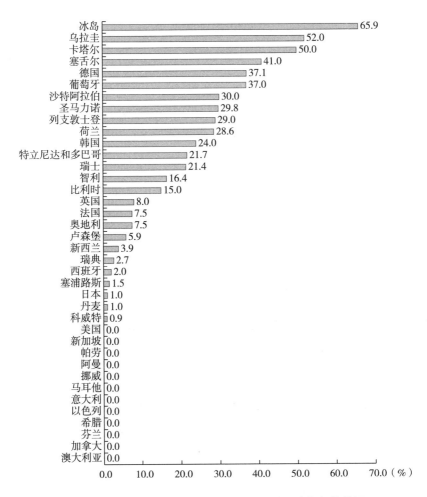

图 2.9   38 个高收入经济体的银行业资产中国有银行的份额，

21 世纪第二个 10 年

资料来源：GLSOE 数据库。

五个组的每一组中，都有相当数量经济体的银行业资产中的国有份额等于 0：28 个转轨经济体中有 8 个，13 个低收入经济体中有 3 个，29 个中低收入经济体中有 4 个，26 个中高收入经济体中有 8 个，38 个高收入经济体中有 12 个。合计而言，134 个经济体中有 35 个经济体（占比为 26.12%）的银行业资产中没有任何国有成分。以上统计结果显示，各经济体在银行业资产的国有份额方面差异极大。在这五组中，该份额从 0 到 77.3% 不等，而简单平均数都在 20% 以下。

银行业资产中国有份额的巨大差异应该是与外资相关的[①]，世界银行的《银行监管和管理调查》也提供了银行业资产中外资所有权的数据。把国家所有和外资所有的数据像图 2.10 那样放在一起，可以看出，很多经济体中国家所有的低份额是与外资所有的高份额相联系的（图 2.10. A）。把它们加在一起（图 2.10. B），在 119 个经济体中，国家所有加外资所有占比达到 100% 的经济体有 11 个，占 50% ~ 99% 的有 65 个。只有在 25 个经济体中，二者合计的份额小于 30%，也就是说，留给内资非国有银行的份额大于 70%。

在非金融领域，包括石油、天然气、煤炭、电力在内的能源行业是国有企业地位最突出的行业（European Commission，2016；Bower，2017；IMF，2020）。其中，全球石油天然气行业中国有企业的主导地位是最为清楚的，这些国有企业被称为"国家石油公司"（National Oil Companies）。根据国际能源署的数据（IEA，2020A，第 18 页、第 24 页），2018 年，国家石油公司控制了全球已经证明的和可能的（proven – plus – probable）石油储量的 66%，在剩余部分中，大型私营石油公司（Majors）占 12%，其他私营石油公司（Independents）占 22%（IEA，2020A，第 19—20 页）。[②] 这里的国家石油公司既包括所谓的"国际化"的国家石油公司，即那些在母国之外有大额上游投

---

① Cull 等人（2018）详细讨论了银行业中的国家所有和外资所有情况。

② 大型私营石油公司包括 BP、Chevron、ExxonMobil、Shell、Total、ConocoPhillips 和 Eni。其他私营石油公司是规模比大型公司小但完全一体化的公司，或者是独立的上游运营商。

A. 国有份额和外资份额的关系

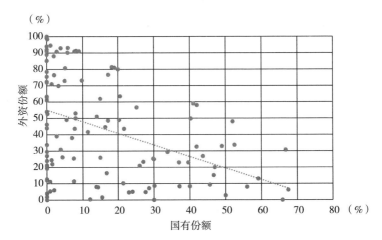

B. 国有份额和外资份额合计（▨：国有　■：外资）

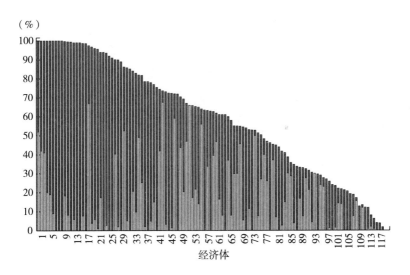

图2.10　119个经济体的银行业资产中国有和外资的份额，2016 年
资料来源：World Bank，2021。

资的公司（通常与非国际化的国家石油公司或私营石油公司合作），
也包括所谓"非国际化"的国家石油公司，即只在母国范围内运营的公司。国家石油公司还拥有全球 60% 的天然气储量（IEA，2020A，第 19 页）。就产量而言，2018 年，国家石油公司在石油产量中占比近 60%，在天然气产量中占比约 55%（IEA，2020A，第 19 页），此外还拥有约 40% 的炼油和液化设施（IEA，2020A，第 25 页）。

国家石油公司通常在其母国也居于主导地位。但是，没有国家层面的数据说明各国的国家石油公司和私营石油公司在石油天然气行业的相对份额。一个近似指标是根据自然资源治理研究所数据库的数据计算得出的国家石油公司的石油天然气产量与其母国的石油天然气产量之间的比例（NRGI，2019）。不过，这个指标有两个缺陷：其一，这个比例小于 100% 并不意味着其余部分产量来自私营石油公司，也可能来自自然资源治理研究所数据库没有覆盖的较小的国家石油公司。其二，这个比例大于 100% 意味着该国家石油公司的产量大于其在母国的产量，因其在国外有投资，但这不一定意味着其母国国内没有私营石油公司。在考虑到这两点缺陷的情况下，这个比例可以作为一个近似指标，说明一个国家的石油天然气行业在多大程度上由国家石油公司主导。表 2.1 显示了42 个经济体及其 47 家国家石油公司的最近数据。这些数据表明，在其中的 24 个经济体中，国家石油公司在母国石油天然气行业产量中的占比都超过 50%，在 11 个国家中占比达到或者超过 100%。

还需要说明的是，表 2.1 显示的是这些国家石油公司的产量与其母国产量的比例。有一些国家石油公司本身产量很低，但掌握着向其他公司发放开采许可证的权力，比如缅甸的 MOGE 就是如此。

表2.1　国家石油公司石油天然气产量与其母国产量的比例，21 世纪第二个 10 年

序号	国家	国家石油公司	年份	比例（%）
1	缅甸	MOGE	2017	1
2	阿曼	OOC	2015	3
3	莫桑比克	ENH	2016	4
4	秘鲁	Petroperu	2019	5
5	特立尼达和多巴哥	Petrotrin	2016	11
6	阿塞拜疆	SOCAR	2019	22
7	加纳	GNPC	2019	22
8	刚果（布）	SNPC	2018	25
9	丹麦	Orsted	2017	26
10	哈萨克斯坦	KazMunayGas	2019	26
11	乍得	SHT	2018	28
12	泰国	PTT	2018	29
13	科特迪瓦	Petroci	2018	34
14	安哥拉	Sonangol	2017	35
15	阿根廷	YPF	2019	36
16	厄瓜多尔	Petroecuador	2019	38
17	尼日利亚	NNPC	2018	39
18	印度尼西亚	Pertamina	2019	47
19	挪威	Equinor	2019	52
20	巴林	BAPCO	2016	54
21	突尼斯	ETAP	2019	65
22	哥伦比亚	Ecopetrol	2019	66
23	俄罗斯	Gazprom、Rosneft	2019	66
24	南非	PetroSA	2019	66
25	印度	ONGC	2019	68
26	伊拉克	Basra Oil Company	2018	73
27	乌克兰	Naftogaz	2019	75
28	厄瓜多尔	Petroamazonas	2019	78
29	巴西	Petrobras	2019	84

序号	国家	国家石油公司	年份	比例（%）
30	沙特阿拉伯	Saudi Aramco	2019	96
31	科威特	KPC	2019	97
32	阿联酋	ADNOC、ENOC、TAQA	2017	100
33	委内瑞拉	PDVSA	2017	100
34	墨西哥	Pemex	2019	103
35	苏里南	Staatsolie	2019	104
36	孟加拉国	Petrobangla	2019	107
37	越南	PetroVietnam	2019	107
38	喀麦隆	SNH	2018	116
39	阿尔及利亚	Sonatrach	2019	119
40	马来西亚	Petronas	2019	121
41	玻利维亚	YPFB	2019	122
42	中国	中石油、中石化、中海油	2019	139

注：关于 NRGI 的中国数据，这里假定中石油和中石化报告的数据包括其上市子公司。通过比较二者的 2020 年度报告与国家统计局报告的 2020 年全国石油天然气产量可以确认这一点。

资料来源：NRGI，2019. Indicator："NOC oil and gas production / oil and gas production of home country"。

中国的石油天然气行业由国有企业主导，2019 年行业销售收入中来自国有企业的部分占 89.4%。[①] 中国的国家石油公司在全球产量中也占有显著份额，但并无支配地位。根据自然资源治理研究所的数据，2019 年，中国三大石油公司的产量总计为每天 950 万桶石

① 国家统计局网站"年度数据"："规模以上工业企业主营业务收入（亿元）"和"国有控股工业企业主营业务收入（亿元）"2020 年指标。见 https：//data. stats. gov. cn/easyquery. htm？cn = C01，2022 年 1 月 11 日查阅。

油当量①（占全球产量的9.5%②），而俄罗斯两家国家石油公司的产量为1 540万桶，沙特阿美（Saudi Aramco）一家的产量就高达1 310万桶③。

不过，在全球煤炭行业，中国国有企业的地位要重要得多，因为中国是世界上最大的煤炭生产国。2019年，中国占全球煤炭产量的46%（IEA，2020B，第29页）。在中国煤炭行业内部，按销售收入计算，国有企业占有75%的份额。④印度作为第二大煤炭生产国，2019年贡献了全球产量的9.8%，而其全国产量的83%来自一家国有企业——印度煤业（Coal India Limited），这也是全球最大的煤炭企业。另外两家印度大型煤炭国有企业贡献了印度煤炭产量的12%（IEA，2020B，第33—34页）。中国和印度的国有企业加在一起，在2019年的全球煤炭产量中占有44%的份额。由于缺乏数据，国有企业在其他主要产煤国的地位尚不清楚。

国有企业在各国电力行业的地位也非常突出。根据世界银行2024年8月发布的一个数据库（Akcura，2024），20世纪80年代末在全球范围内占统治地位的电力市场结构是所谓的"纵向一体化"结构（VIU），其特征是一家公司垄断经营发电、输电、配电三个环节的业

---

① 自然资源治理研究所数据库有中石油、中石化及其上市子公司的石油和天然气产量的数据。其中的集团数据应包括上市子公司在内。比较二者的2020年度报告与国家统计局报告的2020年全国石油天然气产量，可以确认这一点。
② 根据美国能源信息局的数据，全球产量是每天1亿桶石油当量。见 https：//www. eia. gov/outlooks/steo/report/global_oil. php。
③ 见 NRGI（2019）"石油和天然气产出"指标。
④ 国家统计局网站"年度数据"："规模以上工业企业主营业务收入（亿元）"和"国有控股工业企业主营业务收入（亿元）"2020年的指标。见 https：//data. stats. gov. cn/easyquery. htm? cn = C01, 2022年1月11日查阅。见 NRGI（2019）"石油和天然气产出"指标。

务，用户没有选择权，而这家公司在多数情况下就是一家国有企业。1989 年，在世界银行数据库覆盖的 230 个经济体中，有 215 个经济体采用这种纵向一体化的市场结构，而在其中的 193 个经济体中，这个垄断性公司就是国有企业。到 2024 年 7 月为止，继续维持这种国有企业垄断的纵向一体化结构的经济体仍有 61 个（Akcura，2024）。比如在南非，纵向一体化的电力国有企业 ESKOM 在电力市场占有超过90%的份额（World Bank，2023，第 110—111 页）。其他经济体已经过渡到更具竞争性的电力市场结构，包括允许私营发电企业进入、通过售电协议向单一输电公司售电的"单一购买者模式"（Single Buyer Model），以及允许终端用户向发电企业直接购电的批发竞争（Wholesale Competition）和零售竞争（Retail Competition）模式。这些模式都允许私营企业的参与，但国有企业在很多经济体中仍然扮演着重要的角色。例如波兰的电力市场结构属于零售竞争模式（Akcura，2024），但国有发电企业装机容量的市场份额仍在90%左右（World Bank，2023，第 110—111 页）。即使在欧洲和北美的发达经济体中，国有企业在发电能力中也占有显著份额（IMF，2020，第 53 页）。

在银行和能源行业之外，其他行业的数据比较稀缺，可以收集到的数据只能显示三个较大经济体的情况：印度、俄罗斯和中国。

印度的中央公共部门企业调查把中央国有企业分成了"同源组"，提供了各同源组的国有企业的总增加值（gross value added，GVA）数据。表2.2 计算了各同源组国有企业的总增加值在相应行业中所占的比重。表中数据显示，包括煤炭、石油、金属在内的采掘业是国有企业支配地位最突出的行业，占比 54.8%；其次是公用事业，国有企业占比 21.7%；居于第三位的是制造业，国有企业占比 20.5%。

表2.2　印度中央公共部门企业在关键行业的总增加值，2017—2018 年

中央公共部门企业（现价，千万卢比）		全国总计（现价，千万卢比）		中央公共部门企业占比（%）
同源组	GVA	所对应的行业	GVA	
以农业为基础的产业	128	1. 农业、林业和渔业	2 796 908	0.0
煤炭、原油、其他矿物和金属	196 209	2. 采掘业	357 788	54.8
化工和制药、化肥、重型和中型工程、工业和消费用品、石油提炼和销售、钢铁、纺织、运输车辆和设备	521 779	3. 制造业	2 546 608	20.5
发电、输电	92 084	4. 电力、煤气、供水和其他公用事业服务	425 101	21.7
合同和建筑以及技术、咨询服务	10 697	5. 建筑业	1 197 931	0.9
旅店和旅游服务、电信和信息技术、贸易和营销、运输和物流服务	- 42 543	6. 贸易、旅店、交通、通信和广播相关服务	2 812 706	- 1.5
金融服务	20 552	7. 金融、房地产、专业服务	3 206 559	0.6
		8. 公共管理、国防和其他服务	2 169 522	
未分类	314			
合计	799 220		15 513 123	5.2

资料来源：（1）全国 GVA 总计数据来自 National Statistical Office of India, 2020, Provisional Estimates of National Income, 2019 – 2020 and Quarterly Estimates of Gross Domestic Product（GDP）for the Fourth Quarter of 2019 – 2020. Statement 4 ［Provisional Estimates of GVA at Basic Price by Economic Activity（at Current Prices）］, （2）中央公共部门企业 GVA 数据来自 Government of India, 2018. Public Enterprise Survey 2017 – 2018, Volume 1. Statement 27（Gross Value Added for all CPSEs during 2017 – 2018）and Statement 21（Number of Employees and Houses Constructed in CPSEs），（3）把同源组与全国统计中的行业相匹配是基于 Government of India, 2021. Public Enterprise Survey 2019 – 2020, Volume 1. 表1.2（Breakdown of the number of enterprises by cognate group）。

表2.3 报告了俄罗斯的情况，从中可以看到，按就业计算，国有企业占比最高的行业是房地产、商业服务、互联网通信和交通运输

（43%～44%）。在公用事业中，国有企业只占就业人数的30%。但是，在制造业中，国有企业仍占就业人数的23%。

表2.3　俄罗斯国有企业在各行业就业人数中的份额，2017年

行业	份额（%）
采矿业	7
制造业	23
公用事业	30
建筑业	11
零售业餐饮业	11
信息与通信技术和运输业	43
房地产和商业性服务业	44

资料来源：Longitudinal Monitoring Survey of Russia's Higher School of Economics，转引自World Bank（2019，第13—14页）。

中国具有对工业行业（采掘业、制造业、公用事业）按所有制分类的详细统计数据。对非工业行业，也有一些官方统计数据可以作为估算的基础。如表2.4所示，金融、公用事业、交通运输和采掘是国有企业占比最高的4个行业（57.2%～88.0%）。国有企业在制造业产出中占比17.7%，低于俄罗斯、印度和其他一些转轨经济体。[①]

表2.4　中国国有企业在各行业增加值中的份额，2017年

行业和分行业	份额（%）
农林牧渔业	4.6
工业	21.1
采掘业	57.2
制造业	17.7

[①] 例如，欧洲复兴开发银行的一项调查（Life in Transition Survey）发现，在收入水平比较低的转轨经济体中，国有企业在制造业中的地位更为重要。除了俄罗斯，在另外9个转轨经济体中，国有企业在制造业就业人数中的比重高于20%，其中白俄罗斯和阿塞拜疆分别以70%和60%高居榜首。而在多数中欧和波罗的海转轨经济体中，这个比例低于10%（EBRD，2020，第41页）。国有企业在制造业中占比较高，很多情况下是制造业中私营企业发展不充分的结果。

行业和分行业	份额（％）
公用事业	86.7
建筑业	38.5
批发零售业	36.9
交通运输仓储和邮政业	77.3
住宿和餐饮业	8.8
金融业	88.0
房地产业	24.6
其他	7.7

资料来源：（1）三个工业行业的数据是国有工业企业在行业销售收入中的份额，使用国家统计局网站"年度数据"栏目"规模以上工业企业主营业务收入（亿元）"和"国有控股工业企业主营业务收入（亿元）"两项指标的数据计算而得，见 https：//data. stats. gov. cn/easyquery. htm？cn＝C01。（2）其余来自张春霖（2019），表3。

3. 国有经济的行业构成

除了国有企业在整个经济以及关键行业中的份额，观察一个经济体中国有企业的角色还有另外一个角度，就是国有经济的行业构成。国有经济的行业构成肯定是由多种因素决定的，但其中最重要的应该是国家在各种经济活动之间配置国有资本时所遵循的优先顺序。当然，这里的"国有经济"一词照顾了中文表达的习惯。实际上，如前面所看到的，在很多经济体当中，国有企业的规模很小，很难说是什么"经济"。①

从数据来说，经合组织（OECD，2017）的研究对国有经济行业构成的全球图景提供了迄今为止最全面的理解（表2.5）。该研究使用了35个OECD成员国和4个非成员国（不包括中国）的数据，发现了如下三个主要特点（OECD，2017，第17页）：

● 国有企业高度集中于网络型产业（network industries），比

---

① 英文文献中更常用的说法是"SOE portfolio"。

如，电信、电力和煤气、交通运输和其他公用事业（包括邮政）在全部国有企业股权价值中占比超过 50%，在就业人数中占比 70%。在这些行业中，电力和煤气占比最大，占全部国有企业股权价值的 21% 和就业人数的近 10%。

- 网络型产业之外，最大的就是金融行业，占全部国有企业股权价值的 26%，就业人数的 8%。

- 第一产业在国有经济行业构成中占有重要地位，在全部国有企业的股权价值中占比 11%，在就业人数中占 6%。第一产业包括采掘业，如石油天然气的开采和采矿业。

表 2.5　39 个经济体合并的国有经济行业构成，2015 年底

按股权价值		按就业人数	
行业	在国有经济中的占比（%）	行业	在国有经济中的占比（%）
金融	26	其他公用事业	38
电力和煤气	21	交通运输	19
交通运输	18	制造业	9
第一产业	11	电力和煤气	9
其他公用事业	7	金融	8
制造业	6	其他	7
电信	5	第一产业	6
房地产	3	电信	4
其他	3	房地产	0

注：39 个经济体包括 35 个 OECD 成员国（澳大利亚、奥地利、加拿大、智利、哥伦比亚、哥斯达黎加、捷克、丹麦、爱沙尼亚、芬兰、法国、德国、希腊、匈牙利、冰岛、爱尔兰、以色列、意大利、日本、韩国、拉脱维亚、立陶宛、墨西哥、荷兰、新西兰、挪威、波兰、斯洛伐克、斯洛文尼亚、西班牙、瑞典、瑞士、土耳其、英国和美国），以及 4 个非成员国（阿根廷、巴西、印度、沙特阿拉伯）。

资料来源：OECD（2017，第 11—12 页、第 17—18 页）。

上述特点在一定程度上反映了 OECD 国家国有资本配置的一些基本情况，但也需要注意，这是 39 个经济体合并在一起的国有经济行业构成，而合并数据可能掩盖国别差异。例如，在合并数据中，

这些国家的国有企业高度集中于网络型产业,但不等于说在每个国家都一定如此。要了解每个国家的情况,必须看国别数据。

OECD(2017)的研究公布了40个经济体的数据,使其他研究者有可能进一步考察分国别的国有经济行业构成。GLSOE数据库从中提取了37个经济体的数据,没有采用的3个经济体是沙特阿拉伯、印度和中国。没有包括沙特阿拉伯的原因是,OECD公布的数据只是该国国有经济的一部分,不是全部。至于印度和中国,没有使用OECD的数据是因为从这两个国家可以获得更新的官方数据。此外,GLSOE数据库还收集了9个国家的新数据:白俄罗斯、克罗地亚、印度尼西亚、哈萨克斯坦、马尔代夫、尼泊尔、巴基斯坦、葡萄牙和泰国。这样,GLSOE数据库一共收集了48个经济体的数据。

OECD的数据有一个统一的结构,包含2个指标(股权价值和就业人数)和9个行业,而从其他渠道收集的数据在指标和行业分类方面都不尽相同。在GLSOE数据库中,股权价值被作为最优先使用的指标。[1] 如果有数据缺口,只要有可能,就尽量使用就业或产出(多数情况下是销售收入)数据来弥补。至于行业分类,数据库保留了原始数据中的行业名称,然后与其他国家类似行业并入一组。表2.6至表2.10分5组报告了47个经济体的分析结果,中国因为数据更为丰富,在表2.11中单独报告。

第一组包括25个经济体(表2.6),其中OECD定义的网络型产业,包括电力和煤气、交通运输、电信、其他公用事业,占这些

---

[1] 有几个经济体的股权价值数据或者没有,或者包含负值,但有就业人数的数据,这种情况下就使用就业人数数据。由于各行业的资本密集度不同,一个行业按就业人数计算在国有经济中的份额,一般会不同于按股权价值计算的份额。

表 2.6 国有经济的行业构成：网络型产业在 25 个经济体国有经济中的份额

序号	经济体	分类	年份	指标	份额（%）	其中			
						电力和煤气（%）	交通运输（%）	电信（%）	其他公用事业（%）
1	瑞士	高收入	2015	股权价值	97.8	60.6	0.0	27.0	10.2
2	美国	高收入	2015	就业人数	95.6		3.8		91.8
3	澳大利亚	高收入	2015	股权价值	90.4	48.2	11.5	20.1	10.6
4	葡萄牙	高收入	2014	产出	90.0		60.0		30.0
5	加拿大	高收入	2015	就业人数	77.1				77.1
6	拉脱维亚	转轨	2015	股权价值	76.3	7.0	48.0	21.3	0.0
7	捷克	转轨	2015	股权价值	74.7	0.0	55.1	12.5	7.2
8	斯洛伐克	转轨	2015	就业人数	73.7	13.0	37.4		23.3
9	立陶宛	转轨	2015	股权价值	73.5	0.6	36.3	36.0	0.5
10	爱沙尼亚	转轨	2015	股权价值	73.3	0.8	50.2	21.5	0.8
11	爱尔兰	高收入	2015	股权价值	73.2	0.0	56.1	17.1	0.0
12	日本	高收入	2015	股权价值	69.2	35.0	0.0	11.0	23.2
13	丹麦	高收入	2015	股权价值	67.8	0.0	35.0	32.8	0.0
14	瑞典	高收入	2015	股权价值	67.3	36.3	24.9	4.3	1.8
15	冰岛	高收入	2015	股权价值	67.0	0.0	62.0	4.3	0.7
16	德国	高收入	2015	股权价值	66.9	41.2	0.0	8.8	16.9
17	意大利	高收入	2015	股权价值	61.3	0.0	33.9	22.5	5.0

18	挪威	高收入	2015	股权价值	59.7	17.7	38.5	2.7	0.7
19	英国	高收入	2015	股权价值	59.4	0.0	0.1	59.3	0.1
20	哥斯达黎加	高收入	2015	股权价值	56.6	0.0	43.9	12.5	0.1
21	韩国	高收入	2015	股权价值	55.9	0.0	28.9	12.2	14.8
22	克罗地亚	转轨	2016	就业人数	55.2		26.9		28.3
23	土耳其	中高收入	2015	股权价值	54.6	11.1	20.9	20.4	2.2
24	奥地利	高收入	2015	就业人数	52.4		24.1	21.3	6.5
25	新西兰	高收入	2015	股权价值	51.7	0.9	31.3	16.7	2.8

注：数据为四舍五入值。

资料来源：GLSOE 数据库。

经济体国有企业股权价值（葡萄牙以产出计算）的 50% 以上。这些经济体多数（25 个中有 18 个）是高收入经济体，包括主要发达国家如美国、英国、德国和日本。6 个转轨国家也在这一组，包括捷克、斯洛伐克、三个波罗的海国家（拉脱维亚、立陶宛、爱沙尼亚）以及克罗地亚，此外还有作为中高收入经济体的土耳其。

表 2.7   国有经济的行业构成：金融行业在 4 个经济体国有经济中的份额

序号	经济体	分类	年份	指标	行业名称	份额（%）
1	墨西哥	中高收入	2015	股权价值	金融	74.2
2	荷兰	高收入	2015	股权价值	金融	71.9
3	希腊	高收入	2015	股权价值	金融	62.8
4	巴西	中高收入	2015	股权价值	金融	43.1

资料来源：GLSOE 数据库。

表 2.8   国有经济的行业构成：能源和采矿行业在 5 个经济体国有经济中的份额

序号	经济体	分类	年份	指标	行业名称	份额（%）
1	智利	高收入	2015	股权价值	第一产业	65.5
2	哈萨克斯坦	转轨	2020	产出	石油天然气	56.4
3	泰国	中高收入	2015	产出	石油天然气	55.0
4	巴基斯坦	低收入	2018	产出	石油天然气	51.0
5	印度尼西亚	低收入	2017	产出	石油天然气和电力	50.0

资料来源：GLSOE 数据库。

表 2.9   国有经济的行业构成：制造业在 4 个经济体国有经济中的份额

序号	经济体	分类	年份	指标	行业名称	份额（%）
1	白俄罗斯	转轨	2016	产出	工业	68.3
2	印度	低收入	2017	产出	制造、加工、发电	68.1
3	以色列	高收入	2015	就业	制造业	50.4
4	法国	高收入	2015	股权价值	制造业	46.6

资料来源：GLSOE 数据库。

表 2.10　国有经济的行业构成：不同行业在 9 个经济体国有经济中的份额

序号	经济体	分类	年份	指标	份额（%）	其中（%）							
---	---	---	---	---	---	第一产业	制造业	金融	电信	电力和煤气	交通运输	公用事业	其他
1	阿根廷	中高收入	2015	股权价值	85.0	22.7	12.7	20.7	15.7			13.2	
2	哥伦比亚	中高收入	2015	就业人数	98.5	27.2		26.5	15.4	29.4			
3	芬兰	高收入	2015	股权价值	82.7	8.6	17.2	34.4	6.9	15.6			
4	匈牙利	转轨	2016	股权价值	83.3	29.8	20.1	11.6		21.8			
5	马尔代夫	中高收入	2015	产出	74.0						27.0	19.0	28.0
6	尼泊尔	中低收入	2018	产出	92.4			15.0				22.1	55.3
7	波兰	转轨	2015	股权价值	92.4	32.8		37.4		22.2	22.8		
8	斯洛文尼亚	转轨	2015	股权价值	88.6		16.1	27.5		22.2	22.8		
9	西班牙	高收入	2015	就业人数	92.1	12.3	26.6	9.7			9.7		33.8

资料来源：GISOE 数据库。

第二组包括4个经济体（表2.7），在这些经济体中，金融行业在国有经济的构成中占主导地位。在另外5个经济体中（表2.8），能源行业（哈萨克斯坦、泰国、巴基斯坦、印度尼西亚）或采矿行业（智利）在国有经济构成中占主导地位，它们构成第三组。第四组的4个经济体的国有经济中制造业都占有重要地位（表2.9）。最后，在第五组的9个经济体中，国有经济在各关键行业间的分布相对比较均等（表2.10）。

值得再次强调的是，国有经济的行业构成反映的是各国国有资本在各种经济活动之间配置时遵循的优先次序，而不是哪种经济活动由国有企业主导。例如，公用事业在美国的国有经济中占比为91.8%，不等于说美国91.8%的公用事业由国有企业运营。

各国比较，中国国有经济的行业分布相对比较均等，如表2.11所示。[①] 按非金融国有企业中的国有资本权益和金融企业中的国有资产衡量，2019年中国国有经济的总规模为85万亿元，其中金融行业20.1万亿元，非金融行业64.9万亿元（国务院，2020）。分布比较均等的原因大概是中国国有企业几乎遍布每个行业。虽然如此，金融行业仍然以23.6%的份额超过其他行业成为国有经济的

---

① 表2.11显示的结果与OECD研究的相关结果（OECD，2017，第18页），尤其是其图3有所不同。例如，根据OECD的数据，中国的金融业在2015年国有企业股权价值中占比为58%，而表2.11中这个比例只有23.6%。即使考虑到有些金融机构可能被归入"社会服务"的类别之下，这两个数字也难以协调一致。因为OECD没有说明其数据的原始出处，作者无法查找这种差异的原因所在。但是，23.6%的比例是直接从中国政府报告的数字中计算出来的。遗憾的是，2018年（2017年数据）之前，政府没有发布这样的报告。政府公布的2017年数据是，金融行业国有企业的股权价值为16.2万亿元，非金融行业为50.3万亿元，由此计算，2017年金融行业在国有经济中的占比为24.4%。

表 2.11　2019 年中国国有经济的行业构成：各行业在国有股权总价值中的份额

行业	份额（%）
煤炭、石油、石化	5.1
电力和公用事业	6.2
制造业	8.4
交通运输和仓储	11.4
邮政通信	2.9
建筑	5.8
房地产	7.1
金融	23.6
社会服务	17.7
批发、零售和餐饮	3.4
其他	8.4

注：国有企业所有者权益的一部分（2019 年平均为 22%）是非国有股东持有的权益，但这部分权益没有分行业的数据。

资料来源：（1）金融和非金融行业国有股权总价值数据来自国务院（2020）。（2）非金融行业国有股权价值数据来自以下二者的乘积：国务院报告的非金融行业国有股权总价值（国务院，2020），和非金融国有企业国家所有者权益总额中各行业的份额。（3）各行业非金融国有企业国家所有者权益的数据来自中国财政年鉴编委会（2020，第 428—429 页）（全国国有企业所有者权益总额，按基本行业分类）。

最大构成部分。随后是财政部统计数据分类中的社会服务行业，在国有企业股权价值中占有 17.7% 的份额。但是，这个行业分类很可能包括了一些国家投资工具，例如地方政府融资平台和政府引导基金［张春霖（2019）对此有更详细的讨论］。如果这个类别也可以被视为金融行业，则金融行业的份额会比统计数字显示的份额高出很多。在非金融行业中，交通运输和仓储行业地位突出，占比达到 11.4%；煤炭、石油、石化行业的比重和建筑行业相当；邮政通信行业的份额大致相当于批发、零售和餐饮行业；制造业的比重与房地产行业接近。

三、国家作为股权投资者

除了国有企业，国家还可以通过投资于国有资本参股公司而参与企业层面的经济活动，因此要全面观察国家的经济足迹，就必须超越国有企业的概念，把国家作为一个股权投资者来看待。事实上，在今天的全球市场上，国家不仅仅是国有企业的所有者，同时也是规模巨大、影响广泛的一类投资者。国家作为投资者，最重要的投资工具之一是主权财富基金（Sovereign Wealth Funds）。本节首先介绍主权财富基金，然后讨论由此引出的国有资本参股公司、公共养老基金（Public Pension Funds），最后探讨关于企业所有制的理论问题。

1. 主权财富基金

什么是主权财富基金？按照主权财富基金国际工作组（International Working Group of Sovereign Wealth Funds，以下简写为 IWG-SWF）发布的"圣地亚哥原则"（Santiago Principles）[①] 的定义，主权财富基金是：

[①] 主权财富基金国际工作组由 23 个主权财富基金成立于 2008 年，是全球主权财富基金的一个自愿组织。该工作组制定的"圣地亚哥原则"旨在为主权财富基金提供机构治理和风险管理的框架。2009 年，该工作组更名为"主权财富基金国际论坛"（International Forum of Sovereign Wealth Funds，IFSWF），以推行"圣地亚哥原则"为宗旨。2024 年 2 月，主权财富基金国际论坛有 38 个成员，其中包括中国投资公司。见 https：//www.ifswf.org/about-us。

政府拥有的、有特殊目的的投资基金或安排。主权财富基金由政府为宏观目的而设立，通过持有、管理和处置资产来实现财务目标，它采取一系列投资策略，包括投资于外国的金融资产。设立主权财富基金的资金通常来自国际收支盈余、官方外汇操作、私有化收入、财政盈余以及/或者大宗商品出口收入。这些不包括货币当局为传统的国际收支平衡或货币政策目的而持有的外汇储备、传统意义上的国有企业、政府雇员的养老基金，或为个人受益人管理的资产（IWGSWF，2008，G4 段）。

主权财富基金服务于不同的政策目标，比较常见的有以下几种（IMF，2007，第 46 页；Megginson et al.，2021，第 255 页）：

• 在政府预算与石油价格等具有波动性的商品价格之间建立隔离带，以确保政府预算的稳定性，此类基金被称为稳定基金。

• 把当前一代人开发出来的财富（如出售石油、钻石所得收入）积累起来转移给下一代人，以求实现财富在代际间的共享和公平分配。以此为目的的基金被称为储蓄基金。

• 以发展国内经济为目的，从其他主权财富基金那里筹集资金，以股权投资方式投资于国内。此类基金被称为战略或发展基金。

全球金融危机以来，主权财富基金的规模迅速增长。2009年，全球范围内主权财富基金管理的资产（Assets Under Management，以下简称 AUM）总额为 4.11 万亿美元，到 2020 年已经增加到 8.81 万亿美元（Megginson et al.，2021）。2020 年 9 月，全球市场上至少有 155 只主权财富基金，其中数目最多的是美国，为 23 只[①]，但就 AUM 总额而言，排在第一位的是中国。美国的 23 只基金的 AUM 总额为 2 400 亿美元，中国有 8 只主权财富基金，AUM 总额为 22 700 亿美元。其他 AUM 总额在 7 000 亿美元以上的国家包括阿联酋（9 只，13 630 亿美元）、挪威（2 只，10 990 亿美元）、沙特阿拉伯（2 只，7 730 亿美元）和新加坡（2 只，7 030 亿美元）。其他国家或司法辖区主权财富基金的 AUM 总额都在 7 000 亿美元以下（Megginson et al.，2021，表 1）。

主权财富基金虽然是政府的投资工具，但它不同于那些专门投资于国有企业的国家控股公司、投资公司。主权财富基金的投资是多元化的，既投资于股权也投资于债权，既投资于多数股权也投资于少数股权。政策目标不同的主权财富基金有不同的投资策略和资产配置。表 2.12 显示了 2008 年和 2020 年全球主权财富基金的资产配置情况，从中可以看出，主权财富基金投资的首要对象是上市公司股权，2020 年占比超过 40%；其次是固定收益产品和政府债券，2020 年占比为 30%。但是，房地产、基础设施、私募股权、对冲基金等所谓"另类资产"（alternative assets）也占有相当比例，而且，与 2008 年相比，2020 年这些另类资产的占比已经由 10% 上升到了27%。尤其是私募股权占比提高了 2 倍多，房地产和对冲基金的占比也提高了 1 倍。

---

① 据《金融时报》2024 年 9 月 7 日和 10 日的报道，美国拜登政府正在考虑设立一只新的主权财富基金投资于"战略性"产业，英国也将设立一只"国家财富基金"（National Wealth Fund）投资于清洁能源转型和经济增长。

表 2.12　全球主权财富基金的资产配置（%）

年份	固定收益产品和政府债券	上市公司股权	房地产	基础设施	私募股权	对冲基金
2008	38	52	3	2	4	1
2020	30	43	6	6	13	2

资料来源：Megginson et al.（2021，表3）。

　　一只主权财富基金投资于一家公司的股权，是否会使该公司成为国有资本控股公司或国有资本参股公司，这取决于它购买的是控制性股份还是非控制性股份，而这通常由它的投资策略决定。有一些主权财富基金具有在企业中行使国家所有者职能的使命，因而在企业中持有控制性股份，扮演的角色类似于中国的国资委，例如新加坡的淡马锡、马来西亚的国库控股公司（Khazanah）、哈萨克斯坦的 Samruk-Kazyna。但是，这仅仅是类似。与中国的国资委不同的是，它们是投资基金，既可以持有其他企业的非控制性少数股份（这些企业因此可以被称为国有资本参股公司），也可以投资于债券、房地产、基础设施、私募股权、对冲基金等资产。而另外一些主权财富基金则可以主要甚至全部投资于非控制性少数股权，以追求财务回报为主要目的，而不追求对一个公司的控制权。因此，对作为股权投资者的国家来说，控制性和非控制性的公司股权，不过是两种不同类别的可投资资产。

　　以中国投资有限责任公司为例，根据其公司年报，该公司 2022 年底对外投资组合中另类资产（包括对冲基金、多资产风险配置、泛行业私募股权、私募信用、房地产、基础设施、资源产品等）占比高达 53.2%，其次是上市公司股权，占比 28.6%，固定收益产品占比 14.9%。年报数据虽然没有说明中国投资有限责任公司持有的上市公司股权有多大部分是控制性股权，但其中大部分应该是非控制性少数股权。此外，该公司的境外投资组合中委托投资的比例高达 63.3%，自营的仅占 36.7%（中国投资有限责任公司，2023，第 28 页）。

2. 国有资本参股公司

虽然主权财富基金是国家的投资工具，但这不等于说国家的投资工具只有主权财富基金一种。严格说来，主权财富基金也是一种国有企业，而所有的国有企业都可以向外投资，因此都可以在一定意义上充当国家的投资工具，只不过在全球市场上主权财富基金更为引人注目罢了。在中国的国内市场上，地方政府融资平台、政府引导基金、国有资本投资公司、国有资本运营公司都是国家的投资工具。普通国有企业在向私营企业投资的时候，其实也是国家的投资工具。国家通过这些投资工具向私营企业投资的结果，就是使很多私营企业变成了国有资本参股公司，只是因为统计上没有这个概念，所以这种变化还没有引起更多的注意。根据白重恩及其合作者对国家市场监督管理总局企业登记注册数据的一项研究（Bai et al.，2021，第 3 页），2019 年，有 13 万家私营企业从一个或多个其他国有投资者那里收到过国有资本投资。同时它们还投资于其他私营企业，而这些企业又投资于其他企业，2019 年，一共有 150 万家私营企业有国有资本的直接或间接参股。这些私营企业在中国私营企业资产总额中占比高达 44%。换句话说，按资产总额计算，中国近一半的私营企业其实是国有资本参股公司。

在全球范围内，关于国有资本参股公司的规模有多大，并没有确切的数据。最具参考价值的成果之一是 OECD 的一项研究（De La Cruz et al.，2019）。该项研究（表 2.13）使用 2017 年底占全球市场市值90%的 10 000 家最大上市公司的数据，发现这些公司股权价值的

14%为公共部门投资者所持有。其中近 800 家公司中的公共部门投资者持股超过 50%，另外 1 140 家公司中公共部门持股为 10%~49%。公共部门持股总值达到 10 万亿美元，其中中央和地方政府占比最大，达 56%；然后是主权财富基金、公共养老基金和国有企业（De La Cruz et al.，2019，第 26 页）。就这些公司所属的经济体而言，中国最大，占比达到 57%，但其他经济体合计也达到 43%（De La Cruz et al.，2019，第 9 页）。

表 2.13　全球最大 10 000 家上市公司股权价值的分布，2017 年底

经济体	私人公司和战略性个人（%）	公共部门（%）	机构投资者（%）	散户和小型机构投资者（%）
中国	24	38	9	28
美国	6	3	72	19
欧洲（英、法、德、俄等）	21	9	38	32
亚洲发达经济体（日本、韩国、新加坡等）	44	19	16	21
其他发达国家（加拿大、澳大利亚、以色列、新西兰）	11	4	39	47
拉美国家（巴西、墨西哥、智利、阿根廷）	51	7	20	21
中国以外的亚洲新兴市场国家（印度等）	44	19	16	21
其他新兴市场国家（南非、沙特阿拉伯）	21	28	20	31
全球平均	18	14	41	27

注：由于四舍五入，有些国家的投资占比之和大于或小于 100%。
资料来源：De La Cruz et al.（2019）。

OECD 后来的另一项研究（OECD，2021，第 21 页）更新了这一成果。该研究的数据是 2020 年底来自 92 个不同市场的 25 000 家上市公司的企业层面数据，这些公司加在一起占全球市场市值的 98%。公共部门在这些公司的持股比例为 10%。但该项研究没有提供前一份研究（De La Cruz et al.，2019）提供的那些细节。

3. 公共养老基金

如上所述，OECD（De La Cruz et al.，2019）的研究（表2.13）所称的"公共部门"投资者除了政府、主权财富基金和国有企业，还包括公共养老基金。事实上，公共养老基金是全球市场上比主权财富基金规模更大的一类机构投资者。2020年，公共养老基金的AUM总额高达18.2万亿美元，比主权财富基金高出一倍多（Megginson et al.，2021）。2020年，全球范围内至少有283只公共养老基金，其中美国无论是基金数量（87只）还是AUM总额（8.46万亿美元）都位居第一。美国公共养老基金的AUM总额占全球总额的46.2%。在美国之后，公共养老基金总额较大的国家包括日本（8只，1.88万亿美元）、加拿大（18只，1.40万亿美元）、荷兰（8只，1.01万亿美元）（Megginson et al.，2021，表1）。

什么是公共养老基金？根据麦金森（Megginson et al.，2021）使用的名为"全球主权财富基金"（Global SWF）的数据库的定义①，公共养老基金是一种由中央或地方政府所有的投资工具，它代表其养老金的受益人买入、持有、卖出证券和/或资产，以追求财务和/或经济回报。公共养老基金与主权财富基金最大的区别在于，由于其受益人的养老金缴费，它有自己明确的负债流（liability stream），其投资时限也因此受到制约。根据全球主权财富基金数据库的数据，全球范围内规模较大的公共养老基金包括日本的年金积立金管理运用独立行政法人（Government Pension Investment Fund，GPIF，AUM总额1.49万亿美元）、韩国的国民年金公团（National Pension Service，NPS，AUM总额0.66万亿美元）、荷兰的APG（All Pension Group，AUM总

---

① https：//globalswf.com/faqs，2024年2月6日查阅。

额 0.60 万亿美元）、美国的加州公职人员退休计划（The California Public Employees' Retirement System, CalPERS，AUM 总额 0.39 万亿美元）（Megginson et al.，2021，表 2）。①

公共养老基金当然不是养老基金的全部。有很多养老基金的管理并无政府介入，属于私人养老基金（private pension funds）。根据 OECD 的分类，私人养老基金是由政府公共部门之外的机构管理的基金，比如由私营部门的雇主作为资助方直接管理的基金（OECD，2005）。

公共养老基金的存在值得重视，是因为它涉及一个实际问题和一个理论问题。一个实际问题是，如后面将会看到的，CPTPP 第 17 章中有一个重要的概念，叫作"独立养老基金"，有一些 CPTPP 成员方的公共养老基金可以被认定为独立养老基金。虽然独立养老基金也被界定为国有企业，因而被独立养老基金持有控制性股份的企业也是国有企业，但这些企业享有与其他国有企业不同的待遇。关于这个问题，第四章会详细介绍和讨论。一个理论问题是，公共养老基金是否真的应该与主权财富基金、国有企业一样被视为"公共投资者"？或者用麦金森等人的概念，被视为"国有投资者"（state-owned investors，SOIs）（Megginson et al.，2021，第 249 页）？下面就这个问题做深入探讨。

---

① 该数据库把中国的全国社会保障基金（AUM 总额 0.33 万亿美元）也列为公共养老基金。但全国社会保障基金其实只是一个国家社会保障的储备基金，用于人口老龄化高峰时期的养老保险等社会保障支出的补充、调剂，而且其资金来源不是养老金受益人的缴费，而是"中央财政预算拨款、国有资本划转、基金投资收益和以国务院批准的其他方式筹集的资金"（见《全国社会保障基金条例》）。因此，全国社会保障基金并非该数据库定义的公共养老基金，而更接近于主权财富基金。

4. 传统的所有制概念需要更新

要探讨这个问题，可以从一个具体例子入手，就是马来西亚的企业制度。表 2.14 所示的是 5 家马来西亚大公司的股权结构。2020 年"福布斯全球最大 2 000 家上市公司"名单中有 10 家马来西亚公司，表中列出的是其中 5 家。在这 5 家公司中，石油化工集团（Petronas Chemicals Group）是马来西亚政府以接近 2/3 的多数股权直接拥有的、在石化行业占支配地位的国家控股公司。国家电力公司（Tenaga Nasional Berhad）的控股股东是国库控股公司（KNB），而国库控股公司也是马来西亚政府全资拥有的国家控股公司和主权财富基金。二者虽有差别但都符合传统的国有企业概念。与之相对应，大众银行（Public Bank）属于传统的私营企业，其控股股东是该银行创始人郑鸿标的郑氏合并控股公司（Consolidated Teh Holding）。

但是，兴业银行（RHB Bank）和马来亚银行（Maybank）就没有这么简单了。兴业银行的控制性股东是雇员公积金（The Employees Provident Fund，EPF），这是马来西亚最大的公共养老基金，服务对象是私营部门雇员和公共部门不领取退休金的雇员。马来亚银行的控制性股东是国家股权公司（Permodalan Nasional Bhd，PNB），这是一家为马来人（Bumiputera）的储蓄设置的单位信托基金管理公司。EPF 和 PNB 的共同点是，它们本身都由政府管理，但它们投资于企业的资本并非国有资本。EPF 的投资资金来自养老金计划的缴费人，PNB 的投资资金来自马来人的储蓄。

那么，EPF 和 PNB 是否应该被定义为公共部门投资者或国有投资者？按照传统的企业所有制概念，如果答案是肯定的，兴业银行和马来亚银行就应该被定义为国有企业；如果答案是否定的，二者

表 2.14 马来西亚 5 家大公司的前三大股东

序号	公司名称	排名	第一大股东	第二大股东	第三大股东
1	石油化工集团	7	马来西亚政府，64.4%	雇员公积金，8.82%	国家股权公司，6%
2	国家电力公司	2	国库控股公司，25.7%	雇员公积金，17.4%	国家股权公司，9.77%
3	兴业银行	4	雇员公积金，42.9%	OSK控股公司，10.1%	国家股权公司，5.43%
4	马来亚银行	1	国家股权公司，34.8%	雇员公积金，14.1%	Yayasan Pelaburan Bumiputra（国家股权公司的子公司），7.87%
5	大众银行	3	郑氏合并控股公司，21.6%	雇员公积金，16.3%	退休基金，4.09%

注："排名"指的是在进入 2020 年"福布斯全球最大 2 000 家上市公司"名单的 10 家马来西亚公司中该公司的名次，见 https://www.forbes.com/global2000/#41e48c31335d。

资料来源：Marketscreener（https://www.marketscreener.com/）。

就应该被定义为私营企业。但实际情况是，兴业银行和马来亚银行既不同于石油化工集团、国家电力公司，也不同于大众银行，无论被简单地定义为国有企业还是私营企业，都有失偏颇。

一方面，兴业银行和马来亚银行与石油化工集团、国家电力公司的最大区别在于，马来西亚政府投入石油化工集团、国家电力公司的资本是典型的国有资本，其投资收益可以形成政府的财政收入。而EPF、PNB投入兴业银行、马来亚银行的资本并非国有资本，其资金来自个人的私人储蓄，EPF和PNB对它们负有受托责任，它们对EPF和PNB的投资收益拥有特定的索取权，二者在法律上都有清晰的界定，所以这些投资收益不会形成马来西亚的财政收入。因此，把它们和石油化工集团、国家电力公司都视为国有企业，并不妥当。事实上，马来西亚并没有"国有企业"的概念，只有"政府关联公司"（government-linked companies）。但是，另一方面，和大众银行相比，兴业银行、马来亚银行也有所不同。大众银行是完全由私人投资、私人控制和经营的，而EPF和PNB作为兴业银行和马来亚银行的控制性股东，却是由政府管理的。在这个意义上，也不能把兴业银行和马来亚银行视为私营银行。

上升到理论层面来说，对一个企业的所有权包含两种权利，即剩余索取权和剩余控制权，或者简单地说，分红权和控制权。在EPF和PNB持有控制性股份的企业中，马来西亚政府通过对EPF和PNB的控制而拥有某种意义上的控制权（取决于EPF和PNB对政府的独立性），但没有分红权；与此形成对照的是，EPF、PNB的最终受益人通过EPF、PNB对他们的受托责任享有分红权，却没有控制权。

从这个例子可以看到，那种认为企业的所有制只有公私两类、非公即私的传统概念，其实已经落后于时代，需要更新。准确地说，类似于 EPF 和 PNB 这样的投资者，包括前面谈到的公共养老基金，由政府管理，但用于投资的资金来自私人储蓄而非国有资本，不能简单地按非公即私、非私即公的逻辑来分类。

其实马来西亚的例子并不是一个简单的例外。视野放宽一些就可以发现，例如中国的国有商业银行也由政府所有和控制，它们投入企业的资金也是来自私人储蓄而不是国有资本。这些私人储蓄的所有者有自己独立的账户，对国有商业银行的收益也有法律上界定清晰的索取权（还本付息）。虽然中国的国有商业银行只能投资于企业的债权，但它们与马来西亚的 EPF 和 PNB 一样，都是把私人储蓄引入企业的中介。

如果把视野进一步放宽，很容易看到，在全球范围内，私人储蓄通过金融中介被引入企业是市场经济中的普遍现象。虽然这些金融中介有一些像 EPF、PNB 和中国的国有商业银行一样由政府所有或控制，但多数是私营的机构投资者。前面表 2.13 的数据显示，在 2017 年底占全球市场市值 90% 的 10 000 家最大上市公司的股权价值中，有 41% 是由私营的机构投资者持有的，而与此相比，公共部门及 "私人公司和战略性个人" 仅持有 14% 和 18%。

当然，如果进一步分析私营的机构投资者，现实情况也会极其复杂，因为各国机构投资者的法律框架和运作模式千差万别。但是，相当大一部分私人储蓄通过金融中介被投资于企业的股权和债权，是现代市场经济中的一个基本事实，这一点是确定无疑的。因此，概括而言，私人储蓄被引入企业，实际上存在以下三大类机制。

• 无中介：私人储蓄的所有者直接投资于企业，投资的对象可以是股权也可以是债权。这类机制包括私人投资开办企业、股票市场上的散户投资，也包括私人投资者设立的私人控股公司等投资工具。

- 国家中介：国家以税收或其他手段集中私人储蓄，然后直接地或通过主权财富基金等投资工具间接地投资于企业，其形式既包括全资、控股，也包括参股。

- 金融中介：金融机构通过合同吸收和集中私人储蓄，然后投资于企业的股权和债权。公共和私营养老基金都属于这一类中介。

国家中介和金融中介虽然都是中介，但有一个重大区别。国家中介的核心特征是，国家集中私人储蓄并通过投资形成的资产及其收益，只属于国家。虽然法律上国家是全体人民的代表，但全体人民中的任何个人对全民资产及其收益的任何份额都没有排他性的索取权（分不出"你的""我的"）。而金融中介与此不同。虽然金融中介本身可以是私营机构也可以是公共机构，但私人储蓄一旦被集中于金融中介，其所有者（或权益的持有者）就会获得一项针对该金融中介的收益索取权。例如养老基金的受益人对养老基金，银行的储户对银行，保单持有人对保险公司，投资基金的份额持有人对投资基金，都持有这样的索取权。这种索取权的核心特征是其排他性，也就是说，一个人拥有的索取权与其他人拥有的索取权之间有法律上清晰的界定（分得出"你的""我的"）。

因此，更接近现实的关于企业所有制的概念，应当容纳私人储蓄通过金融中介被引入企业的基本事实，传统公私二分法的企业所有制概念应当扩展为表 2.15 所示的三分法：在现代市场经济中，一个企业可以为三大类投资者所有或控制。

表2.15 关于企业所有制的三分法概念

类别	私人储蓄被引入企业的机制	持有企业全部或控制性股权的投资者	来自 OECD 研究的相关数据
I	无中介	私人：包括一般的私人公司、私人控股公司、个人或家族战略投资者	在菲律宾、斯里兰卡、智利，超过70%的上市公司的最大股东是私人公司；在墨西哥和希腊，超过40%的上市公司的最大股东是个人或家族战略投资者
II	国家中介	国家：包括中央和地方政府、主权财富基金、政府所有或控制的其他投资基金和企业	在10 000家上市公司75万亿美元的总市值中，中央和地方政府持有5.8万亿美元，占7.7%；主权财富基金持有2.5万亿美元，占3.3%
III	金融中介	机构：包括私营的或公共管理的养老基金、保险公司、商业银行、投资基金、单位信托基金等	在美国和英国，80%左右的上市公司的最大股东是私营机构投资者；最大3家机构投资者的平均持股比例超过20%，最大10家超过40%。在10 000家上市公司75万亿美元的总市值中，公共管理的养老基金持有1.2万亿美元，占1.6%

资料来源：作者整理。

在传统的二分法框架下，人们已经习惯于把表2.15中的第I类和第II类企业分别称为"私营企业"和"国有企业"。在三分法框架下，表2.15中的第III类企业也需要有一个名称，以便更清楚地与其他两类区分开来。选择之一是称之为机构投资者背后的投资人共同所有的企业，或"共有企业"（jointly owned enterprise）。比如，用表2.14的例子来说，马来西亚的石油化工集团和国家电力公司属于国有企业，大众银行属于私营企业，兴业银行和马来亚银行则可以被称为共有企业。

当然，在西方国家，家族控制的上市公司（第 I 类）和机构投资者控制的上市公司（第 III 类），并无不同的称谓，一概被称为私营。这是因为西方通行的私人所有制的概念与这个概念的中文含义有差别。不仅资本家对企业的所有制是"私有"，任何个人对财产的所有权只要是排他性的，与其他人的所有权有清晰的边界，无论大小都是"私有"。由于这一原因，西方通行的"私营"概念的外延比较宽泛。虽然如此，第四章将会谈到的 CPTPP 关于独立养老基金的规则说明，把"共有企业"与"国有企业"区分开来，可能不仅仅是个名词问题。此外，虽然企业的所有制本身只是一个经济问题，但在中国，所有制问题一直带有强烈的非经济含义。关于所有制问题的主流认识，往往可以左右改革的进程。因此，准确认识共有企业与国有企业、私营企业之间实际存在的区别，尤其是在收入分配方面的区别，具有特殊意义。用三分法概念可以很清楚地看到，共有企业这样一种企业所有制形式在中国有尚未发挥的潜力。

四、小结

国家通过投资于企业的股权而参与企业层面的微观经济活动，是全球范围内广泛存在的一种经济现象。本章考察各国经济中的国有企业，构建国有企业的全球图景，是描述这种经济现象的一种方式。因为国家也投资于企业的非控制性少数股权，所以本章也超越国有企业概念，把国家作为股权投资者，考察其经济足迹。

以数据为基础研究各国经济中的国有企业，必然会遇到国有企业的定义问题。本章对这一问题的研究表明，国有企业的定义包含三个基本要素：独立法人资格、政府控制、主要从事商业活动。不同定义的差异主要表现在对这三个基本要素的不同具体界定上。相对而言，中国国家统计局的国有企业定义比较清楚、全面，《企业国有资产法》的国有出资企业定义则覆盖了所有包含国家股权投资的企业。

本章对各国经济中国有企业的分析以 GLSOE 数据库为基础。虽然该数据库的数据还有待进一步完善，但已有数据确认了近年来多项研究（Christiansen，2011；World Bank，2014；OECD，2017；IMF，2020；EBRD，2020）已经指明的一个基本事实：尽管经历了过去几十年的多次私有化浪潮，国有企业在各国经济中仍然扮演着重要角色，在各个地区、各种发展水平的国家，情况都是如此；国有企业的行业分布非常广泛，在金融、能源、交通等行业尤其多见。除此之外，本章的分析也得到了一些新的认识。

第一，至少在有数据的经济体的产出和就业中，国有企业仅占少数份额。换句话说，那种国有经济在非农产业中一统天下的苏联模式已经不复存在。在改革开放伊始的中国经济中，几乎完全由国有企业构成的非农产业在 GDP 中的份额高达 65%，在总就业中的份额约为 30%（World Bank，1985，表 2.5 和表 2.6，第 40—42 页）。在工业化程度更高的苏联和东欧国家，国有企业在经济中的比重更高。今天，国有经济规模较大的经济体仍然是一些大型转轨经济体，如中国、俄罗斯、塞尔维亚、越南。但是，其国有企业在 GDP 中的份额已经降低到 1/4 到 1/3，在非农产业劳动力队伍中的比重大约在 15% 左右。也就是说，即使在这些经济体中，收入和就业创造的主体也已经是私营企业。在其他经济体的产出和就业中，国有企业的比重要低得多。除了挪威等少数国家，国有企业在非农产业劳动力队伍中的占比低于 5% 是常态。

第二，中国是独一无二的。虽然本章逐一展示了各个经济体的数据，但不能认为它们之间的差别只是简单的数量上的差别。使用 2019 年世界 GDP 数据作为参照，中国国有企业在世界 GDP 中占有约 4.6% 的份额。与此相比，俄罗斯、塞尔维亚、越南、印度的国有企业份额分别为 0.7%、0.01%、0.11% 和 0.16%[①]，合计只有不足 1%。虽然没有数据，但其他国家的份额应该更低。换句话说，虽然各国都有国有企业，但中国国有企业在世界经济中占据的突出地位是别国国有企业无法比拟的。此外，就行业分布而言，中国的国有企业遍布几乎所有行业，并以绝对优势控制着金融、能源、交通运输等国民经济的关键行业。

第三，从全球范围看，国有企业在经济中的地位也超出了其在产出和就业中的份额所能反映的程度，因为它们通常活跃在现代经济的核心行业，为企业和消费者提供关键性服务（World Bank，2014，第 3—7 页；IMF，2020，第 48 页）。银行业和石油天然气行业是国有企业的支配地位最突出的两个行业。值得注意的是，在转轨国家和发展中国家的银行业和石油天然气行业中，国家所有与外资所有很可能存在替代关系。

第四，关于国有经济的行业构成，多数 OECD 国家和一些转轨国家的国有企业集中于网络型产业。但是，也有一些经济体，包括一些发达经济体，在金融、能源和制造业中集中了比较多的国有企业。

[①] 世界和这些国家 2019 年的 GDP 数据来自世界银行，见 https：//data. worldbank. org/in-dicator/NY. GDP. MKTP. CD，2024 年 12 月 2 日查阅。印度国有企业指其中央公共部门企业。

第五，国家是全球市场上一类非常重要的股权投资者。政府、主权财富基金、公共养老基金和国有企业等被 OECD 界定为"公共部门"的投资者在 2020 年全球上市公司市值中持有 10% 的份额。这些上市公司的一部分符合国有资本参股公司的定义。在中国，按资产计算，接近一半的私营企业含有国家的非控制性少数股权，或者说，这些私营企业属于国有资本参股公司或国家出资企业。

第三章

国有企业为什么存在

第二章的研究提出了一个显而易见的问题：国有企业为什么存在？或者更确切地说，国有企业为什么会以第二章观察到的方式存在？

当然，在中国，国有企业为什么存在至少从历史的角度看不是一个复杂的问题。但是，在全球范围内，问题就不那么简单了。因为从20世纪80年代开始，多数国家的国有企业都经历了几轮私有化浪潮，尤其是20世纪90年代，私有化一度成为全球范围内国有企业改革的主流模式。为什么虽经多次私有化浪潮，国有企业仍然存在于当今世界中的几乎所有国家？如果国有企业果真很重要，那为什么至少在能够收集到数据的国家，国有企业在经济中都只占少数份额，而不再是创造国民收入和就业岗位的主体？为什么国有企业只存在于一些国家的一些行业，而在其他国家、其他行业则不存在？如果超越国有企业的概念来看企业层面的经济活动时，另一个明显的问题是，国家为什么要作为一个投资者投资于企业的非控制性少数股权？有没有一种理论，能够比较圆满地解释第二章观察到的这些现象？

就作者所知，这样的理论目前尚不存在，本章也无意提出这样一种理论。但本章试图在力所能及的范围内探讨这些问题，为以后几章的研究提供基础。第一节首先考虑对这些现象的两种比较常见的解释，一种着眼于国有企业的效率特征，另一种强调政府赋予国有企业的非财务目标。第二节介绍一种作者认为比较接近现实的理论解释，即不完全合同理论。第三节说明，为什么国有企业的存在理由对于研究与国有企业相关的贸易规则非常重要。第四节是简短的小结。

一、国有企业的效率特征和非财务目标

要回答"国有企业为什么存在"这一问题，一个办法当然是问各国政府为什么要创办和维持国有企业。虽然政府的回答不一定完全值得采纳，但这肯定是研究问题的方法之一。不过这也不是唯一的办法。经济学文献对这些问题已经有过研究。其中特别值得重视的，就是对国有企业的效率特征的研究。

1. 国有企业的效率劣势

关于国有企业的效率特征，经济学文献中已经有非常充分的研究（例如，Megginson and Netter，2000，第 3 节的综述）。一种被广泛认同的观点是，国有企业在经济效率方面较之于私营企业处于劣势，尽管有少数例外，但国有企业的经济效率总体上、长期内是低于私营企业的，在不存在市场失灵的情况下是如此，在市场失灵存在但政府作用能良好发挥的情况下也是如此。所以，前面提到的世界银行 1995 年的报告《官僚办企业：政府所有权的经济学和政治学》认为，一个经济体中的国有企业规模越大，对经济增长的拖累就越大（World Bank，1995，第 50 页）。特别是，很少有人认为国有企业的创新性可以达到私营企业的水平。而且，国有企业的低效

和缺乏创新性，并不是偶然的，而是由其内在原因决定的。比如，在激励机制方面，由于从全体公民到国家再到国有企业管理层存在很长的委托代理链条，国有企业的激励机制一般都比私营企业更为薄弱。再比如，由于国家在财政、金融方面给予国有企业的特殊待遇，国有企业总是面对软预算约束。所以，如果经济资源能实现从国有企业到私营企业的再配置，整个经济的效率就可以提高，对于那些经济增长必须主要依赖生产率和创新的经济来说，这一点尤其重要。换句话说，任何有意义的国有企业改革，即使不是直截了当的私有化，至少也必须实现资源从国有企业向私营企业的再配置。

既然如此，如果国有企业在一个经济体中仍然广泛存在，那一定是因为资源的再配置受到了阻碍，而这种阻碍一定是由于经济效率以外的原因。世界银行的报告根据对若干发展中国家的观察，认为主要原因是对改革的政治阻碍（World Bank，1995，第175页）。具体来说，以资源再配置为核心的国有企业改革即使可以提高经济效率，也必须满足三个政治条件，否则不会成功（World Bank，1995，第4章）。第一是政治上的合意性（desirability），也就是说，对一个国家的领导层及其所依赖的选民群体来说，改革的成本必须小于收益，从而符合他们的总体利益。换句话说，领导层及其代表的利益集团必须有推进改革的动力。合意的改革经常需要领导层更迭或严重经济危机造成的压力。第二是政治上的可行性（feasibility），意思是说愿意推进改革的领导层必须同时有足够的能力克服、化解各种阻力。这些阻力可以来自很多方面，包括议会、公务员群体、各级地方政府、国有企业管理人员和职工，以及其他可能因改革而利益受损的人群。第三是政治上的可信性（credibility），包括两方面内容：一方面，政府承诺给国有企业管理人员、职工以及其他利益受损的人群提供补偿，这必须让对方相信。如果政府的承诺没有可信度，就不得不提供现金补偿，这就会使改革的推进变得困难重重甚至不可能，因为很多国家往往是在深陷财政危机的情况下才不得不改革的。另一方面，改革的成败高度依赖于能否引入私人投资者，以及私人投资者能否尽快投入必要资金重组国有企业，创造新的收入和就业岗位。为此必须让私人投资者相信政府关于投资环境的种种承诺。如果政府的承诺没有可信度，投资者就不敢投资，或者要求的条件过于苛刻，使改革难以成功。

以国有企业的效率特征为中心的上述观点，可以解释第二章观察到的一个重要事实：至少在有数据的经济体的产出和就业中，国有企业仅占少数份额。换句话说，除了极少数几个可能的例外，由国有企业主导非农产业的苏联模式在当今世界已经消失，即使在中国、俄罗斯、越南、塞尔维亚这样的大型转轨经济体中，大部分收入和就业也是靠私营企业创造的，其他经济体更是如此。

诚然，中国自 20 世纪 70 年代末期以来未经大规模私有化[①]而取得了前所未有的发展成就。但这并不能否定国有企业在经济效率方面处于劣势的观点。首先，与中国经济腾飞相伴随的，是非国有

---

① 在研究私有化的英文文献中，有一种私有化方法是"股票发行私有化"（share issuance privatization，SIP），其含义是通过在公开市场向私人投资者出售国有企业的部分或全部股份而实现私有化（Megginson and Netter，2000，第 339 页）。因为这个定义虽然隐含但没有明确界定控制权的转移，在后来的应用中，一些研究往往把中国的国有企业上市和股票增发也都称为 SIP（例如，见 Jiang et al.，2009），有的甚至将这种交易与其他形式的私有化混合在一起计算私有化的交易规模，得出中国已经发生了大规模私有化的结论。这样的做法是不可取的，因为它混淆了两种性质不同的交易：一种是真正的私有化，其中，政府把企业的控制权转移给了私人投资者；另一种是政府通过发行股票为国有企业筹资，企业的控制权仍然掌握在政府手中。

企业和私营企业的兴起，以及由此而来的资源从国有企业向私营企业的再配置。其次，中国虽然没有实行大规模私有化，但相当大一批国有中小企业还是通过改制出售或破产兼并的方式退出了国有企业的行列，它们原来占有的资源被再配置到了私营企业。再次，即使其他国有企业的改革，其要旨也都归结于引入私营企业的激励机制和市场经济的制度要素，包括追求利润、企业管理自主权、预算约束硬化、现代公司的法律框架、金融市场纪律约束等。即便如此，改革后的国有企业就运营效率而言仍然处在追赶私营企业的状态，这一点已经被很多以数据为基础的研究反复证明。[①] 换句话说，维持国有经济的现有规模，仍然是有其经济成本的。有的观点认为，国有企业效率并不低，财务业绩低于私营企业只是由于它们追求政府赋予的非财务目标。这种观点通常只能举一些例子作为论据，并无系统数据支持，更没有考虑国有企业从国家得到的种种补贴和优惠。

既然国有企业因其内在原因比私营企业更低效、更缺乏创新性，为什么那么多国家仍然如此长时间地保持了如此多的国有企业？在一些国家、一些时期，这确实可以解释为不具备改革的政治合意性、可行性、可信性，以致改革没有发生。如国际货币基金组织的一项研究观察到的，在一些国家，很多国有企业的存在确实没

---

① 例如，使用工业企业的企业层面数据，谢长泰和宋铮发现，国有企业加权平均的全要素生产率在 2007 年大约相当于私营企业的 75%，虽然较之于 1998 年的 55% 已经是很大的改善（Hsieh and Song, 2015, 第 332 页）。国际货币基金组织的一项研究发现（Jurzyk and Ruane, 2021, 第 31 页、第 33 页），2002—2019 年，上市的国有企业和私营企业之间持续存在生产率差距，平均差距相当于同一行业的 30%，其另一项研究用不同数据得出了大体相同的结论（Cerdeiro and Ruane, 2022, 第 4 页）。

有合理的理由（Richmond et al.，2019，第 2 页）。但是，用这个观点来解释所有国家长期以来的普遍情况，尤其是发达国家的普遍情况，则明显有些牵强。这是以国有企业的效率特征为中心的观点存在的一个主要缺陷。

2. 国有企业的非财务目标

那么，对于为什么要创办和维持国有企业，各国政府是怎么说的呢？说法有很多种，但多数说法支持另外一种观点，按照这种观点，国有企业在经济效率方面不及私营企业是正常现象，不足为奇，因为它们本来就不是为追求利润这样的财务目标而存在的；国有企业与私营企业并存的理由恰恰在于要实现政府赋予的非财务目标。OECD 曾经对其成员国的政府做过问卷调查，国际货币基金组织也对中欧、东欧和东南欧国家的政府做过类似的调查。这些国家的政府大体上都是这样回答的。它们提得最多的非财务目标包括：提供特定公共品和服务，支持国家的经济和战略利益，在自然垄断的情况下从事商业经营，保证对一些企业的持续的本国所有，在市场监管被认为不可行或无效率的地方，建立国有垄断（或寡头）等（Richmond et al.，2019，第 13—14 页；OECD，2015B，第 11 页）。

国际货币基金组织的一份报告（IMF，2016，第 4 页）提出了一个更为综合性的框架（表 3.1）。报告认为，在一部分经济活动中，国有企业存在的理由更为充分，这些经济活动有两个特点：一是政策或战略相关性比较高，二是商业可行性（commercial viability，即通过创收而收回成本的潜力）比较高。道理何在？因为政策或战略相关性比较低的经济活动可以留给私营企业，无须国有企业参与。商业可行性低的活动，如果政策或战略相关性高，应该留给国有企业以外的其他政府实体，比如政府机关和事业单位一类的机构；如果政策或战略相关性也低，就没有存在的理由。上面引用的各国政府提出的各种非财务目标，都可以被看作政策或战略相关性的具体例子。

表3.1　国有企业存在理由比较充分的经济活动

		政策或战略相关性	
		低	高
商业可行性	低	没有存在理由	留给非商业性的政府部门实体
	高	留给私营企业	国有企业存在理由比较充分

资料来源：IMF（2016，表1，第4页）。

从各国的实际情况看，以非财务目标为中心的观点确实具有很强的解释力。有助于对国有企业的广泛存在做出解释的非财务目标大体可以分为三类：公共服务的全民可及、促进发展、战略性资产的国家控制。

第一个目标是，各国政府都追求以可承受的价格向全民提供基本的公共服务，为了实现这个目标，它们普遍视国有企业为有用的工具。在世界各国，诸如公用事业、地面公共交通这样的领域都有国有企业密集存在，这是一个主要原因（IMF，2020，第61页）。在这个意义上，国有企业实际上是政府提供公共服务的一种工具。这种做法的一个理论依据是，网络型产业倾向于自然垄断，从而导致市场失灵。这类产业包括输电、配电、自来水供应、煤气供应、电信、公共交通等。在这些产业中，为了有效率地把服务提供给最终用户，需要有一套固定的基础设施和一定程度的标准化，使竞争在技术上不可行。而如果竞争不可行，政府与其监管一个私营垄断企业，不如经营一个国有垄断企业。例如，供水系统需要大额基础设施投资，而可饮用的供水和合格的污水处理系统是公共卫生的基础。鉴于监管方面的巨大挑战，多数国家都选择通过国有企业来解决供水问题。即使是监管体系比较健全的多数发达国家，也是以公共供水为主（如澳大利亚、德国、日本和美国），只有少数国家（如捷克、法国和英格兰）高度依赖私营企业（IMF，2020，第53页）。

如果政府承诺要实现基本公共服务的全民可及，那么国有企业还有一个具有吸引力的地方，就是可以被用于所谓的"准财政"（quasi-fiscal）活动，或者通俗地说，充当"小金库"。准财政活动的准确定义是，企业为实现政府的某一公共政策目标而提供了物品或服务，却牺牲了自己的利润，或者说偏离了利润最大化的轨道。这样的活动实质上是企业以一种隐蔽的方式替国家财政垫付了资金，因此被称为准财政活动。准财政活动因为不需要经过正常的财政预算审批和监督程序，拥有相关权力的政府官员可以在短时间内随心所欲地调动资金来支持自己想要支持的项目，所以经常被视为国有企业的一种特有"优势"。

准财政活动可以有很多种形式，其中在全球范围内最为常见的是所谓的"公共服务义务"（public service obligation），即政府要求国有企业按低于成本的价格向公众或某个特定群体提供物品或服务（IMF，2016）。在很多发展中国家，国有企业提供公共服务而不能回收成本是普遍存在的问题。例如，在印度的一些邦，电力行业的国有企业不能回收的供电成本可能高达60%（IMF，2020，第53页，图3.10）。即使在发达国家，国有企业承担公共服务义务也很常见。例如，根据欧洲复兴开发银行的资料，其客户区域的铁路公司——绝大多数都是国有的——仍然高度依赖政府补贴（多数其他发达国家的铁路公司也类似）。这些补贴通常的目的是保证按可承受的价格向全民提供铁路服务。欧盟委员会通过对其铁路市场的监测调查收集的信息显示，没有几个发达的欧盟经济体可以通过乘客车票收入收回全部成本（EBRD，2020，第42—43页）。

就准财政活动而言，不同国家之间的差别经常并不是有没有这种活动，而是对国有企业由此产生的成本有没有合理、透明的补偿。有的国家要求国有企业在按低于成本的价格提供公共服务的同时，会通过国家财政给国有企业提供相应的补偿。但有的国家之所以要求国有企业这样做，就是因为财政拮据，所以亏本提供公共服务的国有企业得不到应有的补偿。例如，根据欧洲复兴开发银行的调查，在其客户区域，公共服务义务在法规中普遍没有清楚的界定、没有明确的预算，而且在企业层面，超过85%的国有企业不披露公共服务义务的存在以及相关的预算（EBRD，2020，第54页）。

然而，天下没有"免费的午餐"。"政府请客、企业买单"的做法短时间内或许可以，长期内肯定是不可持续的。很多在这种机制下经营的国有企业不可避免地会失去维护、更新设备和激励员工的能力，只能勉强维持，最后不得不降低服务质量和可及性。内部治理和监督机制也会趋于涣散甚至出现贪污腐败。最后的结果通常是"羊毛出在羊身上"，企业在濒临倒闭之际，政府不得不以高昂代价出手相救。所以，所谓国有企业的独特"优势"不过是一种幻觉。

事实上，按可承受的价格提供全民可及的公共服务，并不一定要求服务提供者是国有企业。通过对承担公共服务义务的私营服务提供者进行财政补偿，或者在需求侧对低收入家庭给予定向财政补贴，同样可以实现提供全民可及的公共服务的目标。但是，这些途径都要求公共部门有足够的执行能力（EBRD，2020，第42—43页），因此并不是在每个地方都完全可行。

第二个重要的非财务目标是促进发展。从历史上看，19世纪的后起国家都不同程度地相信，国家可以而且应该借助国有企业在追赶英国的过程中发挥主要作用（Toninelli，2000，第11页）。在20世纪的多数时间里，国有企业的规模扩张、重要性提高，也都是由发展动机驱动的。20世纪初期，法国、德国、意大利、西班牙、英国等国家的政府开始对关键产业实行国有化，目的也是促进发展（IMF，2020，第48页）。二战之后，国有化的趋势在这些国家得以持续。在英国的撒切尔夫人的政府上台之前，西欧盛行的主流观点是，政府起码要对电信、邮政、电力和煤气以及道路之外的其他交通运输部门（尤其是航空和铁路）实行国家所有；很多政治家甚至认为对钢铁和国防工业以及银行战略性的产业等也要实行国有（Megginson and Netter，2000，第323页）。战后新出现的社会主义国家则遵循苏联模式，把非农产业全部置于国家所有制之下。这既有意识形态的原因，也有促进发展的考虑，因为它们相信国家所有制及与之相伴随的中央计划经济是最能促进生产力发展的制度。不仅如此，很多并未实行社会主义制度的发展中国家也在独立初期钟情于庞大的国有部门，因为它们相信国有企业可以比私营企业更有力地促进发展（Megginson and Netter，2000，第323页；Naqvi and Ginting，2020，第3—4页）。这种相信国有企业可以促进发展的观念和通过国有企业来促进发展的做法，在战后持续了几十年。国有企业因此在全球范围内得以蓬勃发展，到20世纪80年代初达到高峰。除了社会主义国家，根据麦金森等人引述的资料，20世纪80年代初，国有企业在低收入国家GDP中的占比接近16%，在中等收入国家为10%~12%，在高收入国家也曾达到8.4%，其中在英国曾达到10%以上（Megginson and Netter，2000，第328页、第324页）。

但是，国有企业的实际业绩普遍不佳，各种修修补补的改革也无济于事，使很多国家的失望和挫折感在 20 世纪 80 年代累积到了临界点。它们于是下决心采取果断措施实行私有化或类似的以资源再配置为核心的改革，收缩国有经济的规模。首先是 1979 年撒切尔夫人在英国执政后，开始了大刀阔斧的私有化运动，西欧的其他国家和日本随后效仿。中国和印度虽然采取了尽量避开大规模私有化国有企业的改革措施，但拉丁美洲和非洲的发展中国家也逐步开始通过私有化来改革国有企业，摆脱低效率的国有企业带来的财政负担。1991 年苏联解体后，苏联集团各国开始向市场经济转轨，很多国家采取了快速、大规模私有化的措施，进一步强化了这一趋势（Megginson and Netter，2000，第 2 节）。

20 世纪 80—90 年代的私有化浪潮使国有企业在非农产业中占据统治地位的苏联模式退出了历史舞台，但是，相信国有企业可以促进发展的观念并未因此绝迹。事实上，据国际货币基金组织的观察，近年来，在世界范围内，人们对国有企业作为促进发展的工具又有了新一轮的兴趣（IMF，2020，第 48 页），一些国家也在重新认识国有企业的角色（Richmond et al.，2019，第 1 页）。

印度的国有企业就是作为促进发展的工具被建立起来的。1947年印度独立时，鉴于当时薄弱的工业基础、落后的基础设施、短缺的高技能人力资源以及发展不充分的私营部门，国有企业在印度被认为是加速关键行业增长的最佳途径（PwC，2015，第 16 页）。因此，印度设立国有企业的主要目的就是促进经济增长、形成优秀企业、推动地区发展、履行社会义务。尽管印度最近几十年也实行了市场导向的改革，收缩了国有经济的规模，但按照印度政府的说法，中央公共部门企业，即中央政府所属的国有企业，在今天印度的经济增长中仍然扮演举足轻重的角色（Government of India，2021，第 6 页）。南亚很多其他国家，例如孟加拉国，也有类似的经历（Uddin，2005）。在东亚，新加坡设立国有企业，也有很清楚的发展目标：在 1965 年独立后弥补私营部门资金和专业知识的不足（PwC，2015，第 15 页）。

在金融行业，开发银行一直被视为促进发展的重要政策工具，而绝大多数开发银行都是国有企业。2017 年世界银行对 64 家开发银行进行的一项问卷调查得到的结论是，开发银行的存在是有意义的。政府将开发银行作为工具，在那些私营金融中介不能提供足够金融服务的行业和地区提供金融服务。在二战之后，处于不同发展阶段的很多国家都设立了开发银行，投资于道路、高速公路、机场、发电站、大坝、电信设施，培育处于发展初期的产业以及中小企业，并为低收入家庭提供金融服务。根据世界银行 2018 年的观察，过去几十年，关于开发银行的业绩和角色，负面和怀疑的观点占主流，但现在政府和学术界已经开始重新审视开发银行的重要性（World Bank，2018，第 6 页、第 14 页、第 45 页）。

国有企业之所以被视为促进发展的手段，其理论根据一般都可以归结为某种形式的市场失灵。比如，关于国有银行为什么存在，就有"社会论"和"发展论"的解释，二者都落脚于市场失灵。"社会论"强调，市场的不完善会导致有很高社会收益的项目得到的投资达不到应有水平，而公共部门的干预可以对此进行矫正；"发展论"则认为，在有些国家，能够满足其发展需要的金融部门因制度失灵而无法发育，使国有银行成为必要（Cull et al.，2018，第 2 页；Panizza，2021，第 2 页）。至于使用国有企业作为政策工具来支持中小企业、不发达地区、弱势人群，则被广泛认为属于政府的正常工作范围，其理论依据深究起来其实也是由于市场失灵，或者是私营部门发挥作用面临的现实制约，例如市场体系和本土私营企业的能力局限。

第三个重要的非财务目标是实现对战略性资产的本国控制。在石油天然气行业，很多石油出口国都设立了国家石油公司，以便对油气开采及其潜在的丰厚利润实现国家控制，尽管国家石油公司被认为比私营竞争对手的盈利明显更少、效率更低（IMF，2020，第54页）。例如，海湾阿拉伯国家合作委员会（以下简称"海合会"）国家[1]的国有企业，主要就产生于那些政府保持控制的战略性行业。海合会国家国有企业的发展，多数始于20世纪70—80年代在石油天然气行业设立大型国有企业。例如，沙特阿美最初于1933年由沙特政府与加州标准石油公司（今天的雪佛龙）附属公司合作成立，1980年国有化后成为一家国有企业。实际上，这个地区最大的国有企业产生于政府对战略性资产的国有化。不仅海合会国家的石油天然气公司是如此，1963—1975年，非社会主义国家对石油天然气开采的国家控制总体上也大幅增加。具体而言，扣除美国、加拿大和中央计划经济国家，公共部门在全球石油天然气产量中的占比从1963年的9%上升到1975年的62%，在炼油中的占比从14%上升到24%，在营销中的占比则从11%上升到21%（Tordo，2011，第18页）。

但是，使用国有企业作为工具来控制战略性资产，并不限于发展中国家，也不限于石油天然气资产。例如，西方产油国也曾设立国家石油公司以保证对石油天然气资产的国家控制。除了英国1975年设立的、存续时间很短的英国国家石油公司（BNOC，Tordo，2011，第19页），挪威的国家石油公司和与之相联系的主权财富基

---

[1]　海合会，正式成员国为阿联酋、沙特、卡塔尔、阿曼、科威特和巴林。

金，也是政府对石油资产和石油财富的代际公平分配实行国家控制的政策工具。在石油天然气行业之外，埃及的苏伊士运河是国家通过国有企业对其他战略性资产实现控制的一个例子（OECD，2021，第15页）。在金属采掘业，世界银行的一份报告也发现国家控制的水平仍然出人意料地高。除了中国，智利、印度、波兰、瑞典都是在金属矿产产值中国家控制占比很高的国家（World Bank，2011，第2页、第5页、第10页）。

很显然，对于任何资产，只要政府认为有理由不允许外资所有，国有企业都可以被用作实现本国控制的工具。第二章表2.10的数据表明，在一些发展中经济体和转轨经济体中，银行业的外资所有和国家所有很可能有相互替代的关系，换句话说，在一些经济体中，政府之所以设立和维持国有银行，可能是因为它们不愿意让银行业资产为外资所有。

当然，为了防止这些战略性资产被外资控制，实行国有化并非唯一的办法。本国的私人资本同样可以保证这些资产的本国控制。因此，使用国有企业作为工具来实现战略性资产的本国控制，其实隐含着一个目标，就是同时防止这些资产为本国私人资本所控制。

二、不完全合同理论

那么，是否可以说当今世界的国有企业都是为非财务目标而存在的呢？或者说，用非财务目标就可以基本解释第二章观察到的那些现象呢？恐怕还不能这么说。非财务目标的解释至少存在三个方面的局限性。

1. 非财务目标论的三个局限

第一个局限是，虽然各国政府经常宣称它们创办和维持国有企业不是为了追求财务目标，而是为了实现非财务目标，但实际情况是，政府不仅追求非财务目标，而且也追求财务目标。尽管很多人热衷于谈论国有企业的"公益性"，但实际上没有哪个国家的财政部敢于给本国的国有企业下令，让它们可以放开手脚，一心追求公益，不必在意盈亏。理性的政府都追求以最小的财务成本实现其非财务目标，或者在实现非财务目标的前提下达到国有企业利润的最大化。

更为重要的是，在很多国有企业中，政府只追求财务目标，并无非财务目标。例如在挪威，国有企业就被分成三类。其中第一类和第二类的共同特点是，它们基本上都处在与其他企业的竞争之中，国家在其中追求的只是财务目标，即长期回报的最大化。如果在一家公司中国家所有权已经没有存在的必要性，只要在财务上有利，国家就会决定减持，这种公司就属于第一类。如果国家所有权仍然有存在的必要，这家公司就属于第二类。只有在第三类公司中，国家追求的目标才是以可达到的最有效率的方式实现公共政策目标（Norwegian Ministry of Trade，Industry and Fishery，2021，第 8 页、第 54 页）。

事实上，不仅在挪威，很多国家的国有企业都在竞争性市场上运作。比如，世界银行 2023 年的报告显示，按照其口径定义的国有企业（即报告所称的"国家企业"）中有 70% 在竞争性市场中运作。这些企业从事的都是私营企业也完全可以从事的经济活动。因为政府在国有企业中既追求财务目标，也追求非财务目标，是一种普遍现象，所以按目标对国有企业进行分类的做法也比较常见，OECD 的《国有企业公司治理指引》也推荐这种分类方法（OECD，2015C，第 33

页）。中国的国有企业就分为公益类、商业一类（竞争性）和商业二类（战略性），虽然没有最后公布分类数据，但多数企业应该属于商业一类，即在充分竞争领域运作的商业性企业。

除了在竞争性市场运作的国有企业，在国有资本参股公司中，国家仅追求财务目标的事实更为清楚。国家通过主权财富基金等工具投资于国有资本参股公司，除持有"金股"等少数例外，一般都是为了追求财务回报而几乎没有非财务目标。因此，用非财务目标更难以解释国家为什么要向这些公司投资。

用非财务目标解释国有企业存在的第二个局限，就是忽略了路径依赖的因素。如第二章看到的，像中国、俄罗斯、塞尔维亚、越南这样的转轨经济体中国有企业的规模明显大于很多其他转轨经济体，更大于非转轨经济体。这里显然有其历史原因。这些经济体当年实行的都是苏联模式，非农产业都由国有企业主导，后来虽然都放弃了苏联模式而向市场经济过渡，但过渡的进程并非整齐划一。所以，很多转轨经济体中国有企业的规模较大，不仅是历史遗产，也是改革尚未完成的表现，而不是政府追求非财务目标的结果。

第三个局限在于，国有企业并非实现前面提到的那些非财务目标唯一的政策工具。不动用国有企业，政府同样可以实现公共服务的全民可及、促进发展和战略性资产的本国所有等非财务目标。这是非财务目标论遇到的最大挑战。

比如，虽然从理论上说，政策或战略相关性强、商业可行性高的活动适合由国有企业来运作，但现实世界中，这样的活动并非都是由国有企业来运作的。再比如，尽管提供公共服务的网络型产业因其自然垄断的性质，似乎为国有企业的存在提供了很充分的理由，但很多国家的这一类公共服务仍由私营企业提供。就促进发展而言，一方面，国有企业确实经常被用来作为促进发展的工具，另一方面，各国政府也通过私营企业来实施某些促进发展的政策。例如，在有些场合，政府要求国有企业到不发达地区投资或给中小企业提供信贷，而在另一些场合，政府则采用监管手段或财务激励手段向私营企业"购买"这类服务。与此类似，一些国有企业在被私有化之后继续追求以前政府赋予的非财务目标。[①] 即使被广泛认为关系到国家安全、具有战略意义的军工行业，也不是非国有企业莫属。在很多国家，军工产品都是由私营企业研发、生产的。事实上，要找到一种私营企业做不了，只能由国有企业来做的经济活动，是非常困难的。

美国是一个明显的例证。美国在成长为超级大国的过程中，国有企业在其经济中的参与程度与其他西方国家相比是最低的。这主要是因为美国的社会环境对国有企业一直很不友好。根据相关学者（Galambos）的记述，在 19 世纪和 20 世纪，很多在其他国家导致国有企业成长的经济问题和政治压力在美国也出现了。和欧洲一样，美国对于加快经济增长的愿望和实际的或想象的国家安全威胁，同样催生了对国有企业的需求。对公共安全和市场失灵的担忧也要求政府办企业（Galambos，2000，第 274—276 页）。因此，美国的联邦、州和市一级政府都创办和维持了一些国有企业。除了邮政，城市公用事业是另一个国有企业曾经密集存在的领域。1900 年，美国最大 50 个城市中有 40 个拥有公共供水系统，到 1910 年，3 万人口以上的城市中有 70% 都由私营供水系统转向了市政供水系统。在交

[①] 例如，英国的能源行业就是这种情况。该行业被完全私有化的时候，能源公司被要求继续追求公共政策目标，比如保证供应、环境可持续性等。见 European Commission（2016，第 95 页）。

通、抗毒素和疫苗生产、发电和送电、煤气输送和医疗卫生等领域，也出现了市政国有企业。1933 年的罗斯福"新政"产生了美国最大的一家国有企业：田纳西河流域管理局，该管理局受命控制洪水、发电，促进整个田纳西河流域的经济发展（Galambos，2000，第 279 页、第 280 页、第 282 页、第 284 页）。然而，美国最后还是形成了一个与其欧洲伙伴不同的模式。形成这种差异的一个显著原因是，美国有一个对国有企业持有敌意的环境。"如果说 19 世纪末期存在一个美国国家文化的话，那就是对国有企业的极端敌意。"（Galambos，2000，第 280 页）尤其是第二次世界大战后，当欧洲忙于对其工业企业实行国有化的时候，美国的选民开始逐步反对进一步扩展政府权力（Galambos，2000，第 289 页、第 293 页）。

在表 3.2 中可以清楚地看到，20 世纪 70 年代末，除邮政行业这一例外，其他西方国家选择让国有企业主导的大部分行业（如铁路），在美国都是由私营企业主导的。

2. 不完全合同理论的解释

对上述事实唯一合理的解释是，国有企业作为政策工具的价值，是依赖于具体情况的。在一种情况下，它可以是实现某种政策目标的有用工具，在另一种情况下则不然。[①] 如何解释这种"情况依赖"（context-dependence）？比较接近事实的一种理论是哈特等人的不完全合同理论（Hart et al.，1997；Shleifer，1998）。按照这种理论，可以对上述事实做出如下解释。

---

① 最近有一篇论文用数据研究了 30 个欧洲国家 2010—2016 年期间国有企业对经济增长的效应，得出的结论是，国有企业本身对增长的效应既非正面也非负面，关键取决于一个国家的制度环境（Szarzec et al.，2021，第 1 页）。

表 3.2 部分国家若干行业由国家所有的程度，1978 年

	邮政	电信	电力	煤气	石油	煤炭	铁路	航空	汽车	钢铁	造船
澳大利亚	●	●	●	●	○	○	●	◔	○	○	NA
奥地利	●	●	●	◕	●	●	●	●	○	●	NA
比利时	●	●	◑	◕	NA	●	●	◕	○	◑	○
巴西	●	●	●	●	●	●	◕	●	○	◑	○
加拿大	●	◕	◕	○	NA	●	◕	◑	○	◔	○
法国	●	●	●	●	◑	●	●	◕	◕	◔	◔
联邦德国	●	●	◑	◕	NA	●	●	◑	◑	◔	●
印度	●	●	●	○	◕	◕	●	●	○	◑	◕
意大利	●	●	◑	○	NA	◔	●	●	◔	◑	◕
日本	●	●	◑	○	NA	○	●	○	○	○	○
墨西哥	●	●	●	○	●	●	●	◑	○	◑	◕
荷兰	●	●	◑	○	NA	NA	●	◕	○	◑	○
韩国	●	●	◑	○	NA	◕	●	◑	○	◕	○
西班牙	●	●	◔	○	NA	◕	●	●	◔	◔	◕
瑞典	●	●	◑	●	NA	NA	●	◑	○	○	◕
瑞士	●	●	◑	○	NA	NA	●	◑	○	○	NA
英国	●	●	◕	●	◕	◕	●	◕	◔	◕	●
美国	●	○	◔	○	○	○	◔	○	○	○	○

注：○表示全部或几乎全部私营；●表示全部或几乎全部国有；◕表示75%国有；◑表示50%国有；◔表示25%国有；NA 表示不适用或可忽略。

资料来源：从 Galambos（2000，第 275 页）复制。

作为出发点，无论政府的政策目标是什么，总是有两个实现该目标的途径：使用国有企业作为工具，或者与私营企业签订合同。在理想的世界里，一个以追求社会福利最大化为己任的"仁慈"政府对自己想要什么一清二楚，也有足够的能力来撰写和执行一份完全合同。在这样的世界里，是使用国有企业还是私营企业，没有什么区别，因此也不是一个重要的问题。这里所说的"政策目标"可以是前面讨论的任何一种，包括提供公共服务、支持中小企业、发展战略性产业、提高国有资本的财务回报、对战略性资产的本国所有等。

区别上述两种途径的是，在现实世界中，合同注定是不完全的。政府不可能撰写和执行一份可以预知未来一切可能事件并规定好在什么情况下谁采取什么行动的完全合同，更不用说，政府并不总是全能的，也就是说不可能总是在合同签订之前就清楚地知道自己想要什么，而是经常会在合同执行期间改变主意。在这样的世界里，对资产或企业的所有权就非常重要。因为这种所有权使政府获得了控制和讨价还价的能力，当合同对各方必须采取什么行动并没有明确规定时，这种权力就可以介入。换句话说，在这样的世界里，剩余控制权，即对合同没有明确规定的事项的控制权，就成为非常重要的事情。

比如，剩余控制权有助于防止企业为了节约成本而牺牲那些合同中无法界定的目标。以政府与供水企业签订的向居民供水的合同为例。政府可以要求企业按某个价格向居民供水，并监督供水的数量，然后按实际供水数量向该企业提供补贴。但是，供水企业的服务质量较之于供水数量更难以监督，或者监督成本更高。如果供水企业是私营企业，那么企业的内在激励机制就会驱使它在可能的范围内降低服务质量来节约成本。政府为了防止此类事情发生，就需要提高监督成本来加强监督，或者居民就要接受较低的服务质量。在这种情况下，如果政府获得了对供水企业的所有权，也就是说，把供水企业变成了国有企业，就可以改变企业的激励机制。在其他条件不变的情况下，企业就不再有通过降低供水质量来节约成本的激励。这就是剩余控制权对政府的价值所在。政府获得剩余控制权，还可以使政府在合同执行期间改变主意而不必承担赔偿责任。

当然，私营企业一般比国有企业更具创新性，但创新对于政府政策目标的重要性在不同的经济活动中是不同的。此外，现实世界中的政府并不一定总是"仁慈"的，换言之，并不一定总是以社会福利最大化为追求目标。在经营国有企业和政府采购的过程中，都可能出现腐败。因此，使用国有企业这种政策工具本身也是有成本的。所以，最后的结果取决于多方面因素：政府可以在多大程度上减少合同的不完全性，企业为节省成本在多大程度上可能牺牲那些合同无法界定的目标，创新对所涉及的政策目标有多重要，以及政府可能在多大程度上偏离社会福利最大化的目标。这样便出现了"情况依赖"：在一些国家的一些场合，国有企业被作为有用的政策工具来使用，而在另一些国家的另一些场合，政府则选择使用私营企业实现同样的政策目标。

对第二章观察到的现象，不完全合同理论虽然可以做出如上解释，但也有一些该理论解释不了的现象。例如，国家为什么要作为股权投资者，为追求单纯的财务目标而投资于企业？当然，简单的答案是，这是为了更好地管理国家手中的国有资本。但国家为什么要积累和持有那么多国有资本呢？无论国有资本的积累是由于自然资源形式的全民财富转化成金融资本形式的全民财富（如土地、石油、矿产的开采），还是由于其他原因（如财政盈余、国有企业利润上缴），国家总有一个可行的选择，就是把这些财富分配给公民，由公民做出投资决策。例如，美国阿拉斯加州的永久红利基金①就是把石油财富分配给公民的机制。财富的代际转移和公平分配也是可以交给家庭来做的决策，并不一定非要由国家来做。事实上，很多家庭通常都会面临财产继承的问题，因而都要做财富代际分配的决策。国家代替公民做这一类投资决策，会比公民自己做决策更好吗？这种想法并没有根据。而且如果真是这样，为何不把公民手里所有的储蓄都集中到国家手里，由国家替公民投资？如果国有资本的积累来自一般财政预算的盈余或国有企业的利润上缴，也适用同样的道理。政府总是可以通过降低税负或增加开支，以减少国有资本积累，使国家没有必要代替公民进行投资。从更一般的意义上说，国民总储蓄中被转化成国有资本的那部分的比例，是一个在政府控制下的变量。有些政府选择积累和管理更多的国有资本，以追求财务回报为目的的投资于企业，更多地参与企业层面的经济活动，而为什么另一些政府则选择不这样做？这些都是不完全合同理论无法解释的。这些问题都很复杂，本书只能把它们提出来，而回答这些问题需要另做专门研究。

三、理解国有企业的存在理由的重要性

理解国有企业存在的理由，对继续研究与国有企业相关的贸易

---

① 见 https：//pfd. alaska. gov/Division－Info/about－us，2022 年 2 月 15 日查阅。关于全民基本收入的综合性讨论，见 Gentilini 等人（2020）。

规则非常重要。在这方面，首要的一点是承认国有企业存在的经济合理性。前面提到的以国有企业的效率特征为中心的观点，其含义之一是否认国有企业存在的经济合理性。按照这种观点，国有企业的存在只是因为以资源再配置为核心的改革在政治上遇到了阻碍。不可否认，现实世界中，确实有一部分国有企业的存在属于这种情况，但是，这无法解释国有企业在各国经济中长时间广泛存在的原因。更合理的解释是，一部分国有企业之所以存在，是因为它们承担着政府赋予的非财务目标，被政府视为一种有用的政策工具。尽管政府也可以通过与私营企业建立合同关系来实现这些非财务目标，但由于合同的不完全性，政府认为这些国有企业有其独特的存在价值。因此，国有企业存在的经济合理性是不可否认的。

这一点对贸易规则非常重要。如果否认国有企业存在的经济合理性，把国有企业的继续存在归因于不具备改革的政治条件，那么与国有企业相关的贸易规则就没有必要包容国有企业的存在。相反，制定贸易规则的正确方向应该是最大化贸易协定参与方维持国有企业的成本，以求尽快把国有企业逐出世界贸易体系。但是，如果承认国有企业存在的经济合理性，与国有企业相关的贸易规则就需要接受国有企业参与世界贸易的现实，并以此为前提，就国有企业与世界贸易体系可能产生的冲突寻求解决方案，而不能走极端，总是试图通过把国有企业逐出世界贸易体系来解决问题。

理解了国有企业存在的理由，就不难理解国有企业对政府的独立性注定是有限的。这是因为国有企业对政府的价值就在于它可以充当政府的政策工具，有助于实现某些非财务目标。这就决定了无论在经营上还是在财务上，国有企业对政府的独立性通常不可能达到私营企业那样的高度。

比如，如果政府以国有企业为工具追求非财务目标，国有企业的经营独立性与典型的私营企业相比通常都会受到限制，因为这正是剩余控制权的含义所在。换句话说，与私营企业相比，国有企业对政府的价值正在于政府作为所有者而拥有的自由裁量权。无论国有企业被赋予的非财务目标是公共服务的全民可及、促进发展，还是战略性资产的本国控制，它都需要在商业决策中考虑政府的偏好和指示，甚至还有政府的直接参与。如果国有企业在经营决策上拥有像私营企业一样的独立性，政府只能通过保持"一臂之距"的合同来驱使它们去追求某项非财务目标，那么，这样的国有企业对政府就没有价值了，因为它可以与私营企业签订同样的合同。

就国有企业的财务独立性而言，情况也是一样。追求非财务目标的国有企业，其财务独立性通常都是有限的，来自政府的财务资助（或者通俗意义上的补贴①）一般都是政企关系的一个组成部分。这是因为追求非财务目标的企业通常都需要偏离利润最大化的行为轨道。就提供公共服务而言，国有企业的商业模式是否可持续，关键在于公共服务义务的成本，即由于按低于成本的价格提供产品和服务造成的损失，能不能从政府那里得到补偿。与此类似，促进发展、战略性资产的本国控制，也会导致国有企业不能像私营企业那样一味追求利润最大化，而必须经常偏离利润最大化的行为轨道。对一个本可以像私营企业一样追求利润最大化的国有企业来说，这就意味着额外的财务成本。如果这种情况长期持续而得不到补偿，这些额外的财务成本就会伤害国有企业的可持续性和增长，使其无

---

① 后面将会看到，通俗说法中的补贴和 WTO 定义的补贴不同，前者大体上相当于 WTO 补贴定义中的一个要素，即所谓财务资助。

力再履行职能。所以，各国政府事实上也经常动用财务资助的手段来填补这样的缺口。这种缺口可以被称为"商业可行性缺口"（viability gap）①，也就是说，填上了这个缺口，企业的经营活动就可以恢复商业可行性。

这种被称为补贴的财务资助的例子很多，例如，CPTPP 第 17 章列出的豁免事项中包括：墨西哥的开发银行为行使其职能，需要政府对其银行业务给予担保；马来西亚 PNB 公司执行某些政府交办的项目，由马来西亚政府为其提供补贴。②另一个例子是，印度尼西亚电力行业的国有企业 PT Perusahaan Listrik Negara 在 2016 年的营业收入中，来自政府的公共服务义务补偿占 21.3%。③

只有当政府作为所有者只追求单一财务目标的时候，国有企业才可能获得与私营企业类似的经营和财务上的独立性。但是，如前所述，如果政府设立和维持国有企业或国有资本参股公司，所追求的就是国有资本的财务回报这一单一的财务目标，这些企业对政府的独立性无论在经营上还是在财务上确实可以达到与私营企业一样的水平，那么政府设立和维持这些企业的必要性何在，就很难解释了。

国有企业作为政府的政策工具，它们对政府的独立性注定是有

---

① 在公私合作的基础设施投资中，有些项目必须首先有一笔资金填上所谓的"商业可行性缺口"，然后才能对私人投资产生足够的吸引力。专门用于填补这种缺口的资金叫作商业可行性缺口基金（viability gap fund，VGF）。

② 见 Schedules of Mexico, Malaysia, Annex Ⅳ, Chapter 17, CPTPP。

③ The World Bank Restructuring Paper for the Indonesia Second Power Transmission Development Project. Paragraph 24. Available at https：//documents1. worldbank. org/curated/en/467961537 815118882/pdf/Disclosable – Restructuring – Paper – Indonesia – Second – Power – Transmission – Development – Project – P123994. pdf. 2022 年 2 月 14 日查阅。

限的，但这并不意味着它们对政府的独立程度必须完全相同。事实上，正因为国有企业是政府的政策工具，所以它们的独立性高低要服从政府的需要，因而是可变的、多样的。无论从经营的角度还是从财务的角度看，都是如此。比如，以各国的国家石油公司为例，世界银行在2011年的一项调查发现，这些公司的财务独立性实际上有三种情况。第一种情况是，国家石油公司只有很低程度的预算和财务自主权，它们必须把所有营业收入和利润上缴国家，所有投资项目所需资金都必须上报国家请求拨款。第二种情况是，国家石油公司有一定的预算和财务自主权，可以把利润的一部分用于再投资，但超过一定额度的投资和借款决策必须报批，审批者是某个行使政府所有者职能的机构或代表国家的机构。在第三种情况下，国家石油公司有很高的预算和财务自主权，可以将部分或全部利润用于再投资，投资和借款决策只需自己的董事会批准（Tordo，2011，第27页）。显然，在不同司法辖区的国有企业之间，甚至在同一司法辖区的不同国有企业之间，出现类似的差异是很正常的事情，没有理由期望世界上所有的国有企业对它们的政府都有同等程度的独立性。

但是，对于贸易规则来说，国有企业对政府的独立性非常重要。如第一章所述，本来是要约束政府的贸易规则之所以延伸到约束国有企业，就是因为国有企业和政府有着特殊的关系，它们可以成为政府行为的工具。在极端情况下，如果国有企业与政府完全"政企不分"，也就是说，国有企业对政府的独立性等于零，那么国有企业的行为就完全等同于政府行为。相反，在另一个极端，如果国有企业完全独立于政府，那么对贸易规则而言，国有企业与私营企业并无不同，没有理由对二者区别对待。

显然，一家国有企业在经营上和财务上对政府有多高的独立性，取决于政府在管理该国有企业时采取的模式，以下称为"治理模式"。其核心是政府与企业的关系在经营决策和财务方面如何定位。如上所述，在不同司法辖区的国有企业之间，甚至在同一司法辖区的不同国有企业之间，出现不同的治理模式或政企关系，是很正常的事情，没有理由期望所有的政府对它们的国有企业都遵从一个单一的治理模式。

有鉴于此，为便于以后的分析，在概念上有必要确立两个基准模式。一个是国有企业的经营和财务独立性几乎等于零的模式，被称为"传统模式"，另一个是国有企业在经营上和财务上都享有很高独立性的模式，被称为"现代模式"（见表3.3）。可以设想，这两个模式界定了一个谱系的两个端点，现实世界中的国有企业治理模式，按其经营和财务独立性的程度，都可以在这个谱系中找到相应的位置。

表3.3　国有企业治理：可以定义一个谱系的两种模式

维度	传统模式	现代模式
经济地位	在非农产业中完全的支配地位	产出和就业创造中的少数份额
法律形式	党和政府体系中的一个基层单位，不具有独立于政府的法律地位	独立于政府的法人，与私营公司一样受公司法调节
目标	贯彻落实上级指示。利润最大化不是目标。非财务目标与党政体系的部门设置相对应	为了社会，使价值最大化。财务上，在考虑具体的经营条件之后，获取一个和与之竞争的私营企业相当的回报率。非财务目标由相关政府部门明确赋予并披露
管理层任命	相关级别的党政部门任命一名厂长（经理）和一名党委书记，二者在一支干部团队的协助下一起经营国有企业	按通行的公司惯例，由包括国家在内的股东任命董事会，董事会通过其任命的经理层经营国有企业

维度	传统模式	现代模式
劳动制度	国有企业职工是政府雇员，由政府劳动部门分配到国有企业*	国有企业职工是与私营企业职工一样的劳动力市场参与者，受国有企业聘用
经营独立性	国有企业按上级计划经营，计划规定生产什么、生产多少、用什么方法生产、从哪里获得投入品、产出销往何处。不经上级批准，国有企业管理层几乎不能自行安排任何经营活动	国家是一个有充分信息的、积极的所有者，允许国有企业董事会和管理层拥有完全的经营自主权来实现既定的目标。为此，国家确定行使所有者权益的具体机构，实现国家所有者职能和其他职能的分离
价格	所有投入和产出的价格，包括劳动、资本和土地的价格，都由中央计划机关制定，国有企业的核算以这些计划价格为基础	除了被监管的价格外，所有价格由市场决定。如果国有企业既从事经济活动又追求公共政策目标，与公共政策目标相关的成本由国家补偿并予以披露
融资	国有企业融资主要依赖国家财政拨款，辅之以经过政府批准的从国家银行获得的短期贷款。国有企业对其债务不负法律责任，但政府可以决定对国有企业实行关、停、并、转	在债务融资和股权融资方面，国有企业面对市场约束和破产威胁。国有企业与金融机构的关系以及与其他非金融国有企业的关系属于纯粹商业性质的关系。与此同时，国有企业在融资决策包括借贷决策方面有完全的自主权
盈利和亏损	国有企业的盈利和亏损，包括因追求非财务目标而产生的亏损，完全由国家财政吸纳	国有企业拥有自己的盈亏，同时国家和其他股东一样，行使其对利润的索取权，并对亏损承担责任。按竞争中性原则，国有企业不受惠于任何间接的政府财务支持——只要这种支持使其获得相对于私营部门竞争对手的竞争优势；也不以比私营部门竞争对手可以获得的价格更优惠的价格或条件从政府那里获得投入品

　　*在中国改革前的模式中，国有企业的职工和管理人员（干部）是有区别的，后者属于公务员，前者不是。在有些国家（如缅甸），所有国有企业职工都是公务员。

　　资料来源：作者根据吴敬琏（2017，第167—169页）以及 OECD（2015C）进行的梳理和阐释。

传统模式以改革前的中国国有企业的治理模式为典型。① 在这种模式中，国有企业只是党政体系中的一个基层单位，不具有独立于政府的法律地位，其目标不是利润最大化，而是贯彻落实来自党政系统的指示，即实现各种非财务目标。国有企业的管理人员由上级党政机关任命，职工是政府雇员，由政府劳动部门分配到企业。在经营决策方面，国有企业执行上级计划，计划规定生产什么、生产多少、用什么方法生产、从哪里获得投入品、产出销往何处。不经上级批准，国有企业管理层几乎不能自行安排任何经营活动。财务方面，国有企业融资主要依赖国家财政拨款，辅之以经过政府批准的从国家银行获得的短期贷款。国有企业对其债务不必承担法律责任，但政府可以决定对国有企业实行关、停、并、转。相应地，国有企业的盈利和亏损，包括因追求非财务目标而产生的亏损，也完全纳入国家财政预算，盈利全额上缴，亏损全额补贴。

现代模式以 OECD 的《国有企业公司治理指引》（OECD，2015C）和其他文件推荐的模式为典型。在现实世界中，大概还没有哪个国家完全实现了这种模式，所以它更多的是一种理想化的目标。按照这种模式，国有企业的法律地位是独立于政府的法人，与私营企业一样受公司法调节。国有企业的目标是为社会实现价值最大化。其中，在财务上，在考虑具体的经营条件之后，国有企业获取的财务回报率水平，应该与和它竞争的私营企业的水平相当；非财务目标则由相关政府部门明确赋予并及时公开披露。如果国有企业既从事经济活动又追求公共政策目标，那么与公共政策目标相关的

---

① 有一个时期，中国的模式比苏联的模式更为极端。比如，苏联的国有企业都曾经实现经济核算，考核利润指标，但这种做法在中国当时被作为"利润挂帅"受到了批判。

成本由国家补偿并予以披露。国有企业的董事会由包括国家在内的股东来任命,然后由董事会通过其任命的经理层经营国有企业。国有企业职工是企业的雇员,他们和私营企业职工一样是劳动力市场的参与者。在经营决策方面,国家只是国有企业的一个"有充分信息的、积极的所有者",它允许国有企业董事会和管理层拥有完全的经营自主权来实现既定的目标。为做到这一点,国家要确定行使所有者权益的具体机构,以实现国家所有者职能和其他职能的分离。在财务方面,国有企业作为独立法人,面对市场约束和破产威胁。国有企业与金融机构的关系以及与其他非金融国有企业的关系属于纯粹商业性质的关系。与此同时,国有企业在融资决策包括借贷决策方面有完全的自主权。相应地,国有企业拥有自己的盈利和亏损,同时国家和其他股东一样,行使其对利润的索取权,并对亏损承担责任。政府按竞争中性原则平等对待国有企业和私营企业。

四、小结

本章首先致力于对第二章观察到的现象做出理论解释,即国有企业为什么存在。对于这个问题,本章虽然没有一个完满的解释,但可以做出的解释大体如下。首先,至少在有数据的经济体的产出和就业中,国有企业仅占少数份额,那种国有经济在非农产业一统天下的苏联模式已经不复存在。这是因为国有企业较于私营企业的效率劣势,即国有企业的经济效率在总体上、长期内低于私营企业。一部分国有企业继续存在,是因为私有化或其他以资源由国有企业向私营企业再配置为核心的改革在政治上遇到了阻碍。但是,另外一部分国有企业的存在有其经济合理性。它们之所以存在,是因为承担着政府赋予的非财务目标，因而被政府认为是一种有用的政策工具。常见的非财务目标包括公共服务的全民可及、促进发展和战略性资产的本国控制。政府可以通过与私营企业建立合同关系来实现这些非财务目标。但是，由于合同的不完全性，政府对国有企业的所有权和由此衍生的剩余控制权，使国有企业对政府实现其政策目标具有独特的价值。由于合同的不完全性、政府追求社会利益最大化的程度等因素在不同时间、不同地方有所不同，所以就出现了"情况依赖"的现象：在一些国家的一些行业，国有企业被作为有用的政策工具，而在另一些国家的相同行业，政府则使用私营企业实现同样的政策目标。

但是，不完全合同理论不能解释国家为什么要作为股权投资者，为了追求单纯的财务目标而投资于企业。或者说，国家为什么要积累和持有那么多国有资本，而不是把这些资本分配给公民，让他们自己做出投资决策？或者，如果国家替公民做出决策确实比公民自己决策更优越，为什么公民没有把他们的全部储蓄交给国家去替他们投资？

理解国有企业存在的理由，对继续研究与国有企业相关的贸易规则非常重要。首先，上述分析说明，国有企业的存在是有经济合理性的。所以，与国有企业相关的贸易规则不能试图通过把国有企业逐出世界贸易体系来解决其与世界贸易体系的矛盾。其次，因为国有企业存在的价值就在于它可以充当政府的政策工具，这就决定了无论在经营上还是在财务上，国有企业对政府的独立性通常都不可能达到像私营企业那样的程度。而正如第一章所述，国有企业对政府的独立性对世界贸易体系而言至关重要。

一个国有企业对政府有多高的独立性，取决于该政府在管理所属国有企业方面采取的模式，即本书所称的"治理模式"。其核心是政府与企业的关系在经营决策和财务方面如何定位。在不同司法辖区的国有企业之间，甚至在同一司法辖区的不同国有企业之间，出现不同的治理模式或政企关系，是很正常的事情，没有理由期望所有的政府对其所属企业都遵从一个单一的治理模式。本章界定了两种极端的模式：一种是国有企业的独立性几乎等于零的模式，称为"传统模式"；另一种是国有企业享有很高独立性的模式，称为"现代模式"。可以设想，这两种极端模式界定了一个谱系的两个端点，现实世界中存在的国有企业治理模式，应该都可以在这个谱系中找到相应位置。

第四章
与国有企业相关的世界贸易规则的
形成过程和主要内容

　　与国有企业相关的贸易规则，可以从三个角度去观察。第一个角度是看某一规则是否专门"针对"国有企业。有些规则适用于国有企业，但并非专门针对国有企业制定，同时也适用于私营企业；另外一些规则则是专门为国有企业制定的，通常不适用于私营企业。本章第一节首先从 WTO 体系、自由贸易协定、CPTPP 三个方面介绍针对国有企业的贸易规则的形成过程。其中涉及的一些具体贸易规则，会在第二节中详细解释。第二个角度是看其内容或主题。CPTPP 第 17 章集中关注四个主题：非歧视和商业考虑、监管公平、补贴控制和透明度。本章第二节也将按这四个主题详细介绍与国有企业相关的贸易规则的主要内容及其演化。① 第三个角度是规则覆盖的领域，主要包括货物贸易、服务贸易、与贸易相关的投资。早期的规则多数只覆盖货物贸易，如《补贴与反补贴措施协定》中的规则；而比较新的规则，如 CPTPP 第 17 章，则覆盖所有三个领域。

---

① 　本书引用的《补贴与反补贴措施协定》和 CPTPP 第 17 章的有关条款的中译文，参考了北大法宝翻译的两个文件的中文版，法宝引证码分别为：CLI. T. 4766、CLI. T. 9688。

但是，这些规则的精神大体上是一致的。为简略起见，本书将不从这个角度对这些规则加以区分。对此感兴趣的读者可以参考吴盈盈的著作（Wu，2019），该书第三章全面细致地梳理了适用于这三个领域的与国有企业相关的 WTO 规则。考虑到 CPTPP 第 17 章规则的重要性，本章第三节将特别介绍 CPTPP 的另外两部分重要内容，一是第 17 章规则的约束对象，二是适用于整个协定的争端解决机制。第四节是简短的小结。

一、针对国有企业的贸易规则的形成

如第一章所述，世界贸易体系按其创建者的初衷，是要按自由市场经济的规则运作的。虽然如此，世界贸易体系成型之日，正是国家所有制在英国和欧洲大陆大行其道之时（Millward，2000，第157页；韩立余，2019，第165页）。如何应对国有企业给世界贸易体系带来的特殊挑战？很长时间内，GATT 和 WTO 体系采取的是一种后来被概括为"所有制中性"（ownership neutrality）（OECD，2003，第10页）的立场。这种立场的关键是，无论是 GATT 还是 WTO，都不要求其成员采取私有化措施，或者禁止其国有企业参与世界贸易。GATT 和 WTO 的约束性规则的约束对象都是政府行为。如果政府行为涉及企业，则企业是何种所有制无关紧要。这种所有制中性立场背后的理论依据是，只要企业行为不扭曲全球市场的竞争，对世界贸易来说，没有必要关心其所有权和控制的性质。

作为这一原则的体现，WTO 体系中被普遍认为与国有企业相关的规则都是既适用于国有企业也适用于私营企业的，而不是专门针对国有企业的。例如，约束国家贸易企业的 GATT 第 17 条是 GATT

中与国有企业最相关的条款。但该条款约束的是国家贸易企业而非国有企业。国家贸易企业是以经营进出口贸易的"排他性或特别的权利或特权①"定义的，而不是以所有制定义的。换句话说，私营企业只要被授予经营进出口贸易的排他性或特别的权利或特权，同样可以成为国家贸易企业，充当国家参与贸易的工具。与此类似，在 WTO 体系中，只要是政府补贴企业的行为，无论是对国有企业的补贴还是对私营企业的补贴，都受《补贴与反补贴措施协定》的约束。当然，企业不仅可以是补贴的接受者，还可以被认定为补贴的提供者。国有企业如果被认定为属于《补贴与反补贴措施协定》第 1.1 条所称的"公共机构"，就要作为补贴提供者受到约束。但是，按照《补贴与反补贴措施协定》，如果政府"委托或指挥"一家私营企业为某个受益者提供补贴，则该私营企业同样可以作为补贴提供者受到约束［第 1.1.a（1）(iv) 条］。

1995 年 WTO 成立之后到 2001 年中国加入 WTO 之前，共有 10 个转轨经济体加入了 WTO。② 在它们的加入议定书中，与国有企业最相关的承诺都是关于国家贸易企业的。首先，它们都承诺，适用"与国有企业、其他拥有特许权的企业的贸易活动相关的法律法规，将与 WTO 协定完全一致，尤其与 1994 年 GATT 第 17 条以及关于该条的谅解备忘录、《服务贸易总协定》第 8 条完全一致"。其次，它

---

① 见 "Understanding on the Interpretation of Article XVII of the General Agreement on Tariffs and Trade 1994" 第一段中关于国家贸易企业的定义。见 https：//www. wto. org/english/ res_e/publications_e/ai17_e/gatt1994_art17_gatt47. pdf。2022 年 2 月 19 日查阅。

② 它们是保加利亚、蒙古、吉尔吉斯斯坦、拉脱维亚、爱沙尼亚、阿尔巴尼亚、格鲁吉亚、克罗地亚、立陶宛和摩尔多瓦。见 WTO，*Protocols of Accession for New Members Since 1995，Including Commitments in Goods and Services*，https：//www. wto. torg/english/hewto_e/acc_ e/completeacc_e. htm#list。2022 年 3 月 13 日查阅。

们都承诺就符合 GATT 第 17 条规定的企业做出通报。① 除了就"正在进行的私有化项目"的透明度做出承诺，它们没有再接受任何其他针对国有企业的约束性规定。

在 WTO 体系中，专门针对国有企业的贸易规则最早出现于 2001 年的《中国加入 WTO 议定书》中，后来陆续出现在其他国家的加入议定书中。但是，在 WTO 体系之外，至少在 1994 年，《北美自由贸易协定》（North American Free Trade Agreement，NAFTA）中就已经包含了这样的规则。此后，美国与若干其他国家的双边自由贸易协定中也出现了这类规则。2016 年谈判完成的 CPTPP 第 17 章则是针对国有企业的贸易规则的集大成者。在这一章中，这些规则被归拢在一起并加以发展，连同一个很严格的国有企业定义，形成一个整体。此后，《美国－墨西哥－加拿大协定》（The United States - Mexico - Canada Agreement，USMCA）② 第 22 章继承和修订了 CPTPP 第 17 章；《欧盟－越南自由贸易协定》（European Union - Vietnam Free Trade Agreement，EVFTA）③ 和《中欧投资协定》（The Comprehensive Agreement on Investment，CAI）④ 也包含了针对国有企业的规则。

---

① WTO：*Report of the Working Party on the Accession of Croatia to the World Trade Organization*. WT/ACC/HRV/59. 29 June 2000. Paragraph 225.

② United States - Mexico - Canada Agreement. 见 https：//ustr. gov/trade - agreements/free - trade - agreements/united - states - mexico - canada - agreement，2022 年 3 月 13 日查阅。

③ Free Trade Agreement between the European Union and the Socialist Republic of Vietnam. 见 https：//eur - lex. europa. eu/legal - content/EN/TXT/PDF/？uri = OJ：L：2020：186：FULL&from = EN#page = 106，2022 年 3 月 13 日查阅。

④ EU and China Comprehensive Agreement on Investment. 见 https：//policy. trade. ec. europa. eu/eu - trade - relationships - country - and - region/countries - and - regions/china/eu - china - agreement/eu - china - agreement - principle_en，2022 年 3 月 13 日查阅。

1. 《中国加入 WTO 议定书》

2001 年中国加入 WTO 时，作为《中国加入 WTO 议定书》一部分的工作组报告中包含了一系列针对国有企业的约束性规定，覆盖范围不仅涉及国有企业，还涉及"国家投资企业"，尽管对二者都没有详细的定义。具体来说，中国的承诺主要包括以下方面[①]：

（1）购销活动中的商业考虑。中国将保证所有国有企业和国家投资企业仅依据商业考虑，如价格、质量、可销售性和可获得性，进行购买和销售。

（2）非歧视和竞争机会。中国将保证其他 WTO 成员的企业拥有在非歧视条款和条件的基础上，与国有企业和国家投资企业在销售和购买方面进行竞争的充分机会。

（3）不影响商业决策。中国将保证不直接或间接地影响国有企业或国家投资企业的商业决策，包括关于购买或销售任何货物的数量、金额或原产国的决策，除非影响的方式与 WTO 协定相一致。

（4）总体上的商业导向。中国承诺其改革的目标是，包括银行在内的国有企业应在商业基础上运作并自负盈亏。

（5）国有企业补贴的专向性。中国接受如下规定：就实施《补贴与反补贴措施协定》第 1.2 条和第 2 条而言，对国有企业提供的补贴将被视为专向性补贴，特别是在国有企业是此类补

---

① WTO：*Report of the Working Party on the Accession of China.* WT/ACC/CHN/49. 1 October 2001. Paragraphs 46，172；WTO：*Accession of the People's Republic of China.* WT/L/432. 23 November 2001. Paragraphs 10.2，12.2.

贴的主要接受者或国有企业接受此类补贴的数量异常之大的情况下。

除此之外，还有一些承诺虽然不是明确针对国有企业的，但也可以对国有企业产生影响。例如，《中国加入 WTO 议定书》第 10 条承诺中国将消除《补贴与反补贴措施协定》第 3 条所指的各种补贴，即以鼓励出口、进口替代为目的的补贴，而这类补贴的接受者当然很多是国有企业。另外，《中国加入 WTO 议定书》第 3 条承诺中国对来自外国的个人、企业和外商投资企业给予非歧视待遇。据此，如果一个国有企业按低于市场价格的价格向另一个国有企业提供投入品（包括国有银行以优惠利率向国有企业贷款），而后者与进口商品或外资企业处于竞争之中，就有违反此项承诺的嫌疑（Wu，2019，第 131 页）。

中国之后，其他若干转轨经济体也接受了中国接受的、针对国有企业的某些约束性规定。具体而言，越南（2006）、乌克兰（2008）、黑山（2011）、俄罗斯（2011）和塔吉克斯坦（2012）都和中国一样承诺国有企业在购销活动中遵从商业考虑并给予其他成员方的企业以充分竞争机会，尽管有时语言稍有差异。[①] 此外，越南还承诺不影响国有企业的商业决策，除非影响方式与 WTO 协定

---

① WTO：*Report of the Working Party on the Accession of Vietnam*. WT/ACC/VNM/48. 27 October 2006. Paragraph 78；WTO：*Report of the Working Party on the Accession of Ukraine*. WT/ACC/UKR/152. 25 January 2008. Paragraphs 52 – 53；WTO：*Report of the Working Party on the Accession of Montenegro*. WT/ACC/CGR/38. WT/MIN（11）/7. 5 December 2011. Paragraph 36；*Report of the Working Party on the Accession of Russia*. WT/ACC/RUS/70. WT/MIN（11）/2. 17 November 2011. Paragraph 99. *Report of the Working Party on the Accession of Tajikistan*. WT/ACC/TJK/30. 6 November 2012 . Paragraph 51.

相一致，而且与"赋予非政府企业所有者或股东的权利"① 相一致。乌克兰同意，如果某些补贴的主要受益人是国有企业，或国有企业得到了其中不成比例的巨大数额，则该补贴应被视为专向性补贴。②

上文所称的WTO协定是指1994年123个缔约方签署的《马拉喀什建立世界贸易组织协定》。③ "非歧视""商业考虑""专向性补贴"以及《补贴与反补贴措施协定》的相关条款，将在第二节分别解释。越南承诺中提到除非与"赋予非政府企业所有者或股东的权利"相一致，这一限定条件的实质意思是，如果越南政府影响国有企业商业决策的方式不仅与WTO协定一致，而且国有企业享有的权利和非政府企业的所有者或股东的权利没有区别，也就是说，政府赋予国有企业像非国有企业一样的经营自主权，那么，政府影响国有企业的商业决策也是可以接受的。

2. 自由贸易协定

双边或诸边④ (plurilateral) 自由贸易协定通常专注于降低与消除关税和非关税的贸易壁垒，也可以包括贸易便利化以及知识产权、政府采购、技术标准等方面的条款以及国有企业方面的条款。鲁比尼及其合作者 (Rubini and Wang, 2020) 研究了1956—2016年

---

① WTO：*Report of the Working Party on the Accession of Vietnam.* WT/ACC/VNM/48. 27 October 2006. Paragraph 78.

② WTO：*Report of the Working Party on the Accession of Ukraine.* WT/ACC/UKR/152. 25 January 2008. Paragraph 275.

③ 见 https：//www.wto.org/english/docs_e/legal_e/04 – wto_e. htm，2022 年 2 月 18 日查阅。

④ 诸边自由贸易协定指的是该协定的缔约方多于两方（因而不是双边），但没有多到可以称之为多边。例如，WTO 协定是由 123 个缔约方签署的，可称为多边贸易协定，CPTPP 的成员方有 11 个，就称为诸边贸易协定。包括墨西哥、美国、加拿大三方的自由贸易协定也是诸边自由贸易协定。

期间签订的 283 项自由贸易协定中关于国有企业的条款。[1] 他们发现，1991 年之前这类条款非常少见，21 个自贸协定中只有 11 个包含这类条款。1991 年之后这类条款出现的频率稳步上升。包含国有企业条款的自贸协定所占比例"自 2012 年以来非常显著、稳定地居于支配地位"（Rubini and Wang，2020，第 474—475 页）。2012—2016 年签订的 33 个自贸协定中有 30 个包含国有企业条款。

1994 年生效的《北美自由贸易协定》就已经包含针对国有企业的约束性规定。该协定要求：

> 各缔约方将保证，其维持或创立的任何国有企业，在另一方投资者在其领土进行的投资、销售其货物或服务的过程中，给予非歧视待遇。[2]

"另一方投资者在其领土进行的投资"大体上可以理解为另一方投资者在其领土上投资建立的企业。比如美国的一家公司在墨西哥投资建立了一家子公司，依据这条规定，墨西哥的国有企业在销售其货物或服务时（比如国家电力公司供电时），不得歧视这家美国投资

---

① 这些条款不一定都是约束性规定。例如，一个极其常见的条款是，该自贸协定的任何规定都"不应被认为是阻止任何缔约方确立或保持国有企业和/或指定垄断"。一个属于约束性规定的例子是《韩国－新加坡自由贸易协定》的下述条款：各缔约方将采取合理措施，保证对任何政府拥有的企业，不会仅因其政府所有而在其商业活动中向其提供竞争优势。Article 15. 4. Korea – Singapore Free Trade Agreement，https：//www. enterprisesg. gov. sg/ –/media/esg/files/non – financial – assistance/for – companies/free – trade – agreements/Korea – Singapore – FTA/Legal – text/Chapter – 15/Chapter – 15 – Competition，2022 年 3 月 13 日查阅，转引自 Rubini 和 Wang（2020，第 471—472 页）。

② Article 1503. 3，North American Free Trade Agreement. 见 https：//www. italaw. com/sites/default/files/laws/italaw10141. pdf，2022 年 3 月 13 日查阅。

者建立的公司。这是一条针对国有企业的规则，因为它并没有同时规定私营企业不得实行同样的歧视。为什么不需要对私营企业施加同样的约束？因为私营企业不在政府控制之下，其行为不是政府干预贸易的行为，不属于贸易协定的约束对象。

2001 年生效的《美国－越南自由贸易协定》也包含了国有企业条款。协定要求双方保证各自的国有企业或任何被授予特许权的企业，在涉及进出口的购销活动中，其行为符合影响私人进出口贸易商的政府措施中贯彻的非歧视一般原则。[1] 这基本上是一条针对国有企业的规则。规则的覆盖范围虽然是国有企业和所有其他被授予特许权的企业，但越南当时从事进出口贸易的主要是国有企业。双方做出的承诺概括而言就是，在涉及进出口的购销活动中，要保证这些企业的行为符合非歧视一般原则。在此基础上又对非歧视一般原则施加了一个限定，认为这个原则就是"影响私人进出口贸易商的政府措施中"所贯彻的那个一般原则。这个说法来自 GATT 第 17（1）(a)条对国家贸易企业的约束性规定（见第二节）。因为美国几乎没有国有企业参与进出口贸易，所以这当然主要是越南对美国做出的承诺。与此类似，美国与智利（2004）、澳大利亚（2005）的自贸协定也包含国有企业条款，内容也集中在贯彻非歧视原则。

但是，针对国有企业的约束性规定最为全面和严苛的自由贸易协定，可能非 2004 年的《美国－新加坡自由贸易协定》莫属。[2] 该

---

[1]　Article 8. 1. Agreement between the United States of America and the Socialist Republic of Vietnam on Trade Relations. 见 https：//ustr. gov/sites/default/files/US－Vietnam－BilateralTradeAgreement. pdf，2022 年 3 月 13 日查阅。

[2]　U. S.－Singapore Free Trade Agreement. 见 https：//ustr. gov/trade－agreements/free－trade－agreements/singapore－fta/final－text，2022 年 3 月 13 日查阅。

协定中，新加坡以一种少见的方式单方面做出一系列承诺，其中很多超越了 WTO 体系中已经存在的约束性规定。[①] 具体而言，新加坡就其"政府企业"即国有企业做出的承诺主要包括如下几项：

（1）撤出投资。新加坡将继续减少其在按新加坡法律组织起来的实体中具有实际影响力的、总体上的所有权和其他利益，并以大体取消为目标；至于每一笔撤资的具体时间，则考虑相关资本市场的实际情况而定（第 12.3.2.f 条）。

（2）非歧视和商业考虑。新加坡将保证，任何政府企业在其货物和服务的购销活动中都将仅依据商业考虑行事，如价格、质量、可获得性、适销性、运输，以及其他购买和销售的条款和条件，并对涵盖投资、美国的货物、美国的服务提供商，给予非歧视待遇［第 12.3.2.d（i）条］。

（3）不影响商业决策。新加坡将不会采取任何行动或尝试，以任何方式，直接或间接地影响政府企业的决策，包括通过行使对这些企业具有实际影响力的权利或利益，除非影响的方式与本协定相一致。但是，新加坡可以按与本协定不冲突的方式，在政府企业中行使其投票权（第 12.3.2.e 条）。

（4）竞争立法和竞争行为。新加坡将在 2005 年 1 月前完成一般竞争立法，政府企业不会因其所有制而被排除在竞争立法之外（脚注 12.1）。此外，新加坡将保证，任何政府企业，无论直接还是

---

① 按照 Willemyns（2016，第 668 页）的研究，唯一的另外一个要求国有企业按照商业考虑行事的自由贸易协定是《加拿大 – 欧盟综合经济贸易协定》（Canada – European Union Comprehensive Economic and Trade Agreement）。

间接，包括通过与其母公司、子公司、其他关联企业的交易，（A）不参与竞争者之间签订的没有任何效率理由的限制价格和产出竞争、分配顾客的协议，或（B）不从事在新加坡市场排斥竞争、损害消费者的行为［第12.3.2.d（ii）条］。

（5）透明度。新加坡将至少每年公布一份报告，该报告针对每家政府企业，提供一系列数据，如新加坡政府和政府企业累计在其中拥有的股份、年度收入和资产。此外，如果美国方面要求，新加坡将针对特定企业向美国方面提供更多信息（第12.3.2.g条）。

上述第一项的实质是美国通过自由贸易协定要求新加坡承诺缩小其国有经济的规模。这样的内容不仅没有出现在WTO规则之中，而且如前所述，即使在自由贸易协定中，最常见的条款也是首先申明该协定的任何规定都"不应被认为是阻止任何缔约方确立或保持国有企业和/或指定垄断"，因为一国是否保持和保持多少国有企业，本身并不必然涉及贸易伙伴的利益，所以不是一件应该在贸易协定中界定的事情。

新加坡做出的上述第二项和第三项承诺，与中国加入WTO时的承诺大体相同。但是，关于不影响国有企业的商业决策，新加坡增加了一个限定，就是可以"按与本协定不冲突的方式"影响企业决策，可以"在政府企业中行使其投票权"。第二项中提到的"涵盖投资"（covered investment）是自由贸易协定中常见的法律用语，指的是得到协定保护的双方投资者在对方领土上的投资，多数情况下是双方投资者在对方领土上投资设立的企业。这里的涵盖投资是指美国投资者在新加坡的投资。第四项的关键是把国有企业和私营企业一样置于竞争法的调节之下，没有任何例外。第五项的关键是提高与国有企业相关的信息透明度。

这两项在当时都是比较新的内容。

3. CPTPP 及以后的贸易和投资协定

在针对国有企业的贸易规则发展的历史上，CPTPP 第 17 章无疑是一个里程碑。CPTPP 是首次针对国有企业的贸易规则设立专章的自由贸易协定；把针对国有企业的贸易规则归拢到一起，加上国有企业的定义、规则的适用范围，使之形成一个系统，CPTPP 也是首次。如前所述，CPTPP 覆盖了四个主题：非歧视和商业考虑、监管公平（法庭和行政机构）、补贴控制（非商业援助）和透明度。其中，非歧视和商业考虑、补贴控制是之前已有的主题，监管公平和透明度则是相对比较新的领域。《美国－新加坡自由贸易协定》所涉及的竞争法问题，CPTPP 也有覆盖，只是放到了第 16 章。

但是，CPTPP 第 17 章的题目是"国有企业和指定垄断"，也就是说，该章覆盖的不只是国有企业，还有指定垄断。所谓"指定垄断"，是指一个缔约方在协定生效后指定的私人垄断和一个缔约方指定或已经指定的政府垄断；其中，垄断是指在缔约方领土内的任一相关市场上被指定为货物或服务的唯一提供者或购买者的实体，该实体可以是一个联合体（consortium）或一个政府机构，但不包括被授予专有知识产权的实体（第 17.1 条）。换句话说，指定垄断可以是一家私营企业。虽然如此，CPTPP 第 17 章的与国有企业相关的规则仍然属于针对国有企业的规则，因为那些规则都仅适用于国有企业而不适用于私营企业。关于指定垄断，该章有另外一些规则，而且这些规则也只适用于被指定为垄断的私营企业，并不适用于其他私营企业。

CPTPP 之后，2020 年生效的《欧盟－越南自由贸易协定》也为国有企业问题专门设立了第 11 章。该章覆盖三个方面的主题：非歧视和商业考虑、监管框架和透明度，但没有包括补贴控制。关于商业考虑义务适用于越南国有企业的范围，协定包含了一系列限制。

在 CPTPP 和《欧盟－越南自由贸易协定》之后，针对国有企业的约束性规定在《美国－墨西哥－加拿大协定》和《中欧投资协定》中有进一步的发展。2020 年生效的《美国－墨西哥－加拿大协定》的第 22 章基本上是 CPTPP 第 17 章的修订版。[①] 2020 年底结束谈判的《中欧投资协定》在覆盖范围方面与《欧盟－越南自由贸易协定》类似。这一协定的意义在于，它包含了中国与欧盟达成一致的一组针对国有企业的约束性规定，而欧盟是针对中国国有企业参与世界贸易一直在提出抱怨的主要贸易伙伴之一。这一协定也是中国自加入 WTO 以来第一次接受针对国有企业的约束性规定。

除了 CPTPP 和《欧盟－越南自由贸易协定》《美国－墨西哥－加拿大协定》，美国和欧盟在《跨大西洋贸易投资伙伴关系协定》（Transatlantic Trade and Investment Partnership，TTIP）的谈判中也表达了各自关于针对国有企业的约束性规定的观点。2014 年，欧盟提出了一份提案，题为《关于国有企业和被授予特许权的企业的可能规定》，该提案涉及的议题类似于《欧盟－越南自由贸易协定》，但在若干重要问题上反映了欧盟的观点。例如，提案认为，"政府所有权本身并不是问题，但对政府赋予企业的一些优势，必须有所应对"。因此，"非常需要理解在国际贸易体系中国有企业的行为和做法，以此确认关键的关切之处何在，然后制定有雄心的一

---

① Alschner 和 Rama（2019）对 CPTPP 的第 17 章和《美国－墨西哥－加拿大协定》的第 22 章做了比较分析。

般规则，来约束国有企业不当竞争优势带来的有害效应，保证公私市场参与者之间的平等竞争"。该提案提议一个新的国有企业定义，该定义强调政府对企业可以施加"决定性影响"。此外，该提案明确提到 OECD 的《国有企业公司治理指引》，要求双方按该指引"遵守透明度和公司治理的高标准"。[①] 这一观点在《欧盟-越南自由贸易协定》中也有所反映（第 11.5 条）。美国贸易代表也于 2019 年概述了自己的谈判目标，但其中关于国有企业的部分与 CPTPP 第 17 章相比没有新意。[②]

综上所述，从 1994 年起，针对国有企业的贸易规则形成的时间线大体上如表 4.1 所示。下面一节将详细讨论这些规则的具体内容。

表 4.1　针对国有企业的贸易规则的发展：主要里程碑

年份	涉及的国家	法律文件	相关规则涉及的主题
1994	美国、加拿大、墨西哥	《北美自由贸易协定》	非歧视
2001	中国	《中国加入 WTO 议定书》	非歧视和商业考虑、竞争机会、不影响商业决策、一般的商业导向、国有企业补贴的专向性
2001	美国、越南	《美国-越南自由贸易协定》	非歧视
2004	美国、智利	《美国-智利自由贸易协定》	非歧视
2004	美国、新加坡	《美国-新加坡自由贸易协定》	从国有企业撤出投资、非歧视和商业考虑、不影响商业决策、竞争立法和竞争行为、透明度
2005	美国、澳大利亚	《美国-澳大利亚自由贸易协定》	非歧视

---

① European Union（2014，第 1 页、第 4 页）。
② USTR（2019，第 7 页）。

年份	涉及的国家	法律文件	相关规则涉及的主题
2006	越南	《越南加入 WTO 议定书》	非歧视和商业考虑、竞争机会、不影响商业决策
2008	乌克兰	《乌克兰加入 WTO 议定书》	非歧视和商业考虑、竞争机会、不影响商业决策、国有企业补贴的专向性
2011	黑山	《黑山加入 WTO 议定书》	非歧视和商业考虑、竞争机会
2011	俄罗斯	《俄罗斯加入 WTO 议定书》	非歧视和商业考虑、竞争机会
2012	塔吉克斯坦	《塔吉克斯坦加入 WTO 议定书》	非歧视和商业考虑、竞争机会
2018	11 个国家	CPTPP	非歧视和商业考虑、法庭和行政机构、非商业援助、透明度
2020	美国、加拿大、墨西哥	《美国－墨西哥－加拿大协定》	非歧视和商业考虑、法庭和行政机构、非商业援助、透明度
2020	欧盟、越南	《欧盟－越南自由贸易协定》	非歧视和商业考虑、监管框架、透明度
2020	欧盟、中国	《中欧投资协定》	非歧视和商业考虑、监管框架、透明度

注：各国的加入 WTO 议定书包括作为议定书一部分的工作组报告书的相关段落。

资料来源：作者根据相关法律文件整理。

二、针对国有企业的贸易规则的主要内容

针对国有企业的贸易规则有四个方面的主要内容。其一是非歧视和商业考虑，这是以 GATT 第 17 条为基础发展起来的。其二是监管公平，在 CPTPP 第 17 章第 17.5 条的标题中被称为"法庭和行政机构"，这是一项比较新的内容。其三是补贴控制。在 CPTPP 之前，WTO 体系中已经有《补贴与反补贴措施协定》。CPTPP 的相关规定是在此协定的基础上发展起来的，但把补贴称为"非商业援助"。

最后一项是透明度，在 CPTPP 之前，GATT 和《补贴与反补贴措施协定》都有一些适用于国有企业的关于透明度的约束性规定，CPTPP 在这些规定的基础上发展出了一套针对国有企业的规定。

1. 非歧视和商业考虑

就非歧视和商业考虑这个主题而言，可以将 20 世纪 90 年代以后出现的针对国有企业的贸易规则，看作把本来适用于国家贸易企业的 GATT 第 17 条移植到国有企业的结果。

（1）从 GATT 第 17 条到《中国加入 WTO 议定书》

GATT 第 17 条的基本要求是，国家贸易企业必须遵循非歧视原则。如前所述，国家贸易企业的核心特征是在进出口贸易方面的"排他性和特别的权利或特权"，而不是所有制，因为国家贸易企业可以是"政府的或非政府的企业"。[①] GATT 为什么要约束国家贸易企业？按照有关专家（Mastromatteo，2017，第 602 页）的解释，这是因为政府直接参与进出口交易，可以通过其购销决策影响国际贸易的方向，而无须借助于更直接的贸易管制措施来达到这样的目的；GATT 认识到政府可能会选择参与国际贸易与私人企业竞争，所以没有给政府留下随心所欲地开展贸易活动的空间。事实上，GATT 有若干项规定专门约束政府作为贸易参与者参与市场的程度，第 17 条是其中的核心规定之一。

GATT 第 17 条对国家贸易企业的基本要求如其分段（1）（a）所述：

[①] Understanding on the Interpretation of Article XVII of the General Agreement on Tariffs and Trade 1994. Paragraph 1. 见 https：//www. wto. org/english/res _ e/publications _ e/ai17 _ e/gatt1994_art17_gatt47. pdf，2022 年 2 月 19 日查阅。

在其涉及进口或出口的购买和销售中，应以符合本协定对影响私营贸易商进出口的政府措施规定的非歧视待遇的一般原则行事［第17(1)(a)条］。

这个要求是说，按照 GATT 的规定，一切政府措施如果影响私营贸易商的进出口贸易活动，都应贯彻非歧视原则（即最惠国待遇和国民待遇的原则，见第一章），国家贸易企业在涉及进出口贸易的购销活动中，也应同样遵循非歧视原则。

进而，分段(1)(b)使用"商业考虑"和"充分的竞争机会"这两个概念对分段(1)(a)的要求做了进一步的界定：

本款分段(a)的规定应理解为要求此类企业在适当注意本协定其他规定的前提下，应仅依据商业考虑进行任何此类购买或销售，包括价格、质量、可获得性、适销性、运输和其他购销条件，并应依照商业惯例给予其他缔约方的企业参与此类购买或销售的充分竞争机会［第17(1)(b)条］。

为什么要用商业考虑和充分的竞争机会这两个概念来进一步界定非歧视要求？按商业惯例给予其他缔约方企业充分的竞争机会，这是比较容易理解的。如果把其他缔约方的企业排除在竞争之外，不给它们充分的竞争机会，当然是明显的歧视，而且显然也属于政府通过国家贸易企业干预贸易的行为。商业考虑的概念之所以重要，是因为它可以成为鉴别歧视是否发生的关键。例如，一家国家贸易企业要进口某种货物，一个国家的 A 企业和另一个国家的 B 企业都可以供应该货物。该国家贸易企业决定从 A 企业而不是从 B 企业那里购买。这个决定是不是对 B 企业的歧视？按照第 17(1)(b) 条关于商业考虑的规定，只要这家国家贸易企业选择 A 企业而不是 B 企业的决定是依据商业考虑做出的，就可以认为遵循了非歧视原则。而所谓商业考虑，是指在决策时考虑的是包括价格、质量、可获得性、适销性、运输和其他购销条件等商业性因素。换句话说，这家国家贸易企业的购买行为与一家私营贸易企业的购买行为没有区别，并非政府干预贸易活动的工具。假设 B 企业的货物在价格、质量等各个方面都明显优于 A 企业，这家国家贸易企业之所以决定不购买 B 企业的货物而购买 A 企业的货物，仅仅由于这是政府指示，这样的决定就不是依据商业考虑做出的，就涉嫌违反非歧视原则。

GATT 第 17 条本来是约束国家贸易企业的。最早把其中的非歧视义务施加给国有企业的，应该是 1994 年的《北美自由贸易协定》。如前所述，该协定要求缔约方国有企业在向另一方投资者在其领土上投资设立的企业销售其货物或服务的过程中给予非歧视对待。但是，把 GATT 第 17 条对国家贸易企业的全部约束性规定变成专门针对国有企业的约束性规定，则是从 2001 年《中国加入 WTO 议定书》才开始的。按照该议定书，首先，中国保证其他 WTO 成员的企业拥有在非歧视条款和条件的基础上，与国有企业和国家投资企业在销售和购买方面进行竞争的充分机会；其次，中国保证所有国有企业和国家投资企业仅依据商业考虑，如价格、质量、适销性和可获得性进行购买和销售。

后者尤其是一个里程碑。在此之前，依据商业考虑从事购销活动并没有成为对国有企业的一项独立要求。1994 年的《北美自由贸易协定》没有提及商业考虑。至于 GATT 第 17 条，如前所述，商业考虑的意义仅在于界定非歧视对待的具体含义。2004 年，WTO 上诉机构

（Appellate Body）在审理一个具体案例（DS276）[1] 时确认了第17（1）（b）条对第17（1）（a）条的依存关系，即一个国家贸易企业除非违反了第17（1）（a）条，否则不会违反第17（1）（b）条（Wu，2019，第179页）。也就是说，只要没有违反非歧视原则，国家贸易企业是否遵从了商业考虑不在第17条的调节范围之内。针对美国的不同观点，上诉机构还对GATT第17（1）（b）条的含义专门做出了如下解释：

> 致力于调查一个国家贸易企业是否仅仅遵从商业考虑行事的专家组，必须针对该国家贸易企业被指控从事歧视行为的那个或那些市场来开展其调查。分段（b）没有授权专家组去开展一项广泛的调查，以确定国家贸易企业的行为是否在抽象的意义上是"商业性"的。第17.1条的约束性规定的目的是防止特定类型的歧视行为。我们看不到任何理由将它解释为一种向国家贸易企业施加全面的、类似竞争法一样的义务的规定，就像美国希望我们解释的那样。[2]

换句话说，按这个解释，GATT第17（1）（b）条的意思并不是说国家贸易企业在任何情况下都必须依据商业考虑从事购销活动。只有该企业被指控有歧视行为因而被调查的时候，WTO的专家组才会审查它的购销行为是不是依据商业考虑做出的。但是，在《中国加入WTO议定书》中，依据商业考虑从事购销活动的要求与国家贸易企

---

[1] "DSxxx"为WTO诉讼案件的编号，DS意为dispute settlement（争端解决）。

[2] Paragraph 145, Canada – Measures Relating to Exports of Wheat and Treatment of Imported Grain：Report of the Appellate Body. WT/DS276/AB/R. 30 August 2004.

业、非歧视原则脱离了关系，变成了国有企业承担的一项独立义务。

把本来为国家贸易企业制定的约束性规定移植到国有企业的依据是什么，现在已经无从考证。但是，从理论上分析，这似乎基于如下认识，即国有企业由于其政府所有权和控制权，在贸易活动中从事歧视行为的风险与国家贸易企业相当。换句话说，国有企业在经营方面对政府的独立性足够低，以至于如果它们的政府决定确立针对特定贸易伙伴的非关税壁垒，那么其购销决策可以不遵从商业考虑，例如，拒绝低价的进口货物而选择更昂贵的国产货物。既然如此，它们的政府，即贸易规则约束的对象，就必须对它们的行为负责。如果国有企业在其中运行的治理模式非常接近于第三章定义的传统模式，这些可以是合理的假定。但是，国有企业也可以在一种非常接近于现代模式的治理模式中运行，而这一现实情况似乎被忽略了。

与此同时，国有企业发生歧视行为的风险对其治理模式的依赖性好像又没有完全被忽视。这反映在中国加入 WTO 时承担的另一项义务，即政府不直接或间接地影响国有企业或国家投资企业的商业决策。[①] 显然，如果已经认定国有企业的任何歧视行为都必须归因于其政府，那就等于承认和接受了政府和国有企业"政企不分"的事实。在这种情况下，还要求政府不影响国有企业的商业决策，不仅多余，而且是自相矛盾的。如果要求政府不影响国有企业的商业决策，而政府又切实履行了这一义务，那就必须承认国有企业的一切决策都是没有受到政府干预的商业决策。既然如此，也就没有理由再要求国有企业必须依据商业考虑从事购销活动。新加坡在 2004 年与美国的自由贸易协定中，越南在 2006 年加入 WTO 时，也接受了相

---

① Paragraph 46, Working Party Report on the Accession of China.

同的不影响国有企业商业决策的义务。但是，值得注意的是，这一要求后来没有出现在 CPTPP 和《欧盟－越南自由贸易协定》中。

（2）CPTPP 第 17.4 条

CPTPP 第 17 章继承了《中国加入 WTO 议定书》开启的传统，并将它发展成适用于货物贸易、服务贸易和投资的一项复杂规定。具体来说，该规定分为第 17.4.1 条、第 17.4.2 条、第 17.4.3 条。前两条分别针对国有企业、指定垄断，第三条是从商业考虑角度对非歧视义务的限定。首先，第 17.4.1 条要求：

> 每一缔约方应保证其每一国有企业在从事商业活动时，
>
> （a）在其购买或销售货物或服务时依据商业考虑行事，但履行与(c)(ii)项不相抵触的公共服务任务中的任何条款的情况除外；
>
> （b）在其购买货物或服务时，
>
> （i）给予由另一缔约方企业提供的货物或服务的待遇，不低于其给予该缔约方、任何其他缔约方或任何非缔约方企业提供的同类货物或同类服务的待遇；及
>
> （ii）给予由该缔约方领土内涵盖投资形成的企业提供的货物或服务的待遇，不低于其给予由该缔约方、任何其他缔约方或任何非缔约方投资者投资的企业在该缔约方领土内相关市场中所提供的同类货物或同类服务的待遇；以及
>
> （c）在其销售货物或服务时，
>
> （i）给予另一缔约方企业的待遇不低于其给予该缔约方、任何其他缔约方或任何非缔约方企业的待遇；及
>
> （ii）给予该缔约方领土内涵盖投资的企业的待遇，不低于其给予该缔约方、任何其他缔约方或任何非缔约方投资者投资

的企业在该缔约方领土内相关市场中的待遇。

第17.4.1(a)条的含义很容易理解，就是要求缔约方政府保证其国有企业在购买和销售货物或服务时依据商业考虑行事。也就是说，依据商业考虑从事购销活动是国有企业一项独立的义务。不过这里增加了一个例外：如果国有企业是在履行政府交办的公共服务任务，可以不依据商业考虑行事。① 但是即使如此也不能违反后面的第17.4.1(c)(ⅱ)条，即在销售货物或服务时不能违反非歧视原则。

第17.4.1(b)条和第17.4.1(c)条看起来比较复杂，其实二者只是试图从购买和销售两个角度具体规定非歧视义务。之所以看起来复杂，是因为涉及货物、服务和投资三个方面。这些条款的基本格式是要求缔约方保证，其国有企业在购销活动中对来自另一缔约方的货物、服务和投资（即"涵盖投资"）给予"不低于"其他货物、服务和投资的待遇，而这里的"其他"则包括本缔约方、其他缔约方、其他非缔约方三个来源，所以表述起来非常复杂。表4.2是对二者内容的解析。

表4.2　CPTPP第17.4.1(b)条和第17.4.1(c)条关于非歧视的约束性规定

要求：缔约方保证其国有企业		
在___货物或服务时	给予___的待遇	不低于给予___待遇
购买	另一缔约方企业提供的货物或服务	• 该缔约方企业 • 其他缔约方企业或 • 其他非缔约方企业 提供的同类货物或服务［第17.4.1.b（ⅰ）条］

---

① 《欧盟－越南自由贸易协定》（第11.4.1条）也把公共服务任务列为例外。

要求：缔约方保证其国有企业		
在＿＿货物或服务时	给予＿＿的待遇	不低于给予＿＿的待遇
购买	另一缔约方在该缔约方领土上的涵盖投资形成的企业提供的货物或服务	• 该缔约方企业 • 其他缔约方在该缔约方的领土上涵盖投资形成的企业或 • 其他非缔约方在该缔约方的领土上涵盖投资形成的企业 在该缔约方领土内相关市场提供的同类货物或服务〔第 17.4.1.b（ii）条〕
销售	另一缔约方的企业	• 该缔约方企业 • 其他缔约方企业或 • 其他非缔约方企业〔第 17.4.1.c（i）条〕
	另一缔约方在该缔约方领土上的涵盖投资形成的企业	• 该缔约方企业 • 其他缔约方在该缔约方领土上的涵盖投资形成的企业或 • 其他非缔约方在该缔约方领土上的涵盖投资形成的企业 在该缔约方领土内相关市场中的待遇〔第 17.4.1.c（ii）条〕

资料来源：作者整理。

需要注意的是，按 CPTPP 第 17 章脚注 13，当一个国有企业买卖股份、股票或其他形式的所有者权益，而这些所有者权益是它参与另一企业的股权结构的手段时，第 17.4.1 条不适用。例如，一家主权财富基金出售其持有的某公司股份，可以不依据商业考虑，可以不履行非歧视义务。它可以把股份卖给一个出价比较低的本国投资者，拒绝卖给一个出价比较高的外国投资者，而不算违反了第 17.4.1 条。

第 17.4.1 条就国有企业做出规定之后，第 17.4.2 条接着就指定垄断如何遵守非歧视和商业考虑的原则做出了规定，具体如下：

每一缔约方应保证其每一指定垄断：

（a）在相关市场购买或销售垄断货物或服务时依据商业考虑行事，但为履行其指定垄断的任何职能而且与（b）项、（c）项或（d）项不相抵触的情况除外。

（b）在其购买垄断货物或服务时，

（i）给予由另一缔约方企业提供的货物或服务的待遇，不低于其给予该缔约方、任何其他缔约方或任何非缔约方企业提供的同类货物或同类服务的待遇；及

（ii）给予由该缔约方领土内涵盖投资的企业提供的货物或服务的待遇，不低于其给予由该缔约方、任何其他缔约方或任何非缔约方投资者投资的企业在该缔约方领土内相关市场中提供的同类货物或同类服务的待遇；及

（c）在销售垄断货物或服务时，

（i）给予另一缔约方企业的待遇，不低于其给予该缔约方、任何其他缔约方或任何非缔约方企业的待遇；及

（ii）给予该缔约方领土内涵盖投资的企业的待遇，不低于其给予由该缔约方、任何其他缔约方或任何非缔约方投资者投资的企业在该缔约方领土内相关市场中的待遇；以及

（d）不使用其垄断地位在其领土内的非垄断市场上直接或间接从事，包括通过其与母公司、子公司或该缔约方指定垄断拥有的其他实体之间的交易从事对缔约方间的贸易或投资产生负面影响的反竞争行为。

第17.4.2条的框架和第17.4.1条很接近，只是约束的对象由国有企业变成指定垄断，其中包括私人垄断和政府垄断。第17.4.2

（a）条和第17.4.1（a）条一样，基本意思是，指定垄断在购销活动中也必须依据商业考虑行事，但其范围不再是"购买或销售货物或服务时"，而是"在相关市场购买或销售垄断货物或服务时"；例外情况由"履行政府交办的公共服务任务"变成"履行其指定垄断的任何职能"。但违反非歧视原则的情况仍然不在例外之列。此外还加了一条，就是使用其垄断地位在非垄断市场上从事反竞争行为也不在例外之列。

第17.4.2（b）条和第17.4.2（c）条的内容与表4.2解析的第17.4.1（b）条和第17.4.1（c）条的内容是完全一样的。第17.4.2（d）条是为指定垄断专设的，基本意思是，指定垄断不得使用其垄断地位在缔约方领土的非垄断市场上从事给各缔约方之间的贸易和投资造成负面影响的反竞争行为，这包括一个指定垄断通过其子公司或它拥有的其他实体间接从事此种行为的情况。当然，这里的负面影响和反竞争行为具体如何定义，可能会有模糊地带。这应该是将来需要争端解决机制通过实际案例来解决的问题。

在第17.4.1条和第17.4.2条分别对国有企业和指定垄断做出规定之后，第17.4.3条又专门指出，国有企业和指定垄断在购销活动中做出的对不同货物或服务差别对待的决定或拒绝购买或销售的决定，只要是依据商业考虑做出的，就不违反第17.4.1（b）、第17.4.1（c）、第17.4.2（b）、第17.4.2（c）等条的规定，即不违反非歧视义务。这是从商业考虑的概念出发对非歧视义务施加的一个限定。

从CPTPP第17.4条的三部分内容中，可以看出它与GATT第17条的内在联系和区别。首先，就约束对象而言，指定垄断的概念和国家贸易企业的概念是类似的。国家贸易企业的核心特征是在进出口贸易方面的排他性和特别的权利或特权，指定垄断也拥有排他性和特别的权利或特权，但不限于进出口贸易，它的核心特征是在相关市场上被指定为货物或服务的唯一提供者或购买者。但就所有制而言，二者都既可以是私人垄断也可以是政府垄断。与 GATT 第17 条相比，CPTPP 第 17.4 条最大的不同之处在于，它把非歧视和商业考虑变成了其他非垄断国有企业也必须承担的义务。其次，CPTPP 第 17.4.3 条用商业考虑的概念来界定非歧视义务，指出依据商业考虑做出差别待遇的决定或拒绝交易的决定不属于违反非歧视义务，这在精神上和 GATT 第 17.1（b）条是一致的。但是，CPTPP 第17.4.1（a）条和第 17.4.2（a）条把商业考虑列为国有企业和指定垄断必须承担的独立于非歧视义务的义务，这是对 GATT 第 17 条的超越。

2. 监管公平

CPTPP 第 17.5 条以"法庭和行政机构"为题就监管公平问题做出了规定。在 CPTPP 之前，涉及监管公平的针对国有企业的约束性规定在其他地方未见出现。即使在 CPTPP 中，第 17.5 条也只有两项相对比较简单的规定。第 17.5.1 条要求在外国运作的国有企业遇有针对该企业的民事诉讼时，必须服从所在国法庭判决。这应该是为了防止国有企业为享有豁免权而将其行为纳入政府行为的范畴。第 17.5.2 条要求缔约方保证其负责监管国有企业的行政机构"以公平的方式行使监管自由裁量权"，对所有企业一视同仁。这基本上是重申了一个国际公认的一般原则。要使其具有可操作性，需要更为具体的细则。这样的细则可能需要通过争端解决机制才能确立。

CPTPP 之后，《欧盟－越南自由贸易协定》（第 11.5.2 条）包含与 CPTPP 第 17.5.2 条相同的内容。《中欧投资协定》第 3 条也有类似的、略微具体的要求。除了监管职能的公平性，《中欧投资协定》还要求双方保证执法部门的非歧视以及监管机构与被监管企业的分离。

虽然在 CPTPP 之前没有针对国有企业的涉及监管公平的贸易规则，但根据吴盈盈的研究（Wu，2019），在这个领域，WTO 系统中已经有一些适用于国有企业的规则。就货物贸易而言，在监管方面偏向国有企业的行为，例如进出口壁垒和限制，可以诉诸 GATT 第 11 条关于普遍取消数量限制的规定。类似地，GATT 第 3 条关于国内税收和监管的国民待遇的规定，适用于为国有企业提供的优惠的监管待遇，例如对国有企业放松监管或使其免受反垄断法律的约束。就服务贸易而言，《服务贸易总协定》第 2 条关于最惠国待遇的规定可以适用。关于与贸易相关的投资，除了《与贸易有关的投资措施协定》第 2 条提供的关于 GATT 第 3 条、第 11 条的应用，没有更具体的规定（Wu，2019，第 130 页）。

在监管公平方面针对国有企业的贸易规则如此不发达，是比较令人费解的。因为国有企业在监管方面享受特殊优惠，一直是一个广泛存在的关切，其程度仅次于补贴。这一关切的核心在于，国有企业为政府所有和控制，而政府的所有者职能与监管职能又往往不能彻底分离甚至可能无法分离，所以国有企业不成比例地得益于政府或明或暗的监管支持，这种情况和补贴一样很难避免。而就扭曲竞争、损害自由贸易而言，政府对国有企业的监管支持与给予补贴的效应并无本质差别。比如，在执行环保标准方面的选择性执法，对一家国有企业执行低标准，使其成本降低某个数额，与给予该企业一笔数额相同的补贴，两者对其竞争对手的损害是一样的。所以，未来的贸易规则中是否会加强监管公平方面的内容以及如何加强，是一个值得关注的问题。

3. 补贴控制

在与国有企业相关的贸易规则中，补贴控制方面的规则最受重视、发展得最充分，因而也最为复杂。在 CPTPP 之前，除了中国和乌克兰在各自的加入 WTO 议定书中接受了把给予国有企业的补贴视为专向性补贴这一规定以外，在补贴控制方面不存在系统的、专门针对国有企业的规则。WTO 的《补贴与反补贴措施协定》的规则是系统性的补贴控制规则，但不是专门针对国有企业的。CPTPP 第 17 章后来被视为在国有企业问题上达到了 21 世纪水准的贸易规则，主要原因之一就是该章关于非商业援助（即补贴）的规则在一个问题上被认为超越了《补贴与反补贴措施协定》：国有企业在什么情况下可以被认定为补贴提供者。除此之外，该章的主体内容与《补贴与反补贴措施协定》中已经存在的适用于国有企业的规则其实并无实质性区别。

（1）《补贴与反补贴措施协定》中的补贴

任何补贴控制规则都必须首先界定什么构成补贴。《补贴与反补贴措施协定》的补贴定义由第 1.1 条规定，原文如下：

第 1.1 条　就本协定而言，如出现下列情况应视为存在补贴：

（a）（1）在一成员领土内，存在由政府或任何公共机构（本协定中称"政府"）提供的财务资助，即如果

（i）涉及资金直接转移（如赠款、贷款和投股）、潜在的资金或债务直接转移（如贷款担保）的政府做法；

（ii）放弃或未征收在其他情况下应征收的政府税收（如税收抵免之类的财政激励）；

（iii）政府提供除一般基础设施外的货物或服务，或购买货物；

（iv）政府向一筹资机构付款，或委托或指挥一私营机构履

行以上（i）-（iii）项列举的一种或多种通常应属于政府的职能。

（a）（2）存在 GATT 第 16 条意义上的任何形式的收入或价格支持；及

（b）因此而授予了一项利益（a benefit is thereby conferred）。

GATT 第 16 条是 GATT 关于补贴的一项一般规定。相对于该条规定，WTO 的《补贴与反补贴措施协定》的地位是一项"特别法"（lex specialis）。第 1.1（a）（2）条是为了保证，除了第 1.1（a）（1）条列举的各种形式的财务资助外，GATT 第 16 条意义上的任何形式的收入或价格支持也都包括在自己的补贴定义之内。在此基础上，《补贴与反补贴措施协定》的上述补贴定义包含了三个核心要素：

①补贴是由政府或任何公共机构提供的，或是由受政府委托或指挥的私营机构提供的。

②补贴是一项财务资助，它可以采取多种形式，包括直接资金转移（例如赠款、贷款、股权投资），潜在的直接资金或债务转移（如贷款担保）；放弃的政府收入如税收优惠；提供一般基础设施之外的货物或服务，或购买货物。

③补贴带有利益授予。①

_____

① 日常用语中"补贴"一词的含义经常不同于此处的定义。关键区别之一是，只要是政府给予的财务资助，在日常用语中经常会被称为补贴，即使利益授予并不存在。比如政府要求企业按低于成本的价格为政府的客户（例如贫困社区居民）提供产品或服务，政府因此对企业亏损的部分给予合理补偿，这样的补偿经常被称为"补贴"。因为这样的补偿没有利益授予，不扭曲竞争，有人就有意无意把这种合理的补偿和扭曲竞争的真正的补贴混为一谈，以便论证所有补贴都有理、有利、无害。

关于利益授予是否存在以及其规模如何计算，《补贴与反补贴措施协定》第14条针对四种形式的财务资助规定了具体的方法，从而对"利益"的概念做出了进一步界定。具体而言，该条界定了每一种财务资助可以被视为包含利益授予的具体条件，其原文如下：

第14条　以接受者所获利益计算补贴的金额

就第五部分而言，调查当局计算根据第1条第1款授予接受者的利益而使用的任何方法应在有关成员国内立法或实施细则中做出规定，这些规定对每一具体案件的适用应透明并附充分说明。此外，任何此类方法应与下列准则相一致。

（a）政府提供股权资本不得被视为授予利益，除非投资决策可被视为与该成员领土内私营投资者的（包括提供风险资金）通常投资实践不一致；

（b）政府提供贷款不得被视为授予利益，除非接受贷款的企业偿付给政府贷款的金额不同于该企业偿付给可实际从市场上获得的可比商业贷款的金额。在这种情况下，利益为两金额之差；

（c）政府提供贷款担保不得被视为授予利益，除非获得担保的企业偿付给政府担保贷款的金额不同于该企业偿付给无政府担保的可比商业贷款的金额。在这种情况下，利益为在调整任何费用差别后的两金额之差；

（d）政府提供货物或服务或购买货物不得被视为授予利益，除非提供之所得低于适当的报酬，或购买之所付高于适当的报酬。报酬是否适当应与所涉货物或服务在提供国或购买国通行市场情况相比较后确定（包括价格、质量、可获得性、适销性、运输和其他购销条件）。

具体来说，第14条规定了四种情况下认定和计算利益授予的方法：

①在政府提供股权资本的情况下，关键是看政府的投资决策与成员方领土内"私人投资者（包括风险资本的提供）通常的投资实践"是否一致。如果不一致，就存在利益授予。这可以用一个简单的例子来解释：私人投资者投资于一个企业的股权，"通常的投资实践"肯定是期望获得正的回报率，不甘于接受零回报率或负回报率。因此，如果政府明知投资于一个企业的回报率为零或者为负，还决定向其提供股权资本，那就可以判定其中有利益授予。换句话说，这样的股权资本提供其实就是变相的补贴。

②在政府提供贷款的情况下，认定和计算的关键是比较两个数额，看二者是否存在差异：一个是获得贷款的企业偿付给政府的数额，另一个是该企业如果在市场上贷款，为了它实际可以获得的可比商业贷款所需偿付的数额。如果后者大于前者，就说明存在利益授予。例如，一家企业在市场上获取一笔商业贷款必须支付5%的利率，而政府按3%的利率向它提供了一笔完全相同的贷款，那么它就从政府那里获得了利益。

③在政府提供贷款担保的情况下，认定和计算的方法与在政府提供贷款的情况下类似，也是比较两个数额，看二者是否存在差异：一个是企业为获得有政府担保的贷款所偿付的数额，另一个是如果没有政府担保，该企业为一笔可比商业贷款所需要偿付的数额。

④在政府提供货物、服务或购买货物的情况下（基础设施服务不包括在内），认定和计算的方法也是比较两个数额，看二者是否存在差异。但这里涉及政府与企业发生的买卖交易。所以比较的一

方是政府作为卖方收取的价格("提供之所得"），或作为买方支付的价格("购买之所付"），比较的另一方是所谓"适当的报酬"。如果政府作为卖方收取的价格低于适当报酬，或作为买方支付的价格高于适当报酬，就存在利益授予。至于适当报酬本身如何确定，按规定应视该货物或服务的购买或销售发生的国家当时通行的市场条件（包括价格、质量、可获得性、适销性、运输和其他购销条件）来决定。

《补贴与反补贴措施协定》并不约束所有的补贴。根据第1.2条和第8.1条，不具有专向性的补贴是不可诉的（non-actionable），也就是允许的。受到约束的或可诉的（actionable）补贴是具有专向性的补贴。根据《补贴与反补贴措施协定》第2条，"专向性"的含义是，一项补贴是专门惠及"特定企业"的，所谓特定企业，包括一个企业或一个产业或一个企业集团、产业集团。是否具有专向性，取决于以下几条标准（第2.1条、第2.2条)[①]：

第2.1条　为确定按第1条第1款规定的补贴是否属于对授予机构管辖范围内的企业或产业或一组企业或产业（本协定中称"特定企业"）的专向性补贴，应适用下列原则：

（a）如授予机构或其运作所根据的立法将补贴的获得明确限于特定企业，则此种补贴应属专向性补贴。

（b）如授予机构或其运作所根据的立法制定了适用于获得补贴资格和补贴数量的客观标准或条件，则不存在专向性，只要该资格为自动的，且此类标准和条件得到严格遵守。标准或

---

① 对于中国和乌克兰，对国有企业的补贴属于专向性补贴。

条件必须在法律、法规或其他官方文件中明确说明，以便能够进行核实。

（c）如尽管因为适用（a）项和（b）项规定的原则而表现为非专向性补贴，但是有理由认为补贴可能事实上属于专向性补贴，则可考虑其他因素。此类因素为：有限数量的特定企业使用了补贴计划、特定企业主要使用了补贴、给予特定企业不成比例的大量补贴以及授予机构在做出给予补贴的决定时行使决定权的方式。在适用本项时，应考虑授予机构管辖范围内经济活动的多样性程度，以及已实施的补贴计划的持续时间。

第2.2条　补贴仅限于授予机构管辖范围内指定地理区域的特定企业，则属专向性补贴。各方理解，就本协定而言，不得将有资格的各级政府采取的确定或改变普适税率的行动视为专向性补贴。

第2.1（a）条意指补贴的发放标准，也被称为"法律专向性"。这种标准可以来自补贴的授予机构，也可以来自该机构的运作所依据的法律。如果授予机构或者相关法律一开始就明确，该补贴只有某些企业可以获得，其他企业不能获得，这种补贴就是专向性补贴。相反，按第2.1（b）条，如果授予机构或者相关法律只是规定了获得补贴的资格和补贴的数量，而且这些资格都是客观条件，相关的标准和条件也得到了严格的遵守，尽管最后只有一些企业因为符合资格而获得了补贴，另一些企业因为不符合资格没有获得补贴，这样的补贴也不是专向性补贴。

第2.1（c）条意指补贴发放的实际情况，也被称为"事实专向性"。无论发放标准如何，如果有理由认为某些补贴事实上可能是专向性补贴，就可以通过考虑其他因素来进一步识别。比如，是不是只有有限数量的某些企业使用了补贴计划？获得补贴的企业是不是以某些企业为主？某些企业是不是获得了不成比例的大额补贴？此外还可以考虑授予机构做出发放补贴决定时的决策方式。

第2.2条意指所谓的"地域专向性"，即如果获得某项补贴的限制因素是企业的地理位置，即坐落于某个地理区域内的企业有获得某项补贴的机会，不坐落于该区域内的企业则没有这个机会，这样的补贴就是专向性补贴。

除了少数例外①，专向性补贴分为禁止性和可诉性两类。禁止性补贴包括那些基于出口业绩或基于国产产品对进口产品的替代而发放的补贴（第3条）。所谓基于出口业绩，就是把补贴和出口额挂钩，出口越多补贴越多。基于国产产品对进口产品的替代，意思相同，就是把补贴和替代进口挂钩，能替代进口产品就给予补贴，替代得越多补贴越多。这两种补贴之所以被直接禁止，是因为它们属于明显的政府干预贸易、损害贸易伙伴利益的行为。对于可诉性补贴，《补贴与反补贴措施协定》的应对措施不是直接禁止，而是规定了一系列救济措施（第7条），其中包括WTO的争端解决机制（Dispute Settlement Body，DSB）授权投诉方采取反制措施（countermeasure）。一项补贴要成为可诉性补贴，仅仅具备专向性还不够，还需要另一个条件，就是该补贴的使用给其他成员方的利益造成了"不利影响"（adverse effects）。

---

① 第8.2（a）条、第8.2（b）条、第8.2（c）条等规定了这些例外。它们与三类财务资助相关：对研究活动的资助，对不发达地区的资助，为促进采用现有设施适应新的环境要求而给予的资助。

不利影响包括三个方面：一是另一成员方的国内产业损害（inju-ry）；二是其他成员方按1994年GATT应该直接或间接地获得的利益无效或减损（nullification or impairment），尤其是按1994年GATT第2条让步应获得的利益；三是对另一成员方利益的严重侵害（serious prejudice）（第5条）。

这是发生在三个不同市场的三种不同形式的不利影响。第一种所谓"国内产业损害"发生在投诉方的国内市场，发生的原因是，被诉方得益于补贴的产品进入投诉方国内市场与本国产品竞争，造成本国产业的损害。比如，A国获得了大量补贴的出口产品廉价进入B国市场，导致B国生产同类产品的企业亏损或倒闭，工人失业。B国因此抱怨和起诉A国。

第二种所谓利益"无效或减损"发生在被诉方的国内市场。其原理是，补贴的效应相当于关税壁垒，抵消了被诉方对投诉方和其他成员方做出的关税减免承诺本应产生的效应。其结果是，投诉方和其他成员方无法获得与被诉方进行贸易本可获得的利益，包括按照GATT的有关条款本该获得的利益，这样就导致它们的利益"无效或减损"的情况。比如，A国补贴本国产品，使本国产品在本国市场上比没有补贴的情况下更为廉价，导致与之竞争的B、C、D等国同类产品根本无法进入A国市场，或者虽然可以进入但获利减少。但B、C、D等国与A国都是GATT成员，A国按GATT规则做出了关税减让的承诺。因此，B、C、D国本来是期望其产品可以进入A国市场与A国产品公平竞争的。现在由于A国的补贴，原来可以合法期待的利益无法实现，这样就发生了"无效或减损"。

第三种所谓"对另一成员方利益的严重侵害"是指发生在第三方市场上的情况。比如，A国和B国的产品都出口到C国市场。B

国的产品没有得益于补贴，A 国的产品却获得了大量补贴，因此在与 B 国产品的竞争中获得了优势，在 C 国市场上压制甚至驱逐了 B 国产品。这就是对另一成员方利益的严重侵害。

一项专向性补贴如果造成了上述三种情况之一，就是给其他成员方的利益造成了不利影响，就成为可诉性补贴。投诉方可以诉诸 WTO 的争端解决机制，被诉方如果败诉，就必须服从裁决，采取相应的措施。

所以，总结起来，按照《补贴与反补贴措施协定》，政府——包括狭义政府本身以及公共机构或它们"委托或指挥"的私营机构——给一家企业的财务资助要成为可诉性补贴，需要至少三个方面的条件。第一是必须包含利益授予，第二是必须具有专向性，第三是必须给其他成员方造成了不利影响。直接以鼓励出口和替代进口为目的的禁止性补贴只需要满足前两条，因为与出口业绩挂钩、与进口替代挂钩这个事实本身，就已经明确无误地证明了对其他成员方的不利影响。

（2）CPTPP 中的非商业援助

CPTPP 第 17 章对非商业援助的基本定义是"因国有企业的政府所有权和控制而对其提供的援助"（第 17.1 条）。这个定义有两个要素，"援助"和"因其政府所有权和控制"。援助的定义看上去和《补贴与反补贴措施协定》的补贴定义大不相同，因为它既没有提及"财务资助"，也没有提及"利益授予"，但这只是表面现象。虽然没有使用这两个术语，但非商业援助定义直接给出了一份各种援助的清单，而其中各项如果按《补贴与反补贴措施协定》的定义，都应该属于包含利益授予的财务资助。

非商业援助定义列出的各项援助（第 17.1 条）可以分为三组。第一组包括赠款和债务豁免，二者因为是无偿给予的，当然属于包含利益授予的财务资助。第二组包括使受益者可以按"比商业上可得的条件更优惠的条件"获得贷款、贷款担保、基础设施以外的货物或服务。因为获得的条件"比商业上可得的条件更优惠",这里的"优惠"和《补贴与反补贴措施协定》第14条界定的利益授予其实是一致的。比如"商业上可得"的贷款利率是5%,政府按3%的利率向一个国有企业贷款。按非商业援助的定义,这种情况就是这个国有企业按"比商业上可得的条件更优惠的条件"获得了贷款,属于非商业援助;按《补贴与反补贴措施协定》第14(b)条,这种情况就属于发生了利益授予。第三组是股权资本提供。此处,CPTPP不再使用"比商业上可得的条件更优惠的条件"的说法,而是直接采用了《补贴与反补贴措施协定》第14(a)条的语言:如果一项股权资本的提供"与私人投资者(包括风险资本的提供)通常的投资实践不相一致",就是非商业援助。①

　　CPTPP第17章的非商业援助清单与《补贴与反补贴措施协定》的各种补贴之间有两个差别。其一,前者没有包括后者提到的"放弃的或没有征收的政府收入"(《补贴与反补贴措施协定》第1.1.a(1)(ii)条)。这显然不等于说CPTPP允许以这种方式提供非商业援助。不过,这应该是需要CPTPP的争端解决机制来澄清的问题。其二,前者没有包括后者提到的政府以"购买货物"的形式提供的财务资助[《补贴与反补贴措施协定》第1.1.a(1)(iii)条]。这应该是因为CPTPP把政府采购的内容放在了第15章,因此第17章规则不适用于政府采购(第17.2.7条)。

---

① 　当然,比通常投资实践的条件更苛刻,也可以说是"不相一致"。但在这种情况下,交易不大可能发生,因为国有企业可以放弃政府的融资机会,直接到市场上筹集股权资本。

CPTPP 第 17 章也没有使用"专向性"的术语，但在内容上与《补贴与反补贴措施协定》并无实质性区别。这是因为只有当一个国有企业"因其政府所有权和控制"而获得一项援助的时候，该援助才是非商业援助。那么，如何确定一个国有企业获得一项援助是"因其政府所有权和控制"之故呢？非商业援助的定义设立了四项标准（第 17.1 条）：

"国有企业凭借其政府所有权或控制"指该缔约方或该缔约方的任何国家企业或国有企业：

（ⅰ）明确将获得援助的权利限定为该缔约方的国有企业；

（ⅱ）提供的援助主要由该缔约方的国有企业使用；

（ⅲ）向该缔约方的国有企业提供不成比例的大量援助；或

（ⅳ）在其他情况下，通过使用援助提供中的自由裁量权照顾该缔约方的国有企业。

这四项标准显然都取自《补贴与反补贴措施协定》第 2.1 条。第一项取自《补贴与反补贴措施协定》第 2.1（a）条法律专向性的定义，只是"特定企业"在这里变成了国有企业。其余三项都取自第 2.1（c）条事实专向性的定义中提到的"有限数量的特定企业使用了补贴计划、特定企业主要使用了补贴、给予特定企业不成比例的大量补贴以及授予机构在做出给予补贴的决定时行使决定权的方式"。这四项标准没有包括地域专向性补贴，这是因为"因其政府所有权和控制"本身就是一个按所有制和控制权来界定的概念，排除了按地域界定的可能性。此外，使用"因其政府所有权和控制"

的说法与中国和乌克兰的加入 WTO 议定书中关于国有企业补贴的专向性规定也是一致的。

CPTPP 第 17 章也没有"可诉性"的概念，但它的相关核心规定与《补贴与反补贴措施协定》第 5 条是相同的。这个规定就是第 17.6.1 条所说的：

> 任何缔约方不得通过直接或间接地向其任何国有企业提供非商业援助而给另一缔约方利益造成不利影响。

这一规定可以拆解成两层意思来理解。第一层意思是一个基本原则，即任何缔约方不得给另一缔约方造成不利影响；第二层意思是界定了造成不利影响的途径，即直接或间接地向其任何国有企业提供非商业援助。当然，二者加在一起，意思是要禁止任何缔约方直接或间接地向其国有企业提供任何可以对另一缔约方利益造成不利影响的非商业援助。这里的"间接"具体指什么情况？根据 CPTPP 第 17 章脚注 18，它包括政府"委托或指挥一个非国有企业提供非商业援助的情况"，这当然和《补贴与反补贴措施协定》第 1.1(a)(1)(iv) 条是相通的。这是不是唯一的间接提供非商业援助的情形？是否还可以包括其他情形，例如政府通过自己所属的"公共机构"向国有企业提供非商业援助的情形？这些问题恐怕要在执行过程中靠争端解决机制来加以澄清。

不过，关于上述规定，CPTPP 第 17 章的脚注 4 排除了三种例外情况。其一，包含国有企业的企业集团内部母子公司之间、子公司之间的交易不视为非商业援助，条件是按通常的商业实践，在报告集团公司的财务状况时，必须剔除这些集团内部的交易。换句话说，如果一个企业集团内部的两个国有企业之间发生一笔交易，该交易按通常的商业实践，在生成集团母公司的合并财务报表时是会被剔除的，那么即使这笔交易含有一个国有企业向另一个国有企业提供财务资助的因素，也不视为非商业援助。其二，其他国有企业之间的交易，只要与私营企业之间保持距离式交易的通常实践相一致，则不视为非商业援助。这里，究竟如何认定一项交易是否与"私营企业之间保持距离式交易的通常实践相一致"，显然是一个模糊地带，需要在未来的实践中由争端解决机制通过案例来确立更具体的规则。其三，一个缔约方从养老、退休、社会保障、残疾、死亡和职工福利计划，或这些计划的某种组合的缴费人那里收取资金，转移给一个独立养老基金，后者代表缴费人及其受益人将资金用于投资，这样的资金转移也不视为非商业援助。

与《补贴与反补贴措施协定》一样，给其他缔约方造成"不利影响"也是非商业援助受到 CPTPP 约束的一个必要条件。换句话说，没有给其他缔约方利益造成不利影响的非商业援助不在 CPTPP 的约束范围之内。关于不利影响的判定，CPTPP 第 17 章的规定（第 17.6条、第 17.7 条、第 17.8 条）非常详细和复杂，这主要是因为 CPTPP 不仅覆盖货物贸易，而且覆盖服务贸易以及与贸易相关的直接投资。因为《补贴与反补贴措施协定》仅覆盖货物贸易，所以 CPTPP 关于不利影响的具体规定，包括判断标准和方法，和《补贴与反补贴措施协定》并不完全相同。但是，就货物贸易而言，CPTPP 关于不利影响的规定和《补贴与反补贴措施协定》第 6 条基本一致。类似地，CPTPP 第 17.8 条关于产业损害决定方法的具体规定与 GATT 第 6 条、《补贴与反补贴措施协定》第 15.1 条相一致。没有使用"可诉性"这一术语，更多的是反映了 CPTPP 不同的争端解决机制，比如 WTO 有上诉机构，而 CPTPP 没有类似机构（关于 CPTPP 的争端解决机制，见本章第三节）。

（3）国有企业作为补贴提供者

和《补贴与反补贴措施协定》相比，CPTPP 第 17 章最具实质性的差别在于，任何国有企业，即使不属于《补贴与反补贴措施协定》第 1.1 条所说的"公共机构"，也可以成为非商业援助的提供者。这反映在第 17.6.2 条的如下规定：

> 各缔约方将保证，其国家企业（state enterprise）和国有企业不得通过使用其向该缔约方之任何一个国有企业提供下列形式的非商业援助，对另一缔约方的利益造成不利影响……

这一规定中与国有企业并列的"国家企业"是什么意思，不得而知。这一概念在 CPTPP 第 17 章出现过 6 次，都没有被界定含义。这可能需要等待 CPTPP 以争端解决机制判例或以其他方式做出确切的权威解释。在权威解释出现之前，本书先把国家企业当作国有企业的另一种说法。

在此基础上，第 17.6.2 条的基本含义是各缔约方承担一项义务，保证各自的国有企业也像第 17.6.1 条中规定的它们的政府那样，不向其他国有企业提供任何可以对另一缔约方利益造成不利影响的非商业援助。换句话说，这一规定施加给国有企业的义务，与第 17.6.1 条施加给政府的义务是相同的。因此，在向其他国有企业提供非商业援助这一点上，国有企业被当成政府的一部分。而在《补贴与反补贴措施协定》中，国有企业首先必须被认定为"公共机构"，然后才能被认定为补贴提供者。

举例来说，假设一家国有钢铁公司按低于市场通行价格的价格向一家国有出口企业出售钢材，使得后者可以压低其出口产品价格，击败进口国市场上的竞争对手，而两个国家都既是 WTO 成员，也是 CPTPP 缔约方。

按照《补贴与反补贴措施协定》，如果能证明该国有钢铁公司属于"公共机构"，它向该出口企业提供的钢材就可能被认定为属于包含了利益授予的财务资助。因为按照《补贴与反补贴措施协定》第 14 条，按低于市场通行价格出售钢材的行为可以被认定为政府通过国有企业间接向该出口企业提供钢材而收取的价格"少于适当报酬"。但是，如果不能认定该国有钢铁公司属于"公共机构"，则这家国有钢铁公司低价出售钢材的行为就与一家私营企业的类似行为一样，完全是自觉自愿的商业行为，不是政府行为，不在贸易协定的约束范围之内。

但是，按照 CPTPP 第 17 章，事情就不同了，没有必要再去认定这家国有钢铁公司是否为"公共机构"。只要它是国有企业，它的政府就有义务保证它不向任何国有企业提供可以给其他缔约方利益造成不利影响的非商业援助。它低价向另一家国有出口企业供应钢材，按第 17.1 条应该属于非商业援助，因为这家出口企业得到这些钢材的条件"比商业上可得的条件更优惠"。该出口企业因此而低价出口并击败了进口方市场上的竞争对手，证明这一行为给另一缔约方的利益造成了不利影响。在这种情况下，该国有钢铁公司的政府就可能被认定为违反了协定义务。这就是 CPTPP 第 17.6.2 条与《补贴与反补贴措施协定》的区别所在。另外，CPTPP 第 17 章似乎没有顾及介于政府和国有企业之间的其他可能给国有企业提供非商业援助的公共机构。

CPTPP 第 17.6.2 条反映的是美国在这一问题上的立场。2011年，WTO 上诉机构曾审理了一起里程碑式的案件，案件的名称是"美国诉来自中国的特定产品的反倾销和反补贴措施"（DS379），在中国被简称为"双反案"（关于此案的详细介绍见第五章）。在这起案件中，关于《补贴与反补贴措施协定》第 1.1 条之"公共机构"的含义如何解释，中美双方表达了不同的立场。美国主张按"多数所有权规则"来界定公共机构，也就是说，政府以多数股权拥有的国有企业，包括国有银行，应该被定义为公共机构。[1] 这一立场得到了对此案进行调查的 WTO 专家组的支持。与此相反，中国认为，"公共机构的决定性特征是为了履行政府性职能而行使政府赋予它的权力"。[2] 但美国坚持认为，"公共机构"这一术语是指一个受政府控制的实体，这样的实体不一定限于中国所说的被赋予政府权力去履行政府职能的实体。[3] 审理此案的 WTO 上诉机构最终否定了美国的解释，推翻了 WTO 专家组的结论。上诉机构认为，《补贴与反补贴措施协定》第 1.1（a）(1) 条所说的公共机构必须是一个拥有、行使或被赋予政府权力的实体。[4] 此后，关于公共机构的含义，WTO 上诉机构又做过进一步的裁决，第五章将更详细地介绍。CPTPP 第 17.6.2 条与美国的立场是一致的，因为 CPTPP 的

---

[1] Paragraph 277. WTO Appellate Body: *United States – Definitive Antidumping and Countervailing Duties on Certain Products from China.* WT/DS379/AB/R. 11 March 2011.

[2] Paragraph 279. WTO Appellate Body: *United States – Definitive Antidumping and Countervailing Duties on Certain Products from China.* WT/DS379/AB/R. 11 March 2011.

[3] Paragraph 51. WTO Appellate Body: *United States – Definitive Antidumping and Countervailing Duties on Certain Products from China.* WT/DS379/AB/R. 11 March 2011.

[4] Paragraph 317. WTO Appellate Body: *United States – Definitive Antidumping and Countervailing Duties on Certain Products from China.* WT/DS379/AB/R. 11 March 2011.

国有企业是以政府所有权和控制权定义的，而第17.6.2条的规定使它们成为非商业援助的不言而喻的合格提供者。

4. 透明度

与补贴控制一样，在CPTPP之前，在透明度方面，除了《中国加入WTO议定书》和《美国－新加坡自由贸易协定》，没有其他更为系统的针对国有企业的约束性规定。WTO体系中所有的通知义务，尤其是《补贴与反补贴措施协定》中的通知义务，都既适用于国有企业也适用于私营企业。中国在加入WTO时曾承诺，就农业中的国有企业和国家贸易企业之间的财政和其他转移做出通报。①这个规定虽然是针对国有企业的，但仅限于农业。新加坡在与美国的自由贸易协定中做出的承诺不仅针对国有企业，其涉及面更为广泛。如前所述，新加坡同意公布一份综合性报告，该报告针对每家政府企业，提供一系列数据，如新加坡政府和政府企业累计在其中拥有的股份、年度收入和资产，此外如果美国方面要求，新加坡将针对特定企业向美国方面提供更多信息［第12.3.2（g）条］。但是，第一次在透明度方面比较全面地提出一套针对国有企业的约束性规定的，还是CPTPP第17章。虽然如此，该章内容与WTO体系中那些既适用于国有企业也适用于私营企业的透明度规则仍然是高度一致的，在一定程度上也可以看作WTO相关规则的修改版。

CPTPP第17章关于透明度的约束性规定（第17.10条）主要有三项。一是定期通知其他缔约方（或公布）国有企业的名录，通知其他缔约方（或公布）指定垄断的授权情况；二是在其他缔约方

---

① Paragraph 12. 2. WTO: *Accession of the People's Republic of China*. WT/L/432. 23 November 2001.

要求的情况下提供特定国有企业和政府垄断的信息；三是在其他缔约方要求的情况下提供有关非商业援助的信息。其中，一个缔约方应其他缔约方要求提供的任何信息，只要提供方通知要求方该信息属于保密信息，要求方就不得在未征得提供方同意的情况下披露（第17.10.9条）。

（1）国有企业名录和指定垄断授权情况

关于国有企业名录，第17.10.1条要求缔约方在协定生效后6个月之内向其他缔约方提供或在网站公布一份其国有企业的名录，并在此后每年更新。但文莱、越南和马来西亚获准在协定生效后5年之内不执行此规定，而只需在3年（文莱）或6个月（越南、马来西亚）之内提供或公布一份不完全名录并逐年更新。不完全名录包含在此前3年的任何一年中销售收入超过5亿特别提款权的国有企业。关于指定垄断，各缔约方的义务是，在指定一个新的垄断或扩展一个现有垄断的范围和授权条件时，及时通知其他缔约方或予以公布（第17.10.2条）。不过越南的一些实体有所例外（脚注30）。

（2）应要求提供特定国有企业和政府垄断的信息

关于应要求提供的相关信息，按第17.10.3条的规定，如果一个缔约方书面要求另一缔约方提供关于某一国有企业或政府垄断（不包括私人垄断）的信息，并在要求中解释了为什么该实体（国有企业或政府垄断）的活动可能影响到双方的贸易和投资，则被要求的缔约方应当提供。此项规定覆盖的信息包括以下6个方面。

①股权和投票权比例：在该实体中，缔约方政府、其国有企业和指定垄断合计持有的股权和投票权百分比。

②特殊股权、特殊投票权或其他权益：除普通股权和投票权

外，缔约方政府、其国有企业和指定垄断累计在该实体中还拥有的任何特殊股权、特殊投票权或其他权益。

③政府官员任职：担任该实体执行官或董事会成员的任何政府官员的政府职务。

④财务数据：该实体的销售收入和总资产，时间跨度是有此类数据的最近3年。

⑤例外和豁免：该实体按缔约方法律享有的任何例外和豁免。

⑥其他公开信息：任何关于该实体的已公开的、被要求提供的信息，例如年度财务报告和第三方审计。

以上各项中，第①条至少从字面上看，包括一个国有企业或一个政府垄断中，三类主体持有的股权或投票权的总数：缔约方政府、缔约方政府拥有的其他国有企业、缔约方政府的指定垄断。这里值得特别解释的是两个"垄断"的概念。其一是"一个国有企业或一个政府垄断"。这里的垄断指的是要披露的信息的主体，明确界定是政府垄断，不包括私人垄断。其二是"缔约方政府、其国有企业和指定垄断"，指的是持有股权和投票权的三类主体，其中的指定垄断包括政府垄断和私人垄断。私人垄断之所以被包括在内，是因为政府指定的私人垄断所持有的股权和投票权，也是政府可以控制的，与国有企业持有的股权和投票权类似。由于这个因素，这三类主体持有的股权和投票权的加总大于通常所说的国有股权和投票权。

第②条的特殊股权包括那些有特殊投票权或否决权的股份，例如有"一票否决权"的所谓"金股"。第③条中的"执行官"一词应该不是专指首席执行官，而是还包括其他高级管理人员，但这有待澄清。第⑤条要求提供的例外和豁免的信息，应该主要针对指定垄断，因为被授权成为某一市场上唯一买方或卖方的垄断者，通常也会获得一些例外或豁免，尤其是竞争法方面的例外或豁免。但这一条肯定也适用于国有企业。

如前所述，在《美国－新加坡自由贸易协定》中，新加坡在透明度方面做出了很多承诺。相比之下，CPTPP 第 17 章的上述清单比新加坡的承诺更长一些，例如《美国－新加坡自由贸易协定》不包括"按法律享有的例外和豁免"。但在该协定中，新加坡承诺，它提供的信息若美国愿意公开就可以公开，而按 CPTPP 第 17 章，如果提供方要求不公开其提供的信息，接受方就不能公开。

（3）应要求提供非商业援助的信息

关于应要求提供有关非商业援助的信息，需要提供的是有关缔约方实施或维持的提供非商业援助的任何"政策或项目"。要求别的缔约方提供信息，必须说明为什么相关的政策或项目已经影响或可能影响双方的贸易和投资（第 17.10.4 条）。此外，如果提供方通知要求方某信息属于保密信息，要求方不得在未征得提供方同意的情况下披露该信息（第 17.10.9 条）。

应要求提供信息时，提供方必须保证信息足够具体，使要求方可以理解相关政策或项目的运作，并评估它们对双方贸易和投资的影响或潜在影响。必须包括的信息有以下 6 个方面（第 17.10.5 条）。

①形式：该政策或项目提供的非商业援助的形式，是赠款还是贷款。

②提供者和接受者：提供非商业援助的政府机构、国有企业的名称，以及接受或有资格接受该非商业援助的国有企业名称。

③法律基础和政策目标：提供非商业援助的政策或项目的法律基础和政策目标。

④规模：

a. 在涉及货物的情况下，每单位货物的非商业援助数额；或者如果这样的信息不可能，安排的非商业援助预算总额和年度总额，如有可能，指明前一年每单位货物的平均数额。

b. 在涉及服务的情况下，安排的非商业援助预算总额和年度总额，如有可能，指明前一年度的总额。

c. 在涉及贷款或贷款担保的情况下，贷款或贷款担保的数额、利率、收取的费率。

d. 在提供货物或服务的情况下，收取的价格。

e. 在提供股权资本的情况下，投资的数额、得到的股份数量和描述，以及就相关投资决策进行的任何评估。

⑤时限：该政策或项目存续的时间期限以及任何其他时间限制。

⑥统计数据：就该非商业援助对双方贸易和投资的效应进行评估所需的统计数据。

如果提供方没有实施或维持相关的政策或项目，应以书面方式向要求方说明。如果提供方提供的信息中不包括以上清单中的任何一项，也应以书面方式说明理由。

（4）与《补贴与反补贴措施协定》的比较

CPTPP 第 17 章关于非商业援助的透明度的上述规定，很大程度上是通过直接继承或修改《补贴与反补贴措施协定》相关规定（第 25 条）而来的。比较大的区别是，《补贴与反补贴措施协定》要求成员既要按规定定期提供信息，也要应其他成员的要求提供信息。CPT-PP 第 17 章则没有要求缔约方必须定期提供关于非商业援助的信息（国有企业名录除外），其重点放在了应其他缔约方要求而提供的信息上。但 CPTPP 缔约方应要求必须提供的信息内容，和《补贴与反补贴措施协定》要求定期提供的信息内容大同小异。

按《补贴与反补贴措施协定》，每个成员必须在每年6月30日之前通知WTO（第25.1条）其实施或维持的专向性补贴（第25.2条）。信息内容也必须足够具体，使得其他成员可以评估补贴项目对贸易的影响，理解补贴项目的运作（第25.3条）。在这一点上，CPTPP第17章不仅提到非商业援助的"项目"，而且提到"政策"，对具体程度的要求也更为全面，即必须使得其他缔约方可以评估该非商业援助"对双方贸易和投资的影响或潜在影响"。

关于信息内容，《补贴与反补贴措施协定》列出了5个方面（第25.3条），即形式、规模、政策目标、时限和统计数据，CPTPP第17章增加了非商业援助的提供者和接受者。关于每一方面的具体规定，情况如下：

① 形式：二者的要求完全相同，只是《补贴与反补贴措施协定》在举例中提到了税收减免，而CPTPP第17章在非商业援助定义中没有提到税收减免。

② 规模：这个方面二者区别最大。《补贴与反补贴措施协定》只针对货物提出了要求，CPTPP完全继承了这个要求，还增加了另外四类要求：服务、贷款和贷款担保、提供货物或服务、提供股权资本。

③ 政策目标：CPTPP增加了"法律基础"。

④ 时限：二者的要求完全相同。

⑤ 统计数据：二者的要求也基本相同，只是《补贴与反补贴措施协定》只提到贸易，没有限定是否为双方之间的贸易；而CPTPP第17章包括贸易和投资，并明确限定是评估对"双方"之间的贸易和投资的影响。

《补贴与反补贴措施协定》规定，如果在通知中对以上清单中的任何一项没有提供信息，应在通知中说明理由（第25.4条）。如果认为自己没有实施或维持相关的补贴，应以书面方式向 WTO 秘书处说明（第25.6条）。这方面，CPTPP 也继承了《补贴与反补贴措施协定》的规定。

按《补贴与反补贴措施协定》，一个成员也可以要求另一成员就补贴提供信息。信息既可以是关于另一成员实施或维持的补贴的性质和程度，也可以是要求对方解释，为什么某一措施被认为不属于应通知的范围（第25.8条）。被要求提供信息的成员应尽快以书面方式提供尽可能完全的信息，信息应足够详细，使要求方可以评估提供方是否遵守了本协定。如果要求方认为要求的信息没有提供，则可以诉诸由各成员代表组成的反补贴委员会（Committee on Subsidies and Countervailing Measures）（第25.9条、第24.1条）。如果一个成员认为另一成员的某一措施按规定应该通知但没有通知，可以提请对方注意；如果对方仍未通知，可以诉诸反补贴委员会。

相比之下，CPTPP 第17章没有关于定期通知的要求，因此其规定有所不同。首先，CPTPP 第17章要求提供信息的一方必须说明为什么相关的政策或项目已经影响或可能影响双方的贸易和投资。其次，CPTPP 第17章本身没有说明，如果要求方认定提供方提供的信息不够充分时，应该怎么办，但按照第28章规定的争端解决机制（见本章第三节），要求方可以认为是对方没有履行协定义务，并提起协商或专家组审议。

总体上看，CPTPP 关于非商业援助的透明度规定和《补贴与反补贴措施协定》的相关规定的主要不同体现在两个方面，一是着重于应要求提供的信息而不是定期通知的信息，二是对非商业援助的规模提出了更全面的要求。二者都是对《补贴与反补贴措施协定》

相关规则的完善。前者使透明度要求的关注点更为集中，即有可能给另一缔约方的贸易和投资带来负面影响的非商业援助。换句话说，如果没有缔约方要求对某项非商业援助披露信息，无论该非商业援助的实际影响如何，提供该非商业援助的缔约方都没有披露的义务。后者在精神上和《补贴与反补贴措施协定》是一致的，除了服务方面的补贴不在《补贴与反补贴措施协定》覆盖范围之内，其他几项也属于补贴，本应遵循和货物补贴一样的披露规则。

不过，值得指出的是，即使是 CPTPP 第 17 章的透明度规则，也没有覆盖政府与国有企业之间的关系，没有关注国际上被广泛接受的国有企业透明度和披露标准。关于国有企业的经营独立性，CPTPP 第 17.10 条提到一些形式上的指标，比如国有企业中的政府股份、董事会中政府官员的职务，却忽略了决策机制的实际运行。关于国有企业的财务独立性，CPTPP 第 17 章只提到政府已经采取或维持的、提供非商业援助的"任何政策或项目"，即要求政府应其他缔约方要求披露其非商业援助。这与第六章将要讨论的欧盟在国家援助制度下的做法形成鲜明对照。

在 CPTPP 之后，《欧盟－越南自由贸易协定》也有关于透明度的约束性规定，但没有超越 CPTPP。其第 11.6.2 条列出了 6 类应另一缔约方要求应该披露的信息，其中 4 类与 CPTPP 第 17.10.3 条相同。《中欧投资协定》在这方面与《欧盟－越南自由贸易协定》一致。

三、CPTPP 第 17 章的约束对象和争端解决机制

与 WTO 体系的规则和双边自由贸易协定的规则相比较，CPTPP 作为一个诸边自由贸易协定，其第 17 章的规则有两个重要特点。首

先，第 17 章对其规则的约束对象做了非常烦琐的界定。如前所述，WTO 体系中除了加入 WTO 议定书外没有针对国有企业的贸易规则，而加入议定书虽然有这样的规则，但并没有定义什么是国有企业。《中国加入 WTO 议定书》提到国家投资企业，但对其也没有定义。双边贸易协定中针对国有企业的规则，其约束的对象很简单，就是按双方各自的定义界定的国有企业。例如《美国 – 新加坡自由贸易协定》规定，在新加坡国有企业就是其政府企业。1994 年的《北美自由贸易协定》是一个诸边自由贸易协定，该协定在提出针对国有企业的规则的同时，把国有企业定义为"一个由缔约方通过所有者权益拥有或控制的企业"，其中，"企业"指的是"按相关法律成立或组织起来的任何实体，营利或非营利、私人拥有或政府拥有，包括任何公司、信托、合伙制、业主制、合资或其他联合实体"（第 201 条）。这个定义强调所有权和控制权。美国后来认为国有企业定义应该"基于政府所有权和基于所有者权益的政府控制，包括通过少数股权实现的控制"（USTR，2019，第 7 页），上述定义可以看作这一立场的早期版本。

　　CPTPP 第 17 章和以往的情况都不一样。这一章虽然也给国有企业下了相当全面的定义，但并不等于说凡是符合定义的国有企业都必须接受其规则的约束。该章首先对规则的约束范围做了多方面的限制，然后又分国别给不同的缔约方提供了不同的豁免。所以，最后究竟哪些国有企业是该章规则的约束对象，对不同的缔约方而言有不同的答案。

　　其次，CPTPP 作为诸边自由贸易协定，在争端解决机制方面既不像双边自由贸易协定那么简单，也没有类似 WTO 的上诉机构那样的"法庭"，而是有自己的一套独特设计。这对 CPTPP 第 17 章很重要，因为如前文所述，这一章的很多规则都存在具体如何解释、实践中究竟如何操作的问题，而到目前为止，这些规则的运用还没有什么案例可以借鉴。所以很多规则的实际含义最后都取决于在发生纠纷时如何处理。在这个意义上，争端解决机制和规则本身是不可分的。

1. 约束对象的界定

CPTPP 第 17 章对其规则的约束对象的界定可以分为两部分来理解，首先是国有企业的定义，其次是关于例外和豁免的规定。

（1）国有企业的定义

如第二章所述，CPTPP 第 17 章把国有企业定义为主要从事商业活动并具有下列特点的企业，在这样的企业中，一个缔约方①直接拥有 50% 以上的股份资本，②通过所有者权益控制着 50% 以上的投票权的行使，或者③拥有任命董事会或与之相当的管理机构的多数成员的权力。

至于"商业活动"，其特征是①企业从事该活动以营利为目的，②从事该活动的结果是生产了一种货物或提供了一种服务，并将该货物或服务售卖给了相关市场的消费者，③售卖的数量和价格是由该企业决定的。而对于"企业"，CPTPP 第 1.3 条也有一个与 1994 年《北美自由贸易协定》类似的定义：任何依法设立或组织起来的实体，包括公司、信托、合伙制实体、业主制实体、合资实体、协会以及类似组织，不论是否以营利为目的，也不论是为私人还是为政府所有和控制。

关于"以营利为目的"，第 17 章脚注 1 特别澄清：如果一个企业运营的原则是"不以营利为目的或只追求成本回收"，它的活动就不属于商业活动。这里，不以营利为目的和只追求成本回收显然是等同的，也就是说，企业运营的目标是只求收益覆盖成本或不亏损。换句话说，如果一个国有企业运营的目标就是零亏损、不营利，它从事的活动就不能算作商业活动，这家企业按 CPTPP 第 17 章就不能算作国有企业，不属于第 17 章规则的约束范围。

另外，根据"商业活动"的上述定义，不能自主决定售卖数量和价格的企业应该也不算作国有企业。但这也是需要通过争端解决机制确认的。从获得第 17 章豁免的国有企业来看，有些企业的销售价格虽然受到政府管制（如越南电力公司），但显然也是被当作国有企业对待的。

理论上说，一个缔约方可以声称自己的某一家企业不以营利为目的，或者不能自主决定售卖数量和价格，因此不属于第 17 章规则的约束范围。但前述的透明度规则和下面将要介绍的争端解决机制能起到堵塞漏洞的作用。因为如果一个缔约方对另一方定期发布的国有企业名录有疑问，则可以要求对方提供相关信息、做出解释；如果认为对方违反了协定义务，则可以启动争端解决机制。

关于所有权与控制，CPTPP 没有直接使用"所有和通过所有权的控制"这样的概括性概念，而是具体界定了所有和控制的概念，即直接拥有 50% 以上的股份资本，或者通过所有者权益控制着 50% 以上的投票权，或者控制着董事会（或相当机构）多数成员的任命权。

这里，通过所有者权益控制的投票权，是指股权结构比较复杂的情况。例如，在一个企业中，政府直接拥有 20% 的投票权，归政府全资所有的一个国家控股公司拥有 20% 的投票权，该控股公司的全资子公司也拥有 10% 的投票权，政府就"通过所有者权益"控制了 50% 的投票权的行使。当然，这个定义针对的是通常的股东大会和董事会通过投票做出商业决策的情况。但它也考虑到商业决策不由董事会做出，而是由"与之相当"的管理机构做出的情况。

从逻辑上说，CPTPP 第 17 章的这个定义意味着，一个企业如果全部满足如下三个条件，就不能算作国有企业，从而不是其规则的约束对象：①政府直接拥有的股份不超过50%；②政府通过所有者权益控制的全部投票权不超过50%；③政府有权任命的董事在董事会（或与之相当的管理机构的成员在该机构中的比例）不占多数。换句话说，如果一个缔约方希望通过放弃对某企业的控制而使其免受第17章规则的约束，那么这个定义提供了这样的选项。

当然，政府即使作为少数股东，在董事会不占多数席位，也可以控制一个企业。但按照透明度规则，任何一个缔约方都可以要求别的缔约方披露在某个企业的特殊股权、特殊投票权或其他权益。也就是说，如果一方宣称某企业不是国有企业，而另一方怀疑该企业事实上由政府控制，就可以要求对方提供信息、做出解释；如果认为对方违反了协定义务，可以诉诸争端解决机制。

（2）例外和豁免

CPTPP第17章虽然对国有企业做出了上述定义，但并没有打算把所有符合其定义的国有企业纳入约束范围。在这个定义的基础上，第17章通过一系列烦琐的例外和豁免规定，对其规则的约束对象进行多方面的限定。这些规定可分为两类：一类属于普适性规定，指明某一规则在某种情况下对所有缔约方都不适用；另一类是分国别规定，指明某一规则在某种情况下不适用于某个缔约方的某个、某类或全部国有企业。二者的区别之一是，如果新的缔约方加入CPTPP，普适性规定会自动适用，而分国别规定则不然：新的缔约方如果也要求类似的例外和豁免，则需要通过谈判获得。

普适性规定的主要内容包括，按企业规模和隶属关系对规则的约束对象做出的限定，关于主权财富基金和独立养老基金的例外规定，以及针对某些活动做出的对适用范围的限定。分国别规定因缔约方而异。从数量看，少的如日本完全没有规定，澳大利亚和新西兰各有 1 项；多的如越南有 10 项。从适用范围看，有一些豁免规定是一揽子性质的，覆盖一个国家的全部国有企业，有一些则是针对特定企业的。从内容看，分国别规定涉及的约束性条款，主要是第 17.4 条（非歧视和商业考虑）和第 17.6 条（非商业援助）。

关于企业规模，CPTPP 第 17 章规定在协定生效前 3 年的任何一年，如果一个国有企业来自商业活动的年度收入小于 2 亿特别提款权（按 2024 年 3 月 7 日汇率约合 2.66 亿美元），则该企业不受三个方面规定的约束：非歧视和商业考虑、非商业援助、透明度（第 17.13.5 条）。2 亿特别提款权的门槛每 3 年调整一次，附录 17－A 规定了调整的公式。

关于隶属关系，针对地方政府所有或控制的国有企业，附录 17－D 列出了分国别的例外清单，并于附录 17－C 中规定在协定生效 5 年内就第 17 章的约束性规定如何适用于地方政府所有或控制的国有企业进一步谈判。但附录 17－D 的覆盖范围对各国来说是一样的，都是由地方政府所有或控制国有企业，区别在于对这些企业不适用的具体规则的清单不同。换句话说，新加入的缔约方如果要求按附录 17－D 将其地方政府所属的国有企业排除在外，需要就不适用规则的具体清单与已有缔约方谈判。

关于主权财富基金和独立养老基金，CPTPP 第 17 章所指的主权财富基金和独立养老基金都是由政府所有或通过所有者权益控制的企业（第 17.1 条），也就是国有企业。主权财富基金的定义有两个要素：其一，仅仅是一种有专门目的的投资基金或安排，用缔约方的金融资产从事资产管理、投资和相关活动；其二，是国际主权财富基金论坛成员，或者接受了圣地亚哥原则（见第二章第三节）。独立养老基金的定义有三个要素：其一，业务活动只能是管理或提供养老、退休、社会保障、残疾、死亡或员工福利等方面的计划，并且只为这些计划的缴费人、受益人等自然人的利益服务；其二，对前述这些自然人负有受托责任；其三，在投资方面不受缔约方政府的指挥。其中，"政府指挥"不包括与通常投资实践相一致的、关于风险管理和资产配置的一般指引；政府官员参加该企业的董事会或投资决策机构本身不说明存在政府指挥（脚注17.3）。也就是说，与"通常投资实践"一致的、关于风险管理和资产配置的一般指引，不算作政府指挥，政府官员参与董事会或投资决策机构也不算作政府指挥。

对符合上述定义的两种基金本身以及独立养老基金控制的企业，第17章的约束性规定都不适用，但以下三种情形除外：①缔约方直接向独立养老基金控制的企业提供非商业援助；②缔约方通过两种基金或独立养老基金控制的企业间接提供非商业援助；③缔约方的主权财富基金本身向其他国有企业提供非商业援助（第17.2.5条、第17.2.6条）。

关于主权财富基金和独立养老基金的上述规定对新加坡和马来西亚尤为重要。CPTPP第17章在附录17-E和附录17-F中给两国专门做了一系列特别安排。

新加坡有政府投资公司（GIC Private Limited）和淡马锡控股公司[Temasek Holdings（Private）Limited]两家主权财富基金，对于它们所有或控制的企业，附录17-E列出了若干专门规定。首先，关于这些国有企业经营决策的独立性，新加坡承诺，除了行使投票权之外，政府及其主权财富基金不采取任何行动去指挥或影响这些国有企业的决策。在此基础上，这些国有企业得到了三个方面的豁免：

①不受第17.4.1条的约束（购买和售卖活动遵循非歧视原则且依据商业考虑）。

②不受第 17.6.2 条的约束（缔约方的国有企业不提供造成不利影响的非商业援助），但两种情况除外：一是在提供非商业援助前的 5 年内政府或其主权财富基金任命了该企业的首席执行官（CEO）、其他高层管理人员的多数、董事会成员的多数，或以与本协定不一致的方式积极指挥和控制了该企业的商业决策；二是法律或政府政策要求该企业给另一国有企业提供非商业援助，或就其商业性购买和售卖做出决策。

③第 17.10.1 条的履约要求（向其他缔约方提供或在网站公布其国有企业的清单）可以简化。

第 17.2.5 条虽然规定第 17 章不适用于主权财富基金，但并没有说不适用于其所有或控制的企业，而新加坡的国有企业多为这两个主权财富基金的子公司，因此上述例外规定意味着第 17 章最重要的两项约束性规定（非歧视和商业考虑、非商业援助）中的很大部分对其国有企业不再适用。换句话说，新加坡主权财富基金所有或控制的企业得到的待遇接近于独立养老基金所有或控制的企业。当然，获得这种待遇的前提是，新加坡政府承诺这些企业的商业决策独立于政府。

马来西亚称其国有企业为"政府关联公司"（government – linked companies，GLCs），即政府在其中有直接的控制利益（controlling stake），并主要追求商业目标的公司。"控制利益"的意思是政府有能力直接或通过"政府关联投资公司"（government – linked invest- ment companies，GLICs）任命董事会成员、高级管理人员和/或做出重大决策。[①] 除了少数例外（如马来西亚国家铁路公司），几乎所有

---

① 见 Government – Linked Companies Transformation Program 网站常见问题（FAQ），ht- tps：//pcg. gov. my/faqs/，2024 年 3 月 8 日查阅。

的政府关联公司都是由政府关联投资公司控制的。

政府关联投资公司是与联邦政府关联的、将其全部或部分资金投资于政府关联公司的投资公司。但它们实际上有两个不同的类别。第一类属于通常的国有资本投资控股公司，由政府所有，负责国有资本的投资和管理，主要是国库控股公司。国库控股公司符合 CPTPP 定义的主权财富基金，享受有关的例外规定。

第二类政府关联投资公司也属于政府所有，但投资和管理的资本来自私人出资，政府只是扮演法定保证人的角色。之所以说政府"关联"而不是"所有"，或许是由于，这类政府关联投资公司有五个①，根据马来西亚学者的信息，其中三个（EPF②，KWAP③，LTAT④）都被认定为符合 CPTPP 定义的独立养老基金。对于另外两个（PNB⑤ 和 LTH⑥），附录 17 – F 做出了专门规定。这些专门规定的基本含义是，只要它们的行为符合独立养老基金的定义，它们及其所有或控制的企业就可以得到与独立养老基金及其所有或控制的企业同等的对待（包括它们所有或控制的企业不能接受或传递非商业援助）。

马来西亚的政府关联公司有多少归这五个独立养老基金性质的政府关联投资公司所有或控制，没有具体数据，但应该不在少数。除此之外，马来西亚还争取到一系列其他豁免。这些规定加在一起，马来西亚联邦政府所属的政府关联公司中最后仍然需要受 CPTPP 第 17

---

① 见 Government – Linked Companies Transformation Program 网站常见问题（FAQ），https：//pcg. gov. my/faqs/，2024 年 3 月 8 日查阅。

② https：//www. kwsp. gov. my/member.

③ https：//www. kwap. gov. my/en/.

④ https：//www. ltat. gov. my/.

⑤ https：//www. pnb. com. my/index_EN. php.

⑥ https：//www. tabunghaji. gov. my/en.

章规则约束的，其实已经不多：按世界银行 2016 年的一项研究估算，这类企业只剩下五家（World Bank，2016，第 62 页）。

除了新加坡和马来西亚外，文莱（附录Ⅳ－文莱－4）和越南（附录Ⅳ－越南－8）的两家投资机构也得到了豁免，在尚未成为国际主权财富基金论坛成员的情况下，获准在使用政府资产进行投资和资产管理时，不受第 17.4 条（非歧视和商业考虑）和第 17.6 条（非商业援助）的约束。文莱得到豁免的投资机构是文莱投资局（Brunei Investment Agency）或其基金，越南是国有资本投资公司（State Capital Investment Corporation，SCIC）及其子公司和承继公司。

按照 CPTPP 第 17 章，即使纳入约束范围的国有企业，也不是说它们的全部活动都要受规则的约束。这些国有企业的一些活动可以不受相关规则的约束，主要包括如下五个方面。

①对缔约方贸易和投资没有影响的活动。按第 17.2 条，CPTPP 的国有企业规则仅适用于那些对 CPTPP 自由贸易区内的贸易和投资活动发生影响的国有企业活动。这是一个体现在其他规定中的原则。例如，按照第 17.6 条，如果一个国有企业得到的一项非商业援助没有对其他缔约方的利益形成不利影响，也不对其他缔约方的国内产业形成损害，就不在 CPTPP 的约束范围之内，无论此项非商业援助是否危及其国内市场的公平竞争。第 17.6.4 条特别规定，一个缔约方的一家国有企业在其领土上提供的一项服务被认为不会造成不利影响。换句话说，该缔约方政府针对这家国有企业的此项服务提供非商业援助，尽管会扭曲其国内市场的竞争，但不在 CPTPP 第 17 章的约束范围之内。

②行使政府职能的活动。这包括两项内容：其一是因行使政府权力而提供的任何服务。不适用的约束性规定包括非歧视和商业考

虑、非商业援助和透明度三个部分（第17.2.10条）。关于什么是因行使政府权力而提供的服务，CPTPP第17章使用的是WTO《服务贸易总协定》中的定义，即不是在商业基础上提供，也不与其他服务提供者竞争的一项服务（第1.3.c条）。也就是说，虽然提供服务的企业本身是（主要从事商业活动的）国有企业，但如果某一具体服务不是商业活动，也不与其他服务提供者形成竞争，就不在前述三部分规定的约束范围之内。关于哪些服务属于这种性质，目前尚未看到权威的解释。可以想象的一个例子是依据政府机构的决定给公民制作和发放护照及各种证件、执照的服务。其二是按政府赋予的职能而提供的金融服务。第17.13条规定，如果符合一定条件，此类服务不受第17.4.1条的约束（保证国有企业遵守非歧视和商业考虑的原则），也可被视为不造成不利影响（第17.13.3条）。被视为不造成不利影响，意味着该国有企业得到的、与该项服务相关的非商业援助不受约束。需要符合的条件是，该服务支持出口、进口或缔约方领土外的私人投资，并且无意取代商业金融，也不比在商业市场上可获得的可比金融服务更为优惠。此外，该服务必须属于OECD《官方出口信贷安排》（Arrangement on Officially Supported Export Credits）① 的范围，并按照与该安排一致的条件提供。

　　③"不符措施"（non-conforming measures）。第17.1.11条规定，对于第9章（投资）、第10章（跨境服务贸易）和第11章（金融服务）规定的若干"不符措施"，即虽然不符合相关规定但缔约方获准可以采取的例外措施，不受第17.4条有关规定的约束，也就是

---

① https://www.oecd.org/trade/topics/export-credits/arrangement-and-sector-under-standings/，2024年3月8日查阅。

说，可以不给予国民待遇和最惠国待遇，也可以不依据商业考虑。

④临时性措施。这包括三种情况。其一，第17章的规定不能被解释为不允许缔约方或其国有企业以清理发生危机的金融机构为目的而采取的行动（第17.2.4条）。也就是说，为了清理一个发生危机的金融机构而采取的行动，可以不受第17章规则的约束。对某个金融机构或企业临时实行国有化或债转股，应该就属于这种情况。其二，关于非歧视与商业考虑以及非商业援助的规则，不能被解释为不允许缔约方采取暂时性的应对全国或全球经济紧急情况的措施，以及对某一国有企业实施此类措施（第17.13.1条）。例如，为了应对新冠疫情而给予某些国有企业的暂时性非商业援助应该符合这个条件。其三，在一定条件下，关于非商业援助的规定不适用于缔约方的国有企业暂时取得所有权的、位于其领土之外的一家企业（第17.13.4条）。例如，一家国有企业因一家外国企业不能清偿到期债务而接管其资产或实施债转股，虽然这样会使该外国企业变成一家国有企业，但在一定条件下可以向其提供非商业援助。

⑤政府采购。第17.2.7条规定第17章的规则不适用于政府采购。这是因为CPTPP专门有第15章覆盖政府采购。按第15章的规定，政府采购必须遵守国民待遇和最惠国待遇的原则（第15.4条），通过竞争性的公开程序进行，对中小企业的优惠待遇也必须公开透明。第15章的覆盖范围是"采购实体"以合同手段采购的货物或服务，各缔约方采购实体的名单在附录15–A中列出。此外，第17.2.8条还规定，如果目的是行使政府职能，则允许一个缔约方的国有企业独家向该缔约方提供货物或服务。

分国别的豁免规定主要涉及第17.4条（非歧视和商业考虑）和第17.6条（非商业援助）的约束性规定。有一些规定覆盖一个缔约方的全部或一批国有企业，属于一揽子豁免；有一些则适用于特定企业，属于分企业豁免。豁免的潜在考虑有多种情况：一是原住民或少数民族、中小企业，二是落后地区，三是企业改革和重组（越南），四是国防和公安（越南）。表4.2列出了一揽子豁免的具体规定。

表4.2　CPTPP 第 17 章包含的一揽子豁免规定

缔约方	出处	适用范围	涉及第17.4条的豁免规定	涉及第17.6条的豁免规定
澳大利亚	附录Ⅳ－澳大利亚－1	中央政府的全部现有及未来国有企业	在购买货物和服务时可给予原住民个人和组织以优惠待遇	
加拿大	附录Ⅳ－加拿大－10	全部现有及未来国有企业	在购买货物和服务时可给予原住民个人和组织以优惠待遇	
智利	附录Ⅳ－智利－7	全部现有及未来国有企业	在购买货物和服务时可给予原住民个人和组织以优惠待遇	
马来西亚	附录Ⅳ－马来西亚－2	全部国有企业	可要求国有企业在购买以下三类企业提供的货物和服务时给予优惠待遇：（1）马来人企业；（2）沙巴州（Sabah）和沙捞越州（Sarawak）的企业；（3）中小企业	政府及其国有企业可向马来人企业提供非商业援助
新西兰	附录Ⅳ－新西兰－1	全部现有及未来国有企业		政府及其国有企业可提供针对如下服务的非商业援助：支持新西兰与其他缔约方之间通信的物质基础设施的建筑、运行、维护和修理服务

缔约方	出处	适用范围	涉及第 17.4 条的豁免规定	涉及第 17.6 条的豁免规定
秘鲁	附录Ⅳ - 秘鲁 - 2	中央政府的全部现有及未来国有企业	在购买货物和服务时对社会和经济上落后的弱势群体和少数民族群体可给予优惠待遇	
越南	附录Ⅳ - 越南 - 1	全部国有企业		（1）可向其提供不会造成不利影响的、重组所需的融资；（2）可一次性按市场价格购买其不良贷款或闲置资产，提供政府融资以安置富余职工，但必须是一次性的，而且是服务于公司化改制的目的
越南	附录Ⅳ - 越南 - 2	全部国有企业	为维护经济稳定或提供公共品，对于法律法规规定的公共品，政府可要求国有企业按规定的价格、数量和其他条件购买和售卖，或者要求其生产并向公众提供一种货物	政府或国有企业可以提供非商业援助，以补偿因采取前项措施而产生的合理成本，包括职工福利基金缴费
越南	附录Ⅳ - 越南 - 3	全部国有企业	为促进特定地区的发展，政府可以要求或指令国有企业在购买货物时考虑商业因素以外的其他因素。这些地区包括边远山区、边界和离岸地区、社会经济条件极其困难和生活水平极低的地区，以及就业严重不足的地区	政府或国有企业可以提供非商业援助，作为对采取前项措施的补偿

缔约方	出处	适用范围	涉及第17.4条的豁免规定	涉及第17.6条的豁免规定
越南	附录Ⅳ－越南-4	全部国有企业	为促进中小企业发展，政府可要求或指令国有企业从越南投资者在越南设立的中小企业购买货物或服务时依据商业考虑以外的因素，并给予优惠待遇	
越南	附录Ⅳ－越南-10	国防部、公安部所属全部国有企业，但若干企业除外	全部活动不受本条规则的约束	全部活动不受本条规则的约束

资料来源：作者整理。

针对特定企业的豁免规定是为每个企业量身定制的，主要内容可概括如下：

①金融行业。主要涉及墨西哥和越南的开发性或政策性金融机构，其中墨西哥有5家，越南明确了机构名称的有4家，还有一些只明确了业务类型而没有明确机构名称。此外，智利的1家开发性银行和加拿大的2家住房金融机构也在其中。豁免的内容大体有三个方面：一是允许这些机构不仅依据商业考虑从事购销活动；二是允许它们给本国公民、本国企业或其他特定人群以优惠待遇；三是在它们的服务无意取代或阻碍相关市场的私营企业所提供的金融服务的条件下，允许政府向其提供与它们的使命和职能相关的非商业援助（详见表4.3）。

②能源和采矿行业。受益者包括文莱、智利、马来西亚、墨西哥、秘鲁、越南的石油、天然气、采矿行业的11家国有企业，文莱涉及这些行业的全部国有企业，以及墨西哥和越南的2家电力公司。

表4.3　CPTPP第17章涉及金融行业国有企业的豁免规定

缔约方（附录页码）	受益企业	该企业的使命或职能	涉及第17.4条的豁免规定	涉及第17.6条的豁免规定	涉及第17.10条的豁免规定
加拿大（附录IV-加拿大-2）	加拿大抵押和住房公司；加拿大住房信托		在提供金融或涉及住房相关服务时可考虑商业因素以外的其他因素；可以仅向在加拿大的企业提供金融或住房相关服务，例如抵押保险、贷款和咨询，也可向在其他国家的企业提供或从这些企业购买此类服务	针对两家公司从加拿大向其他缔约方领土提供的金融和住房相关服务，可给予非商业援助	
智利（附录IV-智利-6）	智利国家银行或其承继者、子公司、附属机构		向获得金融服务不足的智利人口提供金融服务时，可给予优惠待遇，只要这些服务无意取代相关市场的私营企业提供的金融服务		
墨西哥（附录IV-墨西哥-9）	墨西哥国家公共服务和工程银行及其职能和目标类似的新设、重组或承继者企业	作为开发性银行，对直接或间接地与基础设施领域的公私投资相关并支持政府机构能力加强的项目提供融资和再融资。无意取代提供相关关市场的私营企业提供的金融服务	(1)在购买其商业活动所需服务时，可给予墨西哥企业优惠待遇；(2)在售卖其服务（与现行可得性的项目相关）时，可促进信贷可得性的项目（相关）时，可仅对墨西哥公民或企业给予优惠待遇	可获得针对其银行服务的政府担保，以便行使其使命和职能	

（续表）

缔约方（附录页码）	受益企业	该企业的使命或职能	涉及第 17.4 条的豁免规定	涉及第 17.6 条的豁免规定	涉及第 17.10 条的豁免规定
墨西哥（附录 IV – 墨西哥 – 11）	墨西哥国家储蓄和金融服务银行，及其职能和目标相类似的新设、重组或承继者企业	作为开发性银行，促进银行业成员的储蓄、融资和投资，为其提供金融工具，引入必要的金融和技术援助以促进储蓄习惯和银行业健康发展。无意取代私营市场的金融服务业提供相关的金融服务	（1）在购买其商业活动所需服务时，可给予墨西哥企业优惠待遇；（2）在售卖其服务（与促进信贷可得性的项目相关）时，可仅对墨西哥公民或企业给予优惠待遇	可获得针对其银行服务的政府担保，以便行使其使命和职能	
墨西哥（附录 IV – 墨西哥 – 13）	墨西哥国家陆海空军银行及其职能和目标类似的新设、重组或承继者企业	作为开发性银行，主要向墨西哥陆海空军成员提供金融援助。无意取代私营市场相关的私营企业提供的金融服务	（1）在购买其商业活动所需服务时，可给予墨西哥企业优惠待遇；（2）在售卖其服务（与促进信贷可得性的项目相关）时，可仅对墨西哥公民或企业给予优惠待遇	可获得针对其银行服务的政府担保，以便行使其使命和职能	
墨西哥（附录 IV – 墨西哥 – 15）	墨西哥国家金融公司及其职能和目标类似的新设、重组或承继者企业	作为开发性银行，促进储蓄和投资，引入技术和金融资源促进产业发展和国家以及地区的经济	（1）在售卖其服务（与促进信贷可得性的项目相关）时，可仅对墨西哥公民或企业给予优惠待遇；（2）在购买其商业活动所需服务时，可给予墨西哥企业优惠待遇	可获得针对其银行服务的政府担保，以便行使其使命和职能	

墨西哥（附录Ⅳ-墨西哥-17）	墨西哥联邦抵押协会及其职能和目标类似的新设、重组或承继企业	作为开发性银行，通过力开发（尤其是涉及社会利益的住房）的建设、购买和改善以及相关技术开发和生产能力的提高提供信贷担保，促进一级和二级抵押市场发展，也可提供住房设施的融资担保。无意取代或阻碍相关的私营企业提供的金融服务	济发展。无意取代或阻碍相关的市场的私营企业提供的金融服务 （1）在购买其商业活动所需服务时，可给予墨西哥企业优惠待遇；（2）在售卖其服务（与进出信贷可得性的项目相关）时，可仅对墨西哥公民或企业给予优惠待遇 目相关）时，可仅对墨西哥公民或企业给予优惠待遇	可获待遇针对其银行服务的政府担保，以便行使其使命和职能
越南（附录Ⅳ-越南-9）	债务及资产交易公司、越南开发银行、越南农业和农村发展银行及其子公司、社会政策银行、合作银行、任何开发性金融机构、一家抵押再融资银行以及它们的承继者	无意取代或阻碍私营企业提供的金融服务	可以考虑商业因素以外的其他因素，可以仅向越南公民或越南企业提供服务（保险和证券服务除外）并给予其优惠待遇	（1）指定其中任何一个为差断，不需要披露；（2）不需要应其他缔约方要求披露其任何企业的，第17.10.3条规定必须披露的信息；（3）不需要应其他缔约方要求

（续表）

缔约方（附录页码）	受益企业	该企业的使命或职能	涉及第17.4条的豁免规定	涉及第17.6条的豁免规定	涉及第17.10条的豁免规定（脚注17.30）
					按第17.10.4条披露向任何企业提供的任何非商业援助的政策或项目（脚注17.30）
越南（附录Ⅳ-越南-9）	越南国家金融转换股份有限公司及其子公司。该公司已改名为越南国家支付公司			可向该国有企业提供非商业援助以便其提供金融转换服务	（1）指定该国有企业为垄断时不需要披露；（2）不需要应其他缔约方要求披露该国有企业的、第17.10.3条规定必须披露的信息（3）不需要应其他缔约方要求按第17.10.4条披露向该国有企业提供的非商业援助的政策或项目（脚注17.30）

资料来源：作者整理。

豁免的内容主要有二：一是对本国公民和企业或特定人群和企业（如边远地区、中小企业）在购销活动中给予优惠待遇或考虑非商业因素；二是政府向这些国有企业提供非商业援助，支持它们执行政府要求的项目和任务，包括对特定人群和中小企业的优惠待遇（详见表4.4）。

③交通运输行业。加拿大、智利和越南的6家国有企业得到了豁免，其中加拿大的2家桥梁管理公司得到了获得非商业援助的豁免，智利的1家客运公司可以在向本国企业购买货物和服务时给予优惠，但不能超过年度总购买额的10%。越南的3家企业中，越南机场公司获准向越南航空公司按优惠价格提供地勤服务，越南航空公司获准在一项国际融资中得到政府担保，越南船运公司获准在重组过程中得到非商业援助（详见表4.5）。

④文化通信行业。受益者包括加拿大的3家企业和智利的1家企业，以及越南的文化通信行业的全部国有企业。智利国家电视公司得到的豁免是在购买节目内容时对本国企业给予优惠对待，并可获得非商业援助。加拿大的3家企业获得的豁免，除了对本国企业和产品给予优惠外，还有给予而不是接受非商业援助的自由，即使某加拿大货物或服务与来自另一缔约方的货物或服务存在竞争，仍可给予其非商业援助。越南为其新闻、广电、出版和电信行业的全部国有企业争得了豁免，主要内容是非商业考虑、差别待遇，以及电信购销价格的政府管制。在非商业援助方面，只有与越南语海外节目相关的非商业援助（详见表4.5）。

⑤其他行业。涉及3家企业：其一是马来西亚的1家农业公司，获准对参与联邦土地开发署开发计划的成员生产的产品给予优惠待遇；其二是越南造船工业公司，作为重组计划的一部分可以得到非商业援助；其三是越南国家咖啡公司的国内生产和销售可以得到非商业援助（详见表4.5）。

表 4.4　CPTPP 第 17 章涉及能源和采矿行业国有企业的豁免规定

缔约方（附录页码）	受益企业	涉及第 17.4 条的豁免规定	涉及第 17.6 条的豁免规定
文莱（附录Ⅳ–文莱–1）	石油行业的所有国有企业	政府可要求这些企业只能从文莱公民或企业以及有外国企业采购某些服务与的外国企业采购某些服务，这些服务另有清单列明	
文莱（附录Ⅳ–文莱–2）	天然气和石化行业的所有国有企业和指定垄断	政府可要求这些企业在售卖天然气或石化制品及其衍生品时，在三种情况下给予优惠的价格：发电、促进外商投资和促进经济活动的发展	
文莱（附录Ⅳ–文莱–3）	文莱国家石油公司、国家石油贸易公司、国家石油服务公司及它们的承继者		政府可针对这些企业的部分服务给予非商业援助，包括原油、液化天然气等产品的营销服务等 5 类，协定生效 3 年后终止
智利（附录Ⅳ–智利–1）	智利国家石油公司及其承继者、子公司、附属机构	在购买能源产品以便在边远和服务不足的地区销售时，可以给予这些地区的消费者以优惠待遇	旨在保证边远和服务不足地区的电力供应而进行的能源产品的生产和销售，可以获得非商业援助
智利（附录Ⅳ–智利–2）	智利国家铜业公司及其承继者、子公司、附属机构	购买货物和服务时可给予智利领土上的企业以优惠待遇，但不超过年度总购买额的 10%	可获得与其在智利领土上的矿产资源生产和销售相关的非商业援助
智利（附录Ⅳ–智利–3）	智利国家矿业公司及其承继者、子公司、附属机构	在从智利中小企业购买矿产品时可给予优惠待遇，并为其提供技术支持和金融服务	可获得非商业援助，以维持其支持中小企业的活动，包括向它们购买矿产品而提供技术支持、金融服务

马来西亚（附录IV – 马来西亚 –3、5、6）	马来西亚国家石油公司及其子公司，任何新设、重组或承继企业	（1）在购买货物和服务时可以给予马来西亚国企业优惠待遇，但有一些货物和服务（有清单列明）除外，而且协定生效5年及以后，此类优惠占其采购预算的比例不能超过规定的百分比； （2）对特定消费者和公众，可以按低于市场的价格销售天然气及其副产品	政府可提供非商业援助以补偿其在石油天然气行业之内和之外执行市场要求的特定项目的价格，以及按低于市场的价格向特定消费者和公众销售天然气及其副产品，但政府要求的项目不能给该国有企业带来在商业活动中的优势
墨西哥（附录IV – 墨西哥 –1、3）	墨西哥联邦电力委员会及其子公司，任何新设、重组或承继企业	（1）在从事特定活动（电力传输和配送、核能发电、放射性废弃物的加工、运输、仓储和封存）时，从墨西哥企业采购货物和服务可予给予优惠待遇； （2）在天然气和其他燃料的运输、仓储、分销和商业化过程中，政府可要求在购买货物和服务时给予墨西哥企业优惠待遇	以执行特定项目为唯一目的，政府及其他国有企业可向其提供非商业援助，这些特定项目依据法律促进农村和城市边缘区域的电气化，包括以可承受的价格向弱势群体供电；如果仅仅为了在两个领域（天然气的管道输送和仓储、天然气分销）执行政府有社会意义的项目，可向其提供非商业援助
墨西哥（附录IV – 墨西哥 –8）	墨西哥国家天然气控制中心及任何新设、重组或承继企业		为该国国有企业执行具有社会意义和促进三个领域（天然气加工、碳氢化合物和石油产品运输和仓储、石油天然气产品分销）经济发展的项目，政府及其国有企业可提供非商业援助

缔约方（附录页码）	受益企业	涉及第17.4条的豁免规定	涉及第17.6条的豁免规定
秘鲁（附录Ⅳ-秘鲁-1）	秘鲁石油公司及其承继者		该公司及其承继者在继者重组（包括私营部门参与股权和管理）的过程中，可获得足以影响其下列活动的非商业援助：开采、提炼、生产和销售燃料及其他石油制品
越南（附录Ⅳ-越南-5）	越南石油天然气集团及其子公司和承继者	可要求该国有企业在货物销售中考虑商业因素以外的其他因素，从越南投资者在越南的企业购买货物和服务时，可给予优惠	政府及其他国有企业可向该地提供非商业援助，以便该企业以促进区域或社会经济发展为目的，在石油天然气、碳氢化合物及其衍生品以及相关产业执行项目
越南（附录Ⅳ-越南-6）	越南电力公司及其子公司和承继者	该国有企业必须保证建设一个持续的电力系统，完成以政府管制的价格提供安全、稳定和高效电力的任务，在购买货物和服务的过程中可给予差别待遇（适用于水力发电、核电、安全相关的发电设备，各类电力及其替代物的传输和配送）	为建立发电设施促进区域社会经济发展目的，政府及其他国有企业可向其提供贷款或贷款担保
越南（附录Ⅳ-越南-7）	越南国家煤炭-矿业控股公司及其在采矿业的子公司和承继者	可按基于非商业考虑确定的条件在越南销售煤炭或任何矿产品	为维持该国有企业在边远地区现有的煤炭和矿产品生产，政府和其他国有企业可向其提供非商业援助，但应保证不对任何缔约方造成不利影响

资料来源：作者整理。

表4.5 CPTPP第17章涉及交通运输、文化通信和其他行业国有企业的豁免规定

缔约方（附录页码）	受益企业	涉及第17.4条的豁免规定	涉及第17.6条的豁免规定
交通运输行业			
加拿大（附录IV-加拿大-1）	联邦桥梁公司，温莎-底特律大桥管理局		政府及其他国有企业可向其提供拨款或资助，支持其管理边境口岸
智利（附录IV-智利-4）	智利客运公司及其承继者，子公司和附属机构	可向智利国内企业提供优惠待遇，但不超过年度总额的10%	
越南（附录IV-越南-11）	越南机场公司，越南航空公司，越南船运公司，及其子公司和承继者	越南机场管理公司可按优惠费率向越南航空公司提供地勤服务	越南航空公司可获得贷款担保形式的非商业援助，作为一项国际融资安排的一部分，但不能在同一市场造成不利影响。越南船运公司可在海运方面得到非商业援助，作为其重组计划的一部分
文化通信行业			
加拿大（附录IV-加拿大-4）	加拿大广播公司	可考虑商业因素以外的其他因素，在货物和服务的购销中可给予加拿大大产品、提供者和公民以优惠待遇	政府或该国有企业可以对一种货物的生产和销售提供非商业援助，尽管该货物与另一缔约方在加拿大领土上的某一涵盖投资所生产和销售的类似货物或服务处于竞争之中
加拿大（附录IV-加拿大-5）	加拿大影视公司	可考虑商业因素以外的其他因素，在服务购销中可给予加拿大大产品、提供者和公民以优惠待遇	政府或该国有企业可提供与加拿大大向一缔约方领土上提供的服务相关的非商业援助

缔约方（附录页码）	受益企业	涉及第17.4条的豁免规定	涉及第17.6条的豁免规定
加拿大（附录 IV－加拿大－6）	与文化产业相关的一个新的、重组的或转让的企业	可考虑商业因素以外的其他因素，在货物和服务的购销中可给予加拿大产品、提供者和公民以优惠待遇	政府或该国国有企业可以对一种货物的生产和销售提供非商业援助，尽管该货物与一缔约方在加拿大领土上的某一涵盖投资所提供生产的类似货物或提供所提供服务的类似服务处于竞争之中
智利（附录 IV－智利－5）	智利国家电视公司及其承继者、子公司和附属机构	在购买节目内容时，可给予智利内容和产品以优惠待遇	可获得与面向智利国内市场的电视广播服务相关的非商业援助
越南（附录 IV－越南－14）	印刷、出版、音像服务、大众通信（任何形式的媒体、新闻社、出版、广播、电视）和电信行业的任何国有企业	任何此类国有企业可考虑商业因素以外的其他因素并在销售音像制品和分销服务时给予差别待遇。电信行业国有企业可按管制价格和条件购销货物和服务	政府和其他国有企业可向此类国有企业提供与越南国内市场海外节目相关的非商业援助
其他行业			
马来西亚（附录 IV－马来西亚－7）	费尔达全球创业公司及任何新设、重组或承继企业（农业）	对参与联邦土地开发署开发计划的成员或定居者生产的产品，在以再销售为目的的购买活动中给予优惠待遇	
越南（附录 IV－越南－12）	造船工业公司及其在造船相关领域的子公司和承继者		政府及其他国有企业可向其提供与其重组计划相关的非商业援助
越南（附录 IV－越南－13）	越南国家咖啡公司		政府及其他国有企业可向其提供与其在越南国内的咖啡生产相关的非商业援助

资料来源：作者整理。

5. 争端解决机制

CPTPP 的争端解决机制不只适用于第 17 章，而是适用于整份协定。该机制的核心是一个对纠纷所涉事宜进行调查并做出裁决的专家组。在有关纠纷提交专家组之前，双方必须先经历一个协商过程。协商不成则交专家组裁决。专家组的职能不仅是做出裁决，还要在执行过程中发挥作用。

从适用范围来说，CPTPP 的争端解决机制适用于三种情况（第 28.3 条）：一是协定的解释和应用，目的是避免或解决缔约方就协定的解释和应用发生的纠纷；二是未履行协定义务，即一个缔约方认为另一缔约方的某些实际或提议采取的措施与其在协定中承诺的义务不一致，或未能履行其在协定中负有的义务；三是发生了"无效或减损"，即一个缔约方认为按照协定中的一些章节（第 17 章不包括在内）的规定可以合理地期待获得的利益，由于另一缔约方采取了与协定不一致的措施，而未能获得或未能全部获得，即发生了无效或减损。由于第 17 章不包括在上述第三条范围之内，关于此章的纠纷只适用前两条。也就是说，任何缔约方只要与另一缔约方就第 17 章条款的解释和应用发生争议，或者认为另一缔约方某些实际或提议要采取的措施与其协定义务不一致，或者没有履行其协定义务，都可以诉诸争端解决机制。从这些规定看，一方利益受到损害并非诉诸争端解决机制的必要前提。只要一方发现另一方没有履行（或如采取提议的措施就会不履行）协定义务，无论自身利益是否因此受到了损害，都可以启动争端解决机制。此外，如果纠纷双方都是 WTO 协定或另一国际贸易协定的缔约方，则用哪份协定下的机制来解决纠纷，由投诉方决定（第 28.4 条）。

（1）从协商到专家组裁决

争端解决机制启动后，第一个阶段是协商。任何一个缔约方都可以书面要求另一方进行协商，但要求方必须在书面要求中说明所针对的实际或提议的措施或其他事项，以及提起投诉的法律基础。书面要求要同时分发给其他缔约方。回应方要在规定期限内回复并知会其他缔约方。其他缔约方如认为事关自身利益，可以通知纠纷双方加入协商并解释原因。协商可以在回应方的首都或双方同意的其他地方举行，也可以通过技术手段举行。双方应提供足够充分的信息，协商过程应保密（第28.5条）。纠纷双方也可以使用其他机制，如斡旋、和解、调解等（第28.6条）。协商是CPTPP争端解决机制的一个必经阶段，纠纷双方必须首先进行协商。只有当协商在一个规定的（通常为60天，涉及可变质物品则为30天）或双方同意的期限内没有成功时，协商的要求方（投诉方）才可以要求成立专家组（第28.7条）。

专家组应投诉方的书面要求而成立，其组成和工作程序应遵循协定的规定，除非纠纷双方另有约定。专家组的职责是，依据协定的相关规定考察投诉方提出的事宜，提出自己的发现和判定，就双方共同要求的事宜提出行动建议，并说明理由。专家组由纠纷双方各指定一名成员，组长则由双方共同指定的第三人担任。如一方没有指定成员，或双方不能就第三人达成一致，那么第28.9条规定了具体的解决程序。专家组成员的资质要求是（第28.10条）：在法律、国际贸易和协定覆盖的其他领域以及在国际贸易协定的纠纷解决方面具有专业知识和经验；完全基于客观性、可靠性和正确判断的能力而被选任；独立于任何缔约方，不附属于任何缔约方或接受其指示；遵循第28.13条"程序规则"规定的行为规范。在CPTPP

生效 120 日之内，已经完成生效程序的缔约方要共同制定一份不少于 15 人的专家组组长备选名单，该名单必须经这些缔约方全体同意。此外，协定生效后，每个缔约方也要提出一份专家组成员的备选名单，并通知其他缔约方（第 28.11 条）。

专家组成立后，纠纷双方各有至少一次参加听证会的机会，向专家组口头陈述自己的观点，然后有一次提交书面陈述的机会和一次提交书面评论意见的机会。除了保密信息外，听证和陈述都应公开。任何缔约方如认为事关自己的利益，都可作为第三方参加听证，提交书面陈述。专家组应在其三位成员被任命之日起 150 日内提交初始报告。初始报告应包含事实发现以及专家组关于以下三个问题的观点：第一，所争议的措施（即被诉方已经采取或提议采取的措施）是否与协定义务不一致；第二，一个缔约方是否未能履行其在协定下的义务；第三，所争议的措施是否造成了一个缔约方按照协定一些章节的规定可以合理地期待获得的一些利益，发生无效或减损。当然，如前所述，第三点对第 17 章不适用。然后，如果双方要求，报告应就双方共同要求的事宜提出行动建议。所有发现和观点都要说明理由。如果专家组成员意见不一致，也可以单独陈述自己的意见（第 28.17 条）。

纠纷双方收到初始报告后 15 日内应提交书面评论意见。专家组考虑评论意见，进行必要的进一步考察研究后，修改报告，并在提交初始报告之日起 30 日内向纠纷双方提交最终报告。纠纷双方收到最终报告并对保密信息进行保护处理后，应在 15 日内公开该报告（第 28.18 条）。对第 17 章来说，如果最终报告做出的判定认为，所争议的措施确实与协定义务不一致，或一方确实未能履行其在协定下的义务，则回应方应采取行动消除这些违约现象。

回应方采取行动消除违约现象，可以有一个合理期限。如果双方在最终报告提交后45日内不能就此期限达成一致，任何一方都可要求专家组组长仲裁。专家组组长应在收到请求后90日内做出决定，一般情况下此期限应不超过15个月，但也可以视情况延长或缩短。

（2）裁决的执行

如果最终报告的执行出现问题，基本的救济措施是赔偿和暂停利益（suspend benefits）（第28.20条）。所谓暂停利益，是指暂停回应方按协定从投诉方得到的诸如减免关税等利益。但回应方也有机会支付"货币补偿"，以换取投诉方在一定期限内不采取暂停利益的行动。如果回应方已经通知投诉方无意采取纠正性行动来消除违约现象，或者期限到期后双方就回应方是否已经消除违约现象不能达成一致意见，回应方在收到投诉方要求后，可与其谈判，争取达成双方可接受的赔偿方案。如果在赔偿谈判开始30日之内双方未能达成协议，或虽达成协议但投诉方认为回应方未能执行协议，投诉方可以书面通知回应方，它计划暂停"与效应相当的利益"（benefit of equivalent effect），并说明要暂停利益的规模。在考虑暂停哪些利益时，投诉方需要遵守特定原则和程序（第28.20.4条）。

如果回应方不服，认为投诉方提出暂停利益的规模明显过度，或没有遵守应遵守的原则和程序，或认为自己已经消除了专家组所指的违约现象，可以要求专家组复会审议。如果专家组确定投诉方提议的暂停利益的规模确实过度，可指定合适的规模。在此基础上，除非专家组判定回应方已经消除了专家组所指的违约现象，否则投诉方可按专家组决定的规模暂停利益。如果专家组判定投诉方没有遵守相关的原则和程序，它可指定投诉方以某种方式实施利益暂停，投诉方只能按此方式暂停利益（第28.20.5条）。

但是，如果回应方在规定期限内（投诉方书面通知暂停利益后30日之内或专家组做出判定后20日之内）书面通知投诉方它愿意支付货币补偿，则投诉方不应采取暂停利益的行动。双方应开始协商，争取就补偿数额达成协议。如果双方协商30日后仍不能达成协议，补偿数额应确定在相当于专家组判定可暂停利益的50%的水平上；如专家组没有这样的判定，则应确定在相当于投诉方提议的暂停利益的50%的水平上（第28.20.7条）。

如果回应方认为自己已经消除了违约现象，可以诉诸专家组并书面通知投诉方。专家组应在90日之内就此完成一份报告。如果专家组判定回应方确实已经消除了违约现象，投诉方应立即恢复其所暂停的任何利益（第28.21条）。

四、小结

本章以针对国有企业的贸易规则为重点，介绍了与国有企业相关的世界贸易规则的形成过程和主要内容。世界贸易体系形成之后约半个世纪的时间内，与国有企业相关的贸易规则都是既适用于国有企业也适用于私营企业的，其中最典型的例子就是以非歧视和商业考虑为核心内容的GATT第17条和以补贴控制为核心内容的《补贴与反补贴措施协定》。但是，至少在1994年，针对国有企业、不适用于私营企业的贸易规则就已经出现在《北美自由贸易协定》之中。2001年在《中国加入WTO议定书》中就国有企业和国家投资企业做出了一系列承诺，这是针对国有企业的贸易规则第一次出现在 WTO 体系之中。此后,这类规则在美国参与的自由贸易协定和其他国家的《加入 WTO 议定书》中继续出现和发展。2016 年谈判完成的 CPTPP 第 17 章把这些规则归拢在一起并加以发展,加上了一个很严格的国有企业定义,形成一个整体。此后,《美国 – 墨西哥 – 加拿大自由贸易协定》第 22 章继承和修订了 CPTPP 第 17 章;《欧盟 – 越南自由贸易协定》和《中欧投资协定》也包含了针对国有企业的规则。

CPTPP 第 17 章,即针对国有企业的世界贸易规则目前最发达的版本,有四个主题:非歧视和商业考虑、监管公平、补贴控制和透明度。概括而言,在这四个方面,缔约方政府承担的主要义务如下:

(1)非歧视和商业考虑:保证国有企业在从事商业活动时仅依据商业考虑行事,在购销活动中遵守非歧视原则;保证指定垄断在购买或销售垄断货物或服务时依据商业考虑行事,在购销活动中遵守非歧视原则,不利用其垄断地位在非垄断市场上从事反竞争行为。

(2)监管公平:保证在外国运作的国有企业遇有针对该企业的民事诉讼时,服从所在国法庭判决;负责监管国有企业的行政机构以公平的方式行使监管自由裁量权。

(3)补贴控制:保证不直接或间接地向任何国有企业提供可以对另一缔约方利益造成不利影响的非商业援助(补贴);保证任何国有企业也不向任何其他国有企业提供此种非商业援助(补贴)。

(4)透明度:保证定期通知其他缔约方(或公布)国有企业的名录,通知其他缔约方(或公布)指定垄断的授权情况;在其他缔约方要求的情况下提供特定国有企业和政府垄断的信息;在其他缔约方要求的情况下提供有关非商业援助的信息。

CPTPP 第 17 章虽然给国有企业下了相当全面的定义，但并不等于说凡是符合定义的国有企业都必须接受其规则的约束。该章首先对规则的约束范围施加了多方面的限制，然后又分国别给不同的缔约方提供了不同的豁免。所以，最后究竟哪些国有企业是该章规则的约束对象，对不同的缔约方有不同的答案。此外，该章的很多规则都存在具体如何解释、实践中如何操作的问题，而到目前为止这些规则的运用还没有什么案例可以借鉴。所以很多规则的实际含义最后都取决于发生纠纷时如何处理。在这个意义上，争端解决机制和规则本身是不可分的。本章因此也梳理了 CPTPP 第 17 章非常烦琐的例外和豁免规定，并介绍了以专家组为核心的争端解决机制。

最后需要指出的是，现存的与国有企业相关的贸易规则并不完善。首先，与货物贸易相比，在服务贸易、与贸易相关的投资这两个领域，相关规则的发展存在差距。其次，即使在货物贸易领域，规则覆盖的内容也是有限的。一些重要的内容只有有限的覆盖甚至完全没有覆盖。例如，对监管公平这一主题的覆盖就非常有限。《补贴与反补贴措施协定》只涉及"财务资助"，CPTPP 第 17 章提到了监管公平问题，但规定得非常抽象。而政府在监管方面给予国有企业的优惠，例如不严格执行环保法规或破产法规，就效果而言与给予企业财务资助没有多大差别。此外，对国有企业的一些反竞争行为，现有规则或者没有覆盖，或者只有部分覆盖（Wu，2019，第 181—189 页）。

第五章
与国有企业相关的世界贸易规则
对中国国有企业的运用

　　那么，与国有企业相关的世界贸易规则如何运用于中国的国有企业呢？在上一章介绍的贸易规则中，中国已经接受的只有WTO体系内的规则，其中包括GATT第17条、《补贴与反补贴措施协定》和《中国加入WTO议定书》。中国虽然已经申请加入CPTPP，但尚未被接纳，因此，CPTPP第17章对中国尚无约束力。《中欧投资协定》是中国自加入WTO以来第一次接受针对国有企业的约束性规定。但这份协定只完成了谈判，至今（2024年10月）尚未签署。因此，可以运用于中国国有企业的，只有WTO的相关规则。所以，本章集中讨论一个问题，自中国加入WTO以来，WTO体系内与国有企业相关的贸易规则是怎样被运用于中国的国有企业的？本章第一节是概述。第二节、第三节、第四节介绍两个有代表性的重要案例。因为中国有可能加入CPTPP，所以第五节根据WTO规则适用于中国国有企业的情况，探讨如果中国加入CPTPP，国有企业面临的挑战可能会有哪些不同。第六节是简短的小结。

一、概述

从诉讼情况看，截至 2024 年 4 月，中国在 WTO 争端解决机制内一共被诉 49 起，起诉 24 起。[①] 被诉的 49 起案件中，23 起由美国提起，11 起由欧盟提起，其余 15 起由加拿大（4）、墨西哥（4）、日本（3）、澳大利亚（2）等多国提起。起诉的 24 起中，针对美国的有 18 起，针对欧盟的 5 起，针对澳大利亚的 1 起。

马夫罗伊迪斯等人的研究指出，中国在 WTO 被诉的频率总体上偏低。他们在 2021 年出版的著作中指出，到当时为止，中国在 WTO 被诉 44 次，而比中国早 7 年加入 WTO 的欧盟和美国到 2020 年 7 月 15 日为止分别被诉 98 次和 167 次。相比之下，中国被诉的频率比期望值要低得多。即使按照中国在出口贸易中的份额，按他们的计算，中国被诉的频率也明显偏低（Mavroidis and Sapir，2019，第 51 页）。根据他们以及车路遥的研究，中国相对较少的被诉案件中，没有一起案件是专门针对中国国有企业的，没有一起引用过《中国加入 WTO 议定书》中关于国有企业的承诺的主要段落（Mavroidis and Sapir，2021，第 48—50 页；Che，2022）。[②]

有一些中国被诉的案件涉及国有企业，但并非专门针对国有企

---

① 见 https：//www. wto. org/english/tratop_e/dispu_e/dispu_by_country_e. htm，2024 年 4 月 26 日查阅。

② 即作为《中国加入 WTO 议定书》附件的工作组报告书第 46—47 段。2022 年 1 月由欧盟发起的 DS610 案虽然引用了第 46 段，但是，引用的目的是针对国家贸易企业而非国有企业。见 *China - Measures Concerning Trade in Goods and Services：Request for Consultations by the European Union*，WT/DS610/1，G/L/1426G/TFA/D4/1，G/SPS/GEN/1988 S/L/435. 31 January 2022. https：//docs. wto. org/dol2fe/Pages/SS/directdoc. aspx? fil-ename = q：/WT/DS/610 - 1. pdf&Open = True，2022 年 4 月 10 日查阅。

业。例如，美国诉中国的 DS363 案[①]的主要内容之一是美国指控中国不允许非国有企业经营音像制品、电影和出版物的进口业务，违反了《中国加入 WTO 议定书》的承诺，即把垄断经营权授予国有企业。但按照相关承诺，即使把垄断经营权授予一部分非国有企业，也同样是违反议定书承诺的。因此，该案件并非专门针对国有企业的案件。与此类似，美国起诉中国的 DS413 案[②]涉及的银联也是一家国有企业，但起诉的核心内容是中国授予银联人民币银行卡结算的垄断经营权违反了 WTO 的服务贸易协定。这与银联的所有制性质其实没有关系。

不过，从被诉频率较低的事实并不能简单地得出履约情况更好的结论，被诉案件没有一起专门针对国有企业，更不能说明与国有企业相关的履约情况完全无可挑剔。造成被诉频率偏低的一个原因是，针对他们认为的中国国有企业违反《补贴与反补贴措施协定》的情况，美国和欧盟采取的行动是按照《补贴与反补贴措施协定》发起反补贴调查，而不是直接诉诸 WTO 争端解决机制。

据车路遥（2022）统计，从 2001 年到 2021 年 6 月，中国出口商一共遇到 193 起反补贴调查，其中美国发起 103 起，欧盟发起 17 起，其余来自加拿大（28）、澳大利亚（21）、印度（9）以及其他 11 个 WTO 成员方。在美国发起的 103 起调查中，有 20 起或者被美国调查当局发现不符合反补贴条件，或者已经过期，另外 83 起符合

---

① 详见 https：//www. wto. org/english/tratop _ e/dispu _ e/cases _ e/ds363 _ e. htm 以及 Wu Yingying（2019，第164—165页）。
② 详见 https：//www. wto. org/english/tratop _ e/dispu _ e/cases _ e/ds413 _ e. htm 以及 Wu Yingying（2019，第167—168页）。

反补贴条件。这83起案件几乎都涉及第四章所述的公共机构问题，也就是说，都与国有企业有关。至于欧盟的17起调查，其中11起符合反补贴条件，而这11起也都涉及公共机构问题。换句话说，美国和欧盟针对中国国有企业采取的主要措施是反补贴调查，而这些调查几乎都涉及公共机构问题，即国有企业向其他企业提供补贴而不是接受补贴的问题。

当然，这些单边发起的反补贴调查和后续行动并不一定符合WTO规则。如果中国认为某一反补贴调查违反WTO规则，就可以将对方起诉到WTO的争端解决机制。中国起诉的案件有一些就属于这种情况。所以，这些案件虽然在法律形式上是中国起诉对方，但内容上是由于对方首先通过反补贴调查挑战中国。由于这个原因，在WTO争端解决机制框架内关于中国国有企业的争端，很多是发生在中国起诉而不是被诉的案件中。

需要说明的是，在WTO争端解决机制中，如果一方因为另一方对自己的出口产品发起反补贴调查而起诉对方，要求WTO成立专家组进行调查，那么WTO成立的专家组的任务是确认发起反补贴调查一方的调查当局开展的调查是否符合其WTO义务，而不是对事情本身展开一次新的调查。比如，如果美国在一项反补贴调查中认定中国的某国有企业属于《补贴与反补贴措施协定》所称的公共机构，中国不接受，要求WTO成立专家组进行调查。这时，专家组的任务不是自己开展一次调查来判定这家国有企业是不是公共机构，而是考察美国调查当局的调查过程，判定该调查是否符合WTO规则。同样，如果专家组得出调查结论后中国不予接受，诉诸WTO上诉机构，上诉机构的任务也不是自己开展一次新的调查来判定这家国有企业是否为公共机构，而是考察专家组的调查过程，判定专家组的结论（从而判定美国调查当局的调查过程和结论）是否成立。

中国作为起诉方参与的第一起案件是WTO上诉机构于2003年裁决的一起案件，即"美国对特定钢制品采取的特定保障措施案"（DS252案），与中国一起起诉美国的还有欧盟、日本、韩国、瑞士、挪威等成员方。[①] 此后，中国起诉的第二起案件（DS368案）是美国于2007年对中国出口美国的铜版纸发起的反补贴调查，这也是美国对中国发起的第一起反补贴调查。这起案件就涉及中国国有企业和国有银行。

中国起诉的第三起案件就是第四章提到的著名的"双反案"，全称是"美国诉来自中国的特定产品的反倾销和反补贴措施案"（DS379案）。此案涉及中国企业出口到美国的四种产品：标准钢管、矩形钢管、复合编织袋和非公路用轮胎。整个案件的时间线如下：

● 2007年7—8月，美国对这四种产品分别发起反倾销、反补贴调查。

● 2008年6—7月，美国商务部对四种产品分别做出加征反倾销税和反补贴税的决定。

● 2008年12月9日，中国向WTO争端解决机制提起申诉，要求就美国商务部采取的"双反"措施进行调查。

● 2009年3月4日，WTO应中国要求成立专家组展开调查。

● 2010年10月22日，专家组发布调查报告，拒绝支持中国的

---

① 见 https：//www.wto.org/english/tratop_e/dispu_e/cases_e/ds252_e.htm，2004年4月24日查阅。

大部分主张。

- 2010 年 12 月 1 日，中国向 WTO 上诉机构提起上诉。

- 2011 年 3 月 11 日，上诉机构做出裁决，在两个关键问题上推翻了专家组的结论，支持了中国的主张，中国胜诉。这两个关键问题之一就是第四章介绍的公共机构问题。

这起案件的专家组报告和上诉机构的裁决报告合计近 600 页，包括控辩双方、参与发表意见的第三方、专家组和上诉机构对 WTO 相关规则的解读、对案件涉及事实的辨析，以及对相关规则如何应用的论辩。到目前为止，对这一案件的介绍和研究主要关注的是公共机构问题，因为正是在这起案件中，WTO 上诉机构第一次对公共机构的含义做出了里程碑式的解释。但是，这起案件涉及的范围其实不止公共机构问题，还包括补贴专向性的认定问题和利益授予存在性和规模的计算基准问题。

"双反案"之后，另一起与中国国有企业相关的 WTO 诉讼是 DS437 案。DS437 案的全称是"美国对来自中国的特定产品的反补贴措施案"，涉及美国商务部在 2007—2012 年对中国出口产品发起的 17 项反补贴调查①，详见表 5.1。

这起案件的诉讼过程比较复杂，从 2012 年 5 月 25 日中国要求磋商开始，到 2022 年 1 月 26 日最后一份仲裁报告发布，前后持续十年。② 就 WTO 专家组和上诉机构参与的诉讼过程来说，可以分为两个阶段。第一阶段，WTO 专家组应中国要求于 2012 年 11 月 26 日

---

① Paragraph 7. 1. WTO Panel 2014.

② https：//www. wto. org/english/tratop_e/dispu_e/cases_e/ds437_e. htm，2024 年 5 月 13 日查阅。

表 5.1 DS437 案涉及的美国对中国产品发起的 17 项反补贴调查一览

序号	简称	全称
1	热敏纸	轻质热敏纸调查 C – 570 – 921
2	压力管	圆形焊接奥氏体不锈钢压力管调查 C – 570 – 931
3	线管	特定圆形焊接碳素钢管线管调查 C – 570 – 936
4	柠檬酸	柠檬酸和特定柠檬酸盐调查 C – 570 – 938
5	草坪修剪机	特定拖车在后型草坪修剪机及其部件调查 C – 570 – 940
6	厨房架	特定厨房用具搁架和架子调查 C – 570 – 942
7	石油管材	特定石油工业管材调查 C – 570 – 944
8	绞线	预应力混凝土钢丝绞线调查 C – 570 – 946
9	镁碳砖	特定镁碳砖调查 C – 570 – 955
10	无缝钢管	特定无缝碳钢和合金钢标准管、管线管和压力管调查 C – 570 – 957
11	图形打印	特定适于单张印刷机打印高质量图形的涂料纸调查 C – 570 – 959
12	钻杆	钻杆调查 C – 570 – 966
13	铝型材	铝型材调查 C – 570 – 968
14	高压钢瓶	高压钢瓶调查 C – 570 – 978
15	太阳能板	晶体硅光伏电池（无论是否组装成模块）的调查 C – 570 – 980
16	风塔	公用事业规模风塔调查 C – 570 – 982
17	钢水槽	拉制不锈钢水槽调查 C – 570 – 984

资料来源：Paragraph 7.1，WTO Panel 2014。

成立，2014 年 7 月 14 日发布报告。中美双方均就调查结果提起上诉，上诉机构于 2014 年 12 月 18 日做出裁决。在执行裁决的过程中，中国就美国的特定措施再次要求 WTO 调查，WTO 于 2016 年 10 月 5 日再次成立专家组，专家组报告于 2018 年 3 月 21 日发布。中美双方再次就调查结果提起上诉，上诉机构于 2019 年 7 月 16 日做出裁决。因为中国第二次起诉的依据之一是 WTO《关于争端解决规则与程序的谅解》（Understanding on Rules and Procedures Governing the Settlement of Disputes）第 21.5 条，所以第二阶段的诉讼也被称为"DS437（第 21.5 条）案"。

除此之外，在公共机构问题上，上诉机构于 2014 年 12 月 8 日裁决的 DS436 案介于 DS379 案和 DS437 案两起案件之间，也非常重要。DS436 案涉及印度的一家国有企业，全称是"美国对来自印度的特定热轧碳钢扁平轧材产品的反补贴措施案"。

本章主要介绍 DS379 案（"双反案"）和 DS437 案两起案件中涉及国有企业的部分①，以此说明《补贴与反补贴措施协定》的相关规则运用于中国国有企业的过程，同时在必要的时候联系 DS268 案和 DS436 案的相关情况。不过，在此之前，有必要介绍一下两起案件都涉及的三个基本问题的由来，这三个问题是：公共机构认定、利益授予的认定和计算基准、补贴专向性认定。

1. 公共机构认定

公共机构认定问题涉及《补贴与反补贴措施协定》第 1.1 条，其条文在第四章已有介绍。在两起案件中，美国都认定向涉案出口企业提供投入品的一些国有企业属于第 1.1 条所说的"公共机构"，在 DS379 案中向涉案出口企业提供贷款的国有银行也属于"公共机构"。按照第 1.1(a)(1) 条第（iii）段和第（i）段，一旦这些国有企业和国有银行被认定为公共机构，它们向涉案出口企业提供投入

---

① 两起案件都包括很多其他内容。例如，在 DS379 案中，中国指控美国对同一种产品同时采取反倾销和反补贴措施是"双重救济"（double remedies）。WTO 上诉机构最后支持了中国的这一主张。因这一问题与国有企业没有直接关系，本节不做介绍。

品和贷款的行为就属于政府向这些出口企业提供财务资助的行为。如果进一步判断这些财务资助存在利益授予，则属于补贴；如果再进一步判断这些补贴具有专向性，则属于"可反（countervailable）补贴"。如果这三个认定都成立，反补贴措施就等于成立了。所以，这些国有企业和国有银行能不能被认定为公共机构，是双方争论的关键。

在两起案件中，争论都涉及两个方面：一是法律标准，即第1.1条中"公共机构"的含义究竟应该如何解释；二是法律运用，即美国调查当局在对中国国有企业和国有银行做出认定时，是否正确运用了法律。

2. 利益授予的认定和计算基准

如果涉案国有企业或国有银行被认定为公共机构，它们向出口企业提供的投入品和贷款就会被认定为政府提供的财务资助，但这还不等同于补贴。补贴存在的另一个条件是第1.1（b）条所说的，财务资助中包含利益授予。如何认定一项财务资助是否包含利益授予以及如何计算包含了多少利益授予呢？法律依据是第四章介绍的《补贴与反补贴措施协定》第14条。具体来说，认定国有企业向出口企业提供的投入品中是否包含利益授予以及计算利益授予的规模，依据的是第14（d）条；关于国有银行的贷款，依据的是第14（b）条。

在国有企业提供投入品的场合，关键是确定报酬的"适当性"，也就是说，国有企业向出口企业提供投入品后，"提供之所得"是否"低于适当报酬"（less than adequate remuneration）。所以，确定适当性其实就是比较这二者。"提供之所得"当然就是国有企业出售投入品的价格。那么什么是"适当报酬"呢？第14（d）条提出，报酬是否适当"应与所涉货物或服务在提供国或购买国通行市场情况相比较后确定"。从字面上理解，比如说一家中国国有企业向出口企业提供了钢材，价格是否"低于适当报酬"应该与中国钢材市场的情况比较后确定。换句话说，中国本地钢材市场价格应是比较和计算的基准。

但是，在以前的一起类似案件（DS257 案[①]）中，上诉机构已经做出裁决，涉案货物所在国家的本地市场价格并非唯一的基准。如果将之视为唯一基准，会与《补贴与反补贴措施协定》第 14 (d) 条的目的背道而驰。不过，可以不使用本地市场价格作为基准的情况也是有限的。那么，在什么情况下应该抛开所在国本地的市场价格去其他国家寻找基准呢？上诉机构在案件裁决中指出，如果能够确定，由于政府在相关市场上是同一种或类似货物的具有主导地位的供应者并导致了私人价格被扭曲，就应该到其他国家寻找基准。特别是，当政府的主导地位达到如此程度，以致同一种或类似货物的私人供应者的价格事实上由政府决定的时候，第 14（d）条所期望进行的比较就会变成政府自己决定的价格之间的"循环"比较，从而失去意义。[②]

WTO 上诉机构的这个法律解释是可以理解的。比如，政府向某个企业提供的某种货物收费 90 元，而本地通行的市场条件下企业购买该货物需要支付的价格也是 90 元，看上去不存在任何利益授予。但是，如果在本地市场上政府本身就是居于主导地位的供应者，90

---

① 该案全称是 DS257：United States – Final Countervailing Duty Determination with Respect to Certain Softwood Lumber from Canada。见 https：//www.wto.org/english/tratop_e/dispu_e/cases_e/ds257_e.htm，2024 年 5 月 13 日查阅。

② Paragraphs 438，439，444. WTO Appellate Body 2011.

元的本地市场价格本身就是由政府主导形成的，那么，把两个 90 元的价格放在一起对比，就是把实质上由政府自己决定的两个价格加以比较。这种比较当然永远不能说明有利益授予存在。

这里涉及的核心概念是价格"扭曲"。究竟什么叫作价格扭曲？第一章说过，世界贸易体系是基于自由市场经济模式创立的。价格扭曲也是以自由市场经济为基础的概念。简单来说，在一个自由市场经济体系中，价格是没有被扭曲的。如果其他力量介入，破坏了自由市场价格的形成机制，价格就会被扭曲。这样的力量包括各种形式的反竞争力量，例如垄断势力的运用，也包括政府作为价格监管者或作为市场参与者的介入。

被政府干预扭曲的价格和自由市场竞争中形成的私人价格有什么区别呢？根本的区别在于，被政府干预扭曲的价格不再具有经济含义。自由市场竞争形成的价格具有经济含义，因为这样的价格信号中携带了两种信息，一是消费者偏好，二是资源稀缺程度。经济学的基本原理是，自由市场经济中的价格是由需求和供给共同决定的。一个货物的价格是 100 元，是因为需求方按 100 元购买，同时供给方也愿意按 100 元出售。从需求方面来说，消费者对一项商品或服务愿意支付的价格取决于两个因素，一是这项商品和服务对他来说有多重要、多需要、多喜欢，即他的偏好，二是他可以支配的收入，或他的预算约束。从供给方面来说，这项商品或服务的生产者愿意用什么价格出售该商品或服务，取决于他在生产中使用的各种投入（包括劳动和资本）的价格，也就是他的总投入或总成本，以及所谓的"技术"，即按他掌握的技术水平，多少投入可以转化为多少产出。这些因素归结起来，各种投入的价格反映了经济中各种资源的稀缺程度。消费者做决策时，追求的是效用最大化，即尽可能满足自己的偏好；生产者做决策时，追求的是利润最大化，即总产出减去各类投入（包括资本的成本）之后，盈余能够最大化。简单来说，这就是通过自由市场竞争形成的价格的经济含义。

但是，所有这些对政府都是不适用的。政府和私人消费者、生产者都不一样，比如政府有征税的权力、监管的权力，政府也不一定非要追求效用最大化、利润最大化。所以，如果政府无论作为买方还是卖方参与市场活动，当其市场份额大到一定程度时，形成的价格就会失去应有的经济含义。至于政府计划机构通过自己的"计算"而制定的计划价格，更是可以不顾市场力量。WTO上诉机构之所以认为，如果本地价格被政府干预扭曲，调查当局可以寻找非本地价格作为计算基准，其经济学依据就在于此。

所以，在DS379案和DS437案中，争论的第二个基本问题就是中国市场的本地价格能不能作为计算利益授予的基准。其中也涉及对第14（d）条的法律解释和法律运用两个方面。

利率是贷款的价格。以上所述的基本原理对国有银行贷款也适用。在DS379案中，中国贷款市场的本地利率能否作为计算基准也是争论的一个基本问题。

3. 补贴专向性认定

两起案件都涉及的第三个基本问题是补贴专向性的认定。如前所述，要证明一项财务资助是可诉补贴，不仅需要证明其中包含利益授予，而且需要证明该补贴具有专向性。认定补贴专向性的法律依据是第四章介绍的《补贴与反补贴措施协定》第2.1条和第2.2条。如第四章所述，这些条款覆盖了三种专向性，分别被称为法律专向性［第2.1（a）、（b）条］、事实专向性［第2.1（c）条］和地域专向性（第2.2条）。在诉讼过程中，也都涉及法律标准和法律运用两个方面的问题。

二、DS379案（"双反案"）

在DS379案覆盖的四起反补贴调查中，美国的主要指控或认定如下：

（1）热轧钢板：在关于标准钢管和矩形钢管的调查中，美国商务部认定，

a. 中国政府通过国有企业向两种产品的特定生产者提供的热轧钢板构成"可反补贴"；

b. 为了确定此种补贴的存在性及其中包含的利益授予的规模，中国的私人价格不能作为基准，因此，在确定利益授予时，有必要使用其他的基准。

（2）优惠贷款：在关于标准钢管、矩形钢管和轮胎的调查中，美国商务部认定，

c. 中国的政策性银行和国有商业银行提供的优惠贷款构成具有法律专向性的补贴；

d. 为了确定这些贷款所包含的利益授予的存在性和规模，中国的银行使用的利率不适合作为基准，因此，有必要构造一个近似利率（proxy）作为基准。

（3）土地使用权：在关于编织袋的调查中，美国商务部认定，

e. 政府提供的土地使用权构成具有地域专向性的补贴；

f. 为了确定其中包含的利益授予的存在性和规模，使用了在别国获取的基准。

（4）公共机构：在所有四项调查中，美国商务部认定，向被调查的出口企业提供投入品的各个国有企业都应被认定为公共机构，在关于轮胎的调查中向出口企业提供贷款的国有商业银行也应被认定为公共机构。

中国要求 WTO 专家组驳回美国的所有上述指控。WTO 专家组的调查结果是：

● 在公共机构问题上，专家组支持了美国的立场。

● 在利益授予的计算基准问题上，专家组支持了美国的立场。

● 在补贴专向性问题上，专家组发现在编织袋调查中，美国商务部认定政府提供的土地使用权构成具有地域专向性的补贴不符合《补贴与反补贴措施协定》第 2 条的规定。在其他问题上，专家组也都支持了美国的立场。

中国不接受专家组的调查结果，诉诸 WTO 上诉机构，上诉机构裁决的情况如下。

1. 公共机构问题

关于公共机构的法律解释，即《补贴与反补贴措施协定》第 1.1 条中公共机构的含义，美国主张按"多数所有权规则"来界定，也就是说，政府以多数股权拥有的国有企业，包括国有银行，应该被定义为公共机构。[1] 这一立场得到了对此案进行调查的 WTO 专家组的支持。与此相反，中国认为，"公共机构的决定性特征是为了履行政府性职能而行使政府赋予它的权力"。[2] 但美国坚持认为，

---

① Paragraph 277. WTO Appellate Body 2011.

② Paragraph 279. WTO Appellate Body 2011.

"公共机构"这一术语的意思是一个受政府控制的实体，该实体不一定限于中国所说的被赋予政府权力去履行政府职能的实体。[1] 上诉机构最后的裁决是，公共机构是一个拥有、行使或被赋予政府权力的机构。这个结论否定了美国和支持美国立场的专家组的观点，支持了中国的观点。

具体来说，上诉机构认为[2]，第1.1(a)(1)条通过两种方式定义和认定了构成财务资助的政府性行为：一是列举相关的行为，二是认定特定实体以及在何种情况下这些实体的行为将会被认为是政府行为，从而构成财务资助。实体分为两个大类：一是"政府或公共机构"，统称为"政府"，二是"私营机构"。如果实体是政府性的，其行为属于该条第(i)-(iii)段以及第(iv)段前半部分列举的范围，则可以判定财务资助的存在。如果实体不是政府性的，而是私营机构，要确立财务资助的存在，就不仅需要证据证明其行为属于第(i)-(iii)段的范围，而且多了一个额外要求，就是必须证明政府或公共机构给予其委托或指挥。所以，上诉机构认为，第1.1(a)(1)(iv)条留出了公共机构委托或指挥私营机构采取第(i)-(iii)段所列举的行为的可能性。[3] 而公共机构要能够委托或指挥私营机构采取这些行为，根据"委托"或"指挥"的定义，公共机构自己必须具有政府性的权力和责任。[4] 上诉机构特别指出，上述第（ii）段所指的行为，即放弃或未征收在其他情况下应征收的政府税收，是主权职能的一个有机组成

---

① Paragraph 51. WTO Appellate Body 2011.
② Paragraph 284. WTO Appellate Body 2011.
③ Paragraph 293. WTO Appellate Body 2011.
④ Paragraph 294. WTO Appellate Body 2011.

部分。这一事实进一步支持了公共机构必须具有政府性权力和责任的论点。[1]

最后，上诉机构得出了如下结论[2]：

> 我们认为"公共机构"的概念与"政府"概念有一些共通之处。《补贴与反补贴措施协定》第1.1(a)(1)条所称的公共机构必须是一个拥有、行使或被赋予政府权力的实体。但是，正如没有两个政府完全相同一样，公共机构的确切轮廓和特征肯定会因机构、国家、案例而有所不同。专家组或调查当局要确定一个属于第1.1(a)(1)条范围的行为主体是否属于公共机构，必须对该主体的核心特征及其与狭义政府的关系进行充分评估。

> 在有些情况下，比如法律或其他法律文件明确对相关实体赋予权力，可以很直截了当地确定该实体是一个公共机构。在其他情况下，情况可能不那么清楚，挑战可能更复杂。一个实体的一些特征可能表明它是一个公共机构，另一些特征可能表明它是一个私营机构。例如，我们不认为明确的法律授权不存在这一事实本身就可以决定某一实体不能被认定为公共机构。重要的是该实体是否被赋予权力来行使政府职能，而不是如何被赋予了此种权力。狭义的政府有很多种方式赋予其他实体以权力。所以，证明一个特定实体已经被赋予权力的相关证据可以有很多种类。一个实体实际上正在行使政

---

[1] Paragraph 296. WTO Appellate Body 2011.

[2] Paragraphs 317 –318. WTO Appellate Body 2011.

府职能的证据可作为其拥有或已被授予政府权力的证据，特别是当此类证据表明该实体存在持续和系统的实践时。所以，在我们看来，在某些情况下，证明政府对一个实体及其行为实施有意义控制的证据，可以作为相关实体拥有政府权力并在履行政府职能时行使这种权力的证据。但是，我们强调，除了通过法律文件明确地下放权力，一个实体与政府之间仅存在狭义的、形式上的联系，不大可能足以证明该实体一定掌握政府权力这样的事实。所以，例如，仅仅因为政府是一个实体的多数股东，不能证明政府对该实体的行为实施了有意义的控制，更不能证明政府赋予了该实体政府权力。但是，在有些场合，有证据表明，政府控制的正式标志是多方面的，而且有证据表明这种控制已经以有意义的方式进行，这种情况下，可以依据这些证据做出推断，即该实体是在行使政府权力。[①]

上诉机构这一结论的意义首先在于确立了一个判断标准，即公共机构必须是一个拥有、行使或被赋予政府权力的实体。这也就否定了那种认为只要政府在其中拥有多数所有权或控制权就可以被认定为公共机构的判断标准。其次，上诉机构的裁决也提出了判断的方法，即必须对一个实体的核心特征及其与狭义政府的关系进行充分评估，以便确定该实体是不是一个拥有、行使或被赋予政府权力的实体。何为"充分评估"？其核心问题是：什么样的证据足以证明一个实体拥有、行使或被赋予了政

---

① Paragraphs 318, 51. WTO Appellate Body 2011.

府权力？对此，上诉机构在以上论述中提出的主要观点可以梳理如下：

- 如果有明确的法律或法律文件赋予一个实体以政府权力，那么事情比较简单，可以直截了当地确定该实体是一个公共机构。但是，没有这样的授权并不能证明该实体不是公共机构。

- 狭义的政府有多种方式赋予一个实体政府权力，所以证明一个实体已经被赋予此种权力的证据可以有很多种类。

- 其中，如果有证据证明一个实体正在行使政府职能，特别是该实体持续地、系统地行使政府职能，那么这样的证据可以证明该实体拥有了政府权力。

- 所以，在某些情况下，如果有证据证明政府对一个实体及其行为实施了有意义的控制，则这样的证据也可以证明该实体拥有政府权力。

- 但是，仅仅因为政府是一个实体的多数股东不能证明政府对该实体的行为实施了有意义的控制，更不能证明政府赋予了该实体政府权力。

- 但是，在有些场合，政府控制可以有多方面的正式的标志，以至于可以依据一些证据推断，对该实体的有意义的政府控制已经存在，该实体已经在行使政府权力。

上诉机构的上述解释澄清了法律标准。那么，按照这个标准，美国调查当局把中国的相关国有企业和国有商业银行认定为公共机构是否违反《补贴与反补贴措施协定》呢？在这个问题上，上诉机构并没有完全接受中国的立场。

关于向出口企业供货的涉案国有企业，上诉机构认为美国将它们认定为公共机构不符合《补贴与反补贴措施协定》。上诉机构认为，要确定它们是不是公共机构，必须评估它们的核心特征以及它们与狭义政府之间的关系。而美国调查当局所做的仅仅是收集并依据政府在这些企业的多数所有权的信息，并没有要求中国提供更多信息，而在上诉机构看来，仅仅是政府在这些企业拥有多数所有权，而没有其他证据，并不足以证明存在有意义的控制，不能认定这些国有企业被赋予了政府权力去行使政府职能。①

关于向轮胎出口企业贷款的涉案国有商业银行，上诉机构则认为美国把它们认定为公共机构没有违反《补贴与反补贴措施协定》。美国的认定以 2007 年对中国铜版纸发起的反补贴调查，即 DS368 案为基础。在那次调查中，美国已经认定中国的国有商业银行为公共机构。在这次关于轮胎的调查中，美国的根据是，中国方面没有能够提供足够证据证明国有商业银行的情况与铜版纸案中描述的情况已经有根本不同，所以铜版纸案中的调查结论仍然适用。上诉机构接受了这个论辩。上诉机构认为，美国在铜版纸案调查中就国有商业银行和政府的关系收集了广泛证据并进行了讨论，其中包括政府对国有商业银行实施有意义的控制、后者行使政府职能的证据。在轮胎案调查中，美国也考虑了其他证据，证明国有商业银行被要求支持中国的产业政策。所以，上诉机构认为，有足够的证据证明这些国有商业银行行使政府职能，美国把它们认定为公共机构并无不妥。②

在铜版纸案调查中，美国把中国的国有商业银行认定为公共机

---

① Paragraphs 345，346. WTO Appellate Body 2011.
② Paragraphs 354，355. WTO Appellate Body 2011.

构的主要理由有以下几条①：

- 中国的银行业几乎完全为政府所有。
- 中国的《商业银行法》第三十四条要求商业银行"根据国民经济和社会发展的需要，在国家产业政策指导下开展贷款业务"。
- 在案证据表明国有商业银行仍然缺乏充分的风险管理和分析技能。
- 在调查期间，调查当局没有收到必要证据，能以一种全面综合的方式说明，给造纸行业的贷款从申请到发放再到评估的全过程。

在轮胎案调查中，美国还收集了其他的证据，例如，中国银行的上市文件中称政府鼓励商业银行按政府政策限制对某些行业的借款人的贷款；一份 OECD 报告称国有商业银行的高层管理人员由政府任命，而且党对任命人选有很大的影响力；国际货币基金组织的一篇工作论文也论证了国有商业银行被要求支持国家产业政策的观点等。②

在上诉机构对公共机构含义做出的裁决中，它提出的"有意义的控制"的观点非常接近于它否定的美国以政府多数所有权和控制作为判断标准的观点。作为"双反案"（DS379 案）的被告，美国为执行上诉机构的裁决，于 2012 年 5 月 18 日由美国商务部发布了《执行上诉机构在 DS379 案中的裁决：关于中国的"公共机构"问题的分析报告》（以下简称《分析报告》），系统阐述了在 DS379 案判决之后，美国关于中国国有企业法律定性的看法。其中，美国商务部根据

① Paragraph 349. WTO Appellate Body 2011.
② Paragraphs 350，351. WTO Appellate Body 2011.

上诉机构提出的"有意义的控制"原则,认为所有中国国有独资或控股企业都是"公共机构";所有国资参股但需要执行中国政府产业政策的企业都可以被认定为"公共机构";拥有很少或没有国有股份的企业,只要美国商务部认为中国政府对该企业实施了"有意义的控制",也可能成为"公共机构"。《分析报告》从五个方面详细论证了中国政府对国有企业实施"有意义的控制"的观点,并以此得出中国国有企业拥有或被赋予政府权力进而属于"公共机构"的结论(徐程锦和顾宾,2016)。

2014 年,WTO 上诉机构审理了美国和印度之间发生的 DS436案,即"美国对来自印度的特定热轧碳钢扁平轧材产品反补贴措施案",否定了美国的观点,即把公共机构曲解为任何被政府实施"有意义的控制"的实体。

DS436 案的一个主要诉因是美国反补贴调查当局把印度一家国有企业,即印度国家矿产开发公司(National Mining Development Corporation,以下简称 NMDC)认定为公共机构。NMDC 的 98% 的股权由印度政府持有;在公司董事会的 13 位董事中,2 位董事由印度政府直接任命,7 位董事的任职须获得印度政府批准。[1] 另外,该公司的官方网站上明确写道:"印度国家矿产开发公司接受印度政府钢铁和矿产部钢铁司的行政控制。"[2] 在初审阶段,WTO 专家组支持了美国调查当局的结论,依据上诉机构在"双反案"中提出的"有意义的控制"理论,认为将 NMDC 认定为公共机构是适当的。但是,上诉机构于 2014 年 12 月 8 日发布的 DS436 案裁决报告驳回

---

① Paragraph 4.33. WTO Appellate Body 2014A.

② Paragraph 4.35. WTO Appellate Body 2014A.

了专家组的初审裁决。①

在上诉过程中，美国主张，依据上诉机构在 DS379 案中对"公共机构"法律含义的解释，当存在政府对国有企业的"有意义的控制"时，调查当局不需要再判断该企业是否行使政府权力。一个受政府控制的国有企业，比如政府可以像使用自己的资源一样使用其资源的国有企业，即属于《补贴与反补贴措施协定》所称的"公共机构"，无论该企业是否拥有政府权力，无论该企业是否为履行政府职能而行使此种权力。② 上诉机构否决了这一立场以及专家组对这一立场的支持。上诉机构称，实体法律标准（substantive standard）和证据标准（evidentiary standard）之间的界限不能混淆。上诉机构认为，支持美国立场的专家组没有区分以下二者的界线：一方面是存在政府对某一实体的控制，另一方面是"有意义的控制"。结果，专家组没有去分析印度政府是否在事实上行使了它对 NMDC 的控制以及它的行为，也没有去评估美国商务部是否已经充分地证明 NMDC "拥有、行使或被赋予了政府权力"，因而是一个公共机构。③ 比如，专家组引用的证据，包括印度政府的股权、任命董事的权力以及行政控制的表述，更恰当地说，仅构成"控制的形式标志"。这些证据与认定公共机构相关，但并不足以决定 NMDC 构成公共机构。尽管印度政府具有控制 NMDC 的能力，但专家组并未分析印度政府事实上在多大程度上行使了对 NMDC 及其行为的"有意义的控制"。④ 再如，专家组没

---

① Paragraph 4. 55. WTO Appellate Body 2014A.

② Paragraph 4. 6. WTO Appellate Body 2014A.

③ Paragraph 4. 37. WTO Appellate Body 2014A.

④ Paragraph 4. 43. WTO Appellate Body 2014A.

有恰当考虑印度提出的 NMDC 享有经营自主权的证据。这里所说的印度提出的证据是指，印度政府称，NMDC 拥有日常经营的自由，印度政府的指令或政策没有影响 NMDC 的交易或定价决策。[①] 上诉机构认为这些证据与分析印度政府对 NMDC 的控制程度和 NMDC 的独立自主程度是直接相关的[②]，不应被忽略（徐程锦和顾宾，2016）。

2. 利益授予的认定和计算基准

在标准钢管和矩形钢管的调查中，美国调查当局认为，在中国热轧钢板市场上，中国政府通过国有企业占有绝对优势（96.1%）的份额，因此，要认定利益授予是否存在以及利益授予的规模有多大，中国本地的市场价格不能作为基准，美国因此选择了世界市场上的钢板价格作为基准。[③] 美国的依据是，根据 WTO 上诉机构在 DS257 案中的裁决，如果在一种货物的市场上，政府是居于主导地位的供应者，则该市场上产生的该种货物的价格不能作为确定利益授予是否存在并计算其规模的基准。专家组支持了美国的这一立场。中国不接受这一结论，提出上诉。

这一问题涉及对前述《补贴与反补贴措施协定》第 14(d) 条的法律解释。针对中国的上诉，上诉机构首先确认，专家组对上诉机构在此前的类似案件中的裁决的解读没有错误。如果有证据证明政府在相关市场上是同一种或类似货物的具有主导地位的供应者，该证据就可能证明私人价格已经被扭曲。是否确实被扭曲，取决于具

---

① Paragraph 4. 40. WTO Appellate Body 2014A.

② Paragraph 4. 44. WTO Appellate Body 2014A.

③ Paragraph 429. WTO Appellate Body 2011.

体情况，不能一概而论，必须对每个案件的证据进行全面的具体分析。因此，上诉机构对《补贴与反补贴措施协定》第 14 (d) 条的解释是，如果调查当局得出结论认为，本地（即被调查国）私人价格已经由于政府作为市场上居于主导地位的供应者的参与而被扭曲，从而使得该条所要求的比较成为循环比较，则可以拒绝把这些价格作为基准。所以，允许调查当局拒绝使用本地私人价格作为基准的理由，不是政府作为居于主导地位的供应者本身，而是价格扭曲。①

关于法律适用，中国上诉的主要理由是，美国调查当局仅仅依据政府在市场上的主导地位这一条证据就拒绝使用本地价格作为基准，没有考虑其他因素，而专家组支持了美国的这一做法，不符合上诉机构对《补贴与反补贴措施协定》第 14 (d) 条的解释。对此，上诉机构没有采纳。上诉机构认为，美国调查当局考虑了其他方面的证据。虽然美国的考虑确实比较粗略，但这种做法也是可以接受的，因为政府在热轧钢板市场上 96.1% 的市场份额已经非常接近于此种货物的唯一供应者。在这种情况下，政府可能具有足够的市场力量，通过自己的定价策略来影响私人供应者，使其价格与政府的价格保持一致。所以，这种情况下其他证据在决定价格扭曲方面的重要性相应地下降了。综合考虑，上诉机构认为专家组支持美国的立场是适当的。②

关于利益授予的认定和规模计算问题，中国提起争议的另一事项是，在标准钢管、矩形钢管和轮胎调查中，美国调查当局为了确

---

① Paragraphs 445, 446. WTO Appellate Body 2011.

② Paragraphs 455, 456. WTO Appellate Body 2011.

定中国的国有商业银行给涉案出口企业提供的贷款是否包含利益授予以及利益授予的规模，认定中国的商业银行使用的利率不适合作为基准，有必要构造一个近似利率作为基准。WTO 专家组支持了美国的这一做法。

这一问题涉及前述《补贴与反补贴措施协定》第 14(b) 条的法律解释。中国认为，按照该条规定，作为基准的贷款利率必须满足三个条件：一是可比的，二是商业性的，三是获得政府贷款的企业在市场上实际可以获得的。按照中国的这个解释，作为基准的贷款利率至少必须是人民币贷款的利率，因而只能在中国的贷款市场上获取。专家组提出的法律解释是，在理想状态下，用作基准的贷款，应该是在大体同一时间发放给同一借款企业的一笔与政府贷款在规模、期限、结构等方面都类似的同一币种的贷款。但是，这样的基准在实践中是极其罕见的。因此，其他与政府贷款相似性更有限的基准也应该被允许使用。上诉机构支持了专家组的这一解释。[①]

上诉机构指出，一笔贷款包含利益授予的核心概念是，获得贷款的条件（如需要支付的利率）在市场上是找不到的。与此相关的"商业性"的概念与贷款发放者的身份无关，不能认为政府发放的贷款就一定不是商业性的。至于"实际可以获得的"，上诉机构认为这里强调的是借款人的风险特征。所以，综合来看，上诉机构认为，第 14(b) 条不排除下述可能性，即用作基准的利率是一些商业贷款的利率，这些贷款不是借款企业所在市场实际可以获得的贷款，而是（例如）其他市场上可以

---

① Paragraph 476. WTO Appellate Body 2011.

获得的贷款，或者是为此而构建的近似利率。① 如果某一币种的贷款市场因政府干预而被扭曲，调查当局应该被允许使用"企业在该市场实际可以获得的可比商业贷款"之外的其他基准。但是，这样的基准必须尽可能逼近"企业在该市场实际可以获得的可比商业贷款"。②

关于法律适用，专家组区分了"政府干预"的概念：一是政府确定和执行货币政策的角色；二是政府作为放款人参与贷款市场，并且到一定程度时，决定贷款利率的是政府而不是市场力量。上诉机构首先支持了专家组的这一区分，认为第一种政府干预是所有贷款市场都具有的特征，而第二种政府干预则可以把一个竞争性的商业贷款市场变成一个扭曲的贷款市场，使其利率不能作为基准使用。③ 上诉机构认为，在此基础上，法律适用的中心问题在于，是否有证据和论证可以证明，中国政府通过参与人民币贷款市场和在货币政策之外干预该市场，事实上扭曲了利率。

对此，美国调查当局的回答是肯定的，其主要证据和论证来自一年前的铜版纸案调查。该案中，关于政府干预扭曲利率的主要根据是：

• 中国政府在银行业中的角色和对利率的影响，信息来源于国际机构如 OECD 和国际货币基金组织报告、中国法律、内部文件，以及中国各银行的公开报告；

• 贷款利率基本没有差异，大部分接近于政府确定的利率；

---

① Paragraph 480. WTO Appellate Body 2011.

② Paragraph 484. WTO Appellate Body 2011.

③ Paragraph 498. WTO Appellate Body 2011.

- 外资银行也和内资银行一样接受政府控制；
- 内资私营银行在贷款总额中占有很小份额。

专家组支持了美国的立场。专家组尤其指出，美国的结论并不是仅仅依据中国政府在贷款市场上的主导地位而得出的，而是综合考虑了各种其他证据后得出的，这些证据表明政府影响利率以及利率被扭曲。中国争辩说，按此前另一案件中上诉机构的裁决，为了证明利率扭曲，美国调查当局必须证明，中国政府的干预使利率比本应该达到的水平更低。但上诉机构认为，对该案件中上诉机构的相关裁决不能作出如此解释。

这样，上诉机构就确认美国调查当局可以抛开中国本地贷款利率，另外构建近似利率。接下来的问题是，美国调查当局在本案中实际上构建的近似利率是否合规？中国最初的立场是，美国构建的这一近似利率违反其 WTO 义务。专家组调查后否决了中国的立场。中国提出上诉后，上诉机构的结论是，对美国构建这一近似利率的方法，专家组没有进行足够严格的审议。因此，上诉机构推翻了专家组的否决。但上诉机构没有能够继续专家组没有进行的工作，完成对美国调查当局构建这一近似利率的合规性分析，理由是专家组没有给上诉机构留下任何新的事实发现。[①]

3. 补贴专向性认定

上诉过程还涉及补贴的法律专向性和地域专向性的认定问题，二者也都可以分为法律解释和法律适用两个方面。

关于法律专向性的法律解释，中国的立场是，《补贴与反补贴措施协定》关于补贴专向性的第 2.1(a) 条规定，"如授予机构或其

---

① Paragraphs 526, 527, 536. WTO Appellate Body 2011.

运作所根据的立法将补贴的获得明确限于特定企业，则此种补贴应属专向性补贴"。这里的"补贴"包括财务资助和利益授予两个要素。因此，反补贴调查当局要认定一项补贴具有法律专向性，必须有证据证明，补贴授予机构或其运作根据的立法将财务资助和利益授予两个因素的获得都"明确限于特定企业"。上诉机构没有支持中国的这一立场。上诉机构认为，只要有证据证明，获得财务资助和利益授予两个因素中的一个被明确限于特定企业，就足以确立法律专向性。①

在法律适用方面，中国的立场是，即便按上诉机构的上述解释，在轮胎案中，国有商业银行向轮胎出口企业贷款也不构成"明确限于特定企业"的补贴，因而美国调查当局将之认定为法律专向性补贴，且专家组支持美国的结论，都是错误的。这一立场也没有得到上诉机构的支持。上诉机构的理由是，美国调查当局和专家组考察了中国政府从中央到地方的一系列计划性文件，确认这些文件表明，轮胎行业是重点发展行业，所有金融机构都被指示向其提供金融支持。②

这里所谓从中央到地方的计划性文件，第一是于2006年制定的《国民经济和社会发展第十一个五年规划纲要》，其中要求重点发展汽车备件。第二是国务院于2005年发布的《促进产业结构调整暂行规定》，该规定提出制定《产业结构调整指导目录》，其中包括鼓励、限制、淘汰类产业以及不在此三类范围之内的被称为"允许类"的其余产业。在鼓励类产业中包括高级子午线轮胎的生产及其

---

① Paragraph 378. WTO Appellate Body 2011.
② Paragraph 400. WTO Appellate Body 2011.

相关材料和设备的生产。第三，与出口企业相关的省市的"十一五"规划文件明确提出对轮胎行业或特定轮胎生产企业提供政策支持。第四，地方各级政府必须贯彻落实中央政府的规划和政策，美国方面举出的一个例子是，国家经济贸易委员会在与"十五规划"相关的716号文件中，就向地方政府发出指示，而该指示的主题是非公路轮胎行业投资。上诉机构认为，美国调查当局综合研究了所有这些证据之后认定国有商业银行向轮胎出口企业的贷款明确限于特定企业，是可以成立的。中国辩称"允许类"产业和企业也可以获得贷款，"鼓励类"包括539个行业，很难称之为"特定企业"，但这些理由都没有被接受。

在这里，认定法律专向性的存在和认定补贴的存在是两个问题。上诉机构对《补贴与反补贴措施协定》第2.1（a）条的解释是，为了认定法律专向性的存在，不需要认定财务资助和利益授予同时存在，二者有一个存在即可。所以，从逻辑上说，一项具有法律专向性的财务资助存在但其中不包含利益授予的情况是可以发生的。

在关于编织袋的调查中，美国商务部认定中国政府向相关出口企业提供的土地使用权构成具有地域专向性的补贴。WTO专家组否决了美国的这一结论，但中国认为否决的理由不能接受，因此也要求上诉机构审议。

对此，专家组就两个问题做了法律解释。其一，《补贴与反补贴措施协定》第2.2条指出，"限于授予机构管辖范围内指定地理区域的特定企业的补贴属专向性补贴"，这是不是说，地域专向性要成立，补贴必须是限于该"指定地理区域"内全部企业当中的一部分企业？还是说只要是限于该指定地理区域就可以成立？对此，专家组给出的解释是后者。其二，"指定地理区域"是否必须具有某种正式的行政或经济地位？还是说在补贴授予机构主管范围内的任何一片被界定出来的土地都可以？专家组给出的解释是后者。对这两个解释，中国没有提出上诉，上诉机构对专家组的解释给出的态度是不支持也不反对。[①]

中国提起争议的是，专家组认为在确定地域专向性存在时，只要确定财务资助存在就可以，不必确定补贴存在。在这个问题上，上诉机构没有支持中国的立场，理由是只有那些获得了财务资助的企业才能获得这些财务资助包含的利益授予。[②]

中国提起争议的另一事项是专家组的一个评论，上诉机构审议后认为，对该评论并不能做出中国所做的那种解释。专家组的这个评论是，他们否决美国的调查结论的依据是，美国调查当局对政府向涉案出口企业所在产业园区提供的土地使用权情况没有做出更彻底的调查。如果调查发现产业园区内有关土地使用权实行的是一种"不同的制度"（distinct regime），专家组的结论有可能会不一样。[③] 中国认为，这等于是支持了一种对《补贴与反补贴措施协定》第2.2条的法律解释，按这种解释，只要一种补贴是在一种"不同的制度"下提供的，哪怕完全相同的补贴在其他地方也存在，也可以被认定是地域专向性补贴。中国担心这样的解释会留下后患，所以提出上诉。上诉机构认为专家组的评论属于"顺便一说"（obiter in nature），没有中国解释的那种含义。[④]

---

① Paragraphs 405, 406. WTO Appellate Body 2011.

② Paragraph 413. WTO Appellate Body 2011.

③ Paragraphs 417, 422. WTO Appellate Body 2011.

④ Paragraph 421. WTO Appellate Body 2011.

三、DS437 案第一阶段

如前所述，DS437 案全称是"美国对来自中国的特定产品的反补贴措施案"，涉及美国商务部在2007—2012年对中国出口产品发起的17项反补贴调查。该案第一阶段，WTO 专家组应中国要求于2012年11月26日成立，2014年7月14日分发报告，中美双方均就调查结果提起上诉，上诉机构于2014年12月18日做出裁决。与"双反案"一样，这一案件中与国有企业相关的核心问题也有三个：公共机构认定、利益授予的认定和计算基准以及补贴专向性的认定。

1. 公共机构认定

在 DS437 案第一阶段，中国要求专家组调查的诸多事项中的第一项就是公共机构的认定问题。具体来说，在17项反补贴调查的12项中，美国商务部认定，向被调查出口企业提供投入品的中国国有企业是公共机构，提供的投入品属于财务资助。[①] 中国要求专家组推翻美国的结论。

在这起案件中，美国明确提出了与"双反案"中上诉机构的裁决相左的观点，并要求专家组不顾上诉机构在"双反案"中的裁决，支持其立场。[②] 美国提出的观点与其在 DS436 案中的观点类似，即公共机构是政府控制的实体，政府可以像使用自己的资源一样使用该实体的资源，不包括被赋予政府权力以便行使政府职能这一额外要求。其论辩之一是，《补贴与反补贴措施协定》第1.1(a)(1)条所指的财务资助是一种价值输送，政府控制的实体可以和政府本

---

① Paragraph 7. 31. WTO Panel 2014.

② Paragraph 7. 47. WTO Panel 2014.

身一样输送价值，前者输送的价值和后者输送的价值可以完全等同。①

专家组的调查结论是，在中国提起争议的 12 项反补贴调查中，美国使用的判断标准并不是美国自己提出的新判定标准，美国也没有收集并提供与"双反案"中被上诉机构认可的、判定中国国有商业银行属于公共机构一样的证据。因此，专家组支持了中国的诉求，推翻了美国在这 12 项调查中将相关国有企业认定为公共机构的结论。但是，专家组也因此认为"没有必要"再对美国提出的新判定标准做进一步的评论。② 对专家组的调查结论，中美双方都没有再提出上诉。

2. 利益授予的认定和计算基准

在这起案件中，中国提出的另一项主张是要求专家组判定，在美国的 17 项反补贴调查的 12 项中，美国认定国有企业提供了投入品而收取的价格"低于适当报酬"，违反了《补贴与反补贴措施协定》第 1.1(b)条和第 14(d)条。中国认为，美国在计算利益授予时使用了中国之外的价格，理由是中国政府的主导地位引起了市场扭曲。而美国唯一的"事实"依据是一个无法被认同的"国有企业等于政府"的等式。中国认为，美国提出这一等式的基础是，政府以多数股权所有和控制的企业都是公共机构。③ 中国的这一主张没有得到专家组的支持。首先，专家组分析美国的调查后认为，只有在几项调查中，美国在对市场扭曲的认定过程中提到了相关国有企业是公共机构。所以，并非在每一项利益授予的分析中，美国都把国有

---

① Paragraphs 7.41, 7.44, 7.46. WTO Panel 2014.

② Paragraph 7.74. WTO Panel 2014.

③ Paragraphs 7.159, 7.179. WTO Panel 2014.

企业作为政府的一部分对待。① 其次，专家组认为，美国商务部在这些调查中面对的情况与在 DS379 案中的情况类似，所以也可以适用该案中上诉机构的裁决，即考虑到政府在相关货物提供中的主导地位和其他证据，美国商务部认定私人价格被扭曲从而使用中国以外的价格，这并不违反《补贴与反补贴措施协定》。②

在上诉时，中国辩称，《补贴与反补贴措施协定》第 1.1（a）（1）（iii）条的财务资助定义中提到的"政府"，尤其是其中的"公共机构"是什么含义，在选择第 14(d)条的利益授予的计算基准时所使用的"政府"就应该是什么含义。如果在关于公共机构的调查中，单单是政府的所有权和控制本身不足以证明国有企业提供投入品的行为是"政府性"行为，那么在关于利益授予的计算基准的调查中，单单这一点也同样不足以证明国有企业提供投入品的行为是"政府性"行为。③ 换句话说，中国的立场是，作为法律标准，在两个场合，对"政府"的定义必须是一致的。④

上诉机构同意中国的这一立场，认为在《补贴与反补贴措施协定》中决定"政府"定义的是一个单一的法律标准。⑤ 但是，上诉机构认为，这并没有回答相关投入品的中国本地价格是否被扭曲、可否作为计算利益授予之基准的问题。因为除了作为财务资助的提供者，政府还可以以其他方式扭曲价格。⑥ 上诉机构进一步认为，

---

① Paragraph 7. 188. WTO Panel 2014.
② Paragraph 7. 195. WTO Panel 2014.
③ Paragraph 4. 37. WTO Appellate Body 2014B.
④ Paragraph 4. 39. WTO Appellate Body 2014B.
⑤ Paragraph 4. 42. WTO Appellate Body 2014B.
⑥ Paragraph 4. 54. WTO Appellate Body 2014B.

专家组引用"双反案"中上诉机构的裁决否决中国的下述立场是正确的：只有当国有企业被认定为公共机构时，国有企业在市场的存在才可以支持价格扭曲的调查结论。[①]

在这里，上诉机构在"双反案"中的相关观点是，美国商务部考察了相关证据后得出的结论是，中国政府通过国有企业在市场上扮演了一个主导角色。上诉机构对中国立场的这一否决，实质上等于确认，在考虑市场主导地位时，国有企业无论是否为公共机构，都等于政府。这与它所说的"政府"定义只有单一法律标准的观点显然是矛盾的。不过，上诉机构强调，决定调查当局是否可以拒绝以本地价格作为计算基准的唯一因素，是本地价格是否已经被扭曲，而政府在市场上的主导地位不能直接等同于价格被扭曲。[②]

依据这一观点，上诉机构认为，专家组没有对美国商务部的每一项调查做出具体分析，确认其是否考察了本地价格是由市场决定的，还是已经被政府干预所扭曲。因此，上诉机构推翻了专家组在这一问题上的结论。按照WTO的程序，在这种情况下，上诉机构应该完成专家组没有完成的对美国商务部调查的分析。上诉机构的分析结果是，在4项相关调查中，美国商务部都违反了《补贴与反补贴措施协定》：

● 石油管材调查：因为美国商务部没有考虑政府所有或控制的企业的价格是否由市场决定，而是认为与政府相关的价格自动地就是被扭曲的。[③]

---

① Paragraph 4.60. WTO Appellate Body 2014B.

② Paragraph 4.52. WTO Appellate Body 2014B.

③ Paragraph 4.91. WTO Appellate Body 2014B.

- 太阳能板调查：因为美国商务部没有解释相关的 37 个生产者是否以及如何拥有并运用了市场势力，以致其他本地价格被扭曲，也没有解释这 37 个与政府相关的实体的价格本身是否由市场决定。[1]

- 压力管调查：因为美国商务部没有解释与政府相关的实体的价格是由市场决定的，还是已经被政府干预所扭曲，也没有解释国有企业的市场份额导致政府拥有并运用市场势力，以致发生价格扭曲，使得私营供应者将其价格与政府相关实体的价格保持一致。[2]

- 线管调查：因为美国商务部通过使用"可获得事实"规则假定涉案的所有投入品均由政府所有的生产者生产，然后认为这些生产者生产的产品的价格在计算利益授予的基准分析中可以被弃之不顾，依据是其政府所有权和控制。但第 14(d) 条需要的是证明价格扭曲，而单单是政府所有权和控制本身不足以证明价格扭曲。[3]

3. 补贴专向性认定

中国在这起案件中的第三项主张是要求专家组推翻美国商务部在 17 项反补贴调查的 12 项中做出的补贴专向性认定。在这 12 项调查中，美国商务部都认定将国有企业提供给涉案出口企业的某些投入品作为财务资助具有事实上的专向性。[4] 中国认为美国商务部的认定违反了《补贴与反补贴措施协定》第 2.1 条和第 2.2

---

① Paragraph 4. 96. WTO Appellate Body 2014B.

② Paragraphs 4. 100 – 4. 101. WTO Appellate Body 2014B.

③ Paragraph 4. 105. WTO Appellate Body 2014B.

④ Paragraph 7. 199. WTO Panel 2014.

条。中国指控美国在12项调查中使用了同一种可被称为"终端用途法"的方法来认定专向性。具体来说，这种方法就是，美国商务部首先确定要调查的投入品提供属于潜在的可反补贴，然后从被调查对象那里获取关于哪些企业和行业使用此种投入品的信息，继而美国商务部无一例外地发现使用此种投入品的企业和行业"数量有限"。因为这个数量有限，他们就进一步认定这种补贴是专向性的。中国认为，这种方法是错误的，因为它没有指明第2.1(c)条所说的"表现为非专向性"的事实，没有指明"补贴计划"和补贴授予机构，也没有考虑第2.1(c)条的其他内容。①

专家组确认美国商务部在调查中使用的方法确实是中国描述的方法。专家组进一步认为美国商务部的方法确实没有考虑第2.1(c)条的另外两个因素。但是，专家组没有支持中国对该方法的其他指控。对此，中国提起了上诉。

上诉机构首先认为，美国商务部不经第2.1(a)条和第2.1(b)条，直接进入第2.1(c)条界定的事实专向性的调查，没有错误，理由是如果没有证据允许调查当局开展法律专向性分析，适用第2.1(a)条和第2.1(b)条就达不到任何目的。在这种情况下，没有理由不允许调查当局直接应用第2.1(c)条开展专向性分析。而在此案中，正是因为补贴"没有书面证据的性质"（unwritten nature），美国商务部才援引第2.1(c)条中的"其他因素"。② 关于"补贴计划"，上诉机构同意专家组的观点，即在按照第2.1

---

① Paragraph 7. 204. WTO Panel 2014.
② Paragraphs 4. 130, 4. 131. WTO Appellate Body 2014B.

（c）条评估事实专向性时，在没有书面文件或明确宣布的情况下，"系统行动或系列行动的证据"足以作为基础，证明不成文的补贴计划是存在的。但是，在此案中，专家组对美国认定的补贴计划的存在并没有进行足够的具体分析，因此他们否决中国指控的结论被上诉机构推翻。关于中国指控美国没有指明补贴授予机构，上诉机构也推翻了专家组对中国立场的否决，理由是专家组没有认真对待中国的立场和根据。[1]

在这起案件中，中国提起争议的另一事项涉及地域专向性。在17项调查的7项中，美国商务部认定政府向涉案出口企业提供土地使用权的财务资助具有地域专向性，其中6项涉及产业园区或经济开发区的土地，另一项认定是基于"可获得事实"。[2][3]

中国指控说，美国在这7项调查中认定地域专向性其实只是依据两个因素：其一，相关土地在产业园区或经济开发区之内；其二，相关园区或开发区位于土地使用权出售者（市县政府）的管辖范围内。除此之外，没有任何证据证明土地使用权提供或者被指控

---

[1] Paragraph 4.171. WTO Appellate Body 2014B.

[2] 根据 WTO 相关规则，如果任何利益相关方不允许调查机构使用或者没有在合理时间内向调查机构提供必要的信息，或者严重妨碍调查，则调查机构可用从其他渠道获得的信息来填补调查记录中的空白，并可以依据从其他渠道获得的信息和由此推导出的事实做出肯定或否定的初步和最终裁定。进口方调查机构据以做出裁定的从其他渠道获得的此类证据，就是"可获得事实"。美国通过国内立法，将"可获得事实"规则转化为"不利可得事实"（adverse facts available）规则。据此，如果美国商务部认为利益相关方未尽力按要求提供信息，就可推定那些未提供的信息对该利益相关方是不利的，可放弃该利益相关方提供的资料，而在裁决中适用现有的所有"不利可得事实"。见宋东华和欧福永（2019）。

[3] Paragraph 7.327. WTO Panel 2014.

的其中包含的利益授予被限于相关产业园区或经济开发区。①

专家组认为，对 7 项调查中的 6 项，中国的指控是正确的，美国的调查确实只是依据这两个因素，没有其他证据证明园区和开发区之内的土地使用权提供不同于之外的土地使用权提供，确实不足以确认补贴只限于特定企业。② 但是，对于第 7 项调查，专家组没有支持中国的指控。这项调查的不同之处在于，中方被调查企业没有应美方要求提供相关信息，美方因此认定中方被调查企业不予合作，进而采用了"不利可得事实"的逻辑得出了补贴具有专向性的法律结论。③

四、DS437 案第二阶段

此案第二阶段的起因是，上诉机构于 2014 年 12 月 18 日做出裁决后，在执行裁决的过程中，中国就美国的特定措施再次要求 WTO 进行调查。因为中国第二次起诉的依据之一是 WTO《关于争端解决规则与程序的谅解》中的第 21.5 条，所以第二阶段的诉讼也被称为"DS437（第 21.5 条）案"。

1. 公共机构认定

对第一阶段专家组关于公共机构的调查结论，中美双方都没有再提出上诉。美国在执行此案裁决的过程中，重新整理形成了两套证据。一是向中国发放了与 12 项调查相关的《公共机构调查问卷》

---

① Paragraph 7. 333. WTO Panel 2014.

② Paragraph 7. 352. WTO Panel 2014.

③ Paragraph 7. 346. WTO Panel 2014.

来收集信息；二是收集相关信息整理形成了《公共机构备忘录》，其中包括一份关于党的角色的备忘录。美国商务部依据这两套证据对 12 项调查中涉案的国有企业再次进行了公共机构的认定。①

在此案第二阶段，中国首先指控被美国商务部认定为公共机构的国有企业并不符合拥有、行使或被赋予政府性权力的判定标准。中国认为，政府职能与调查涉及的财务资助之间必须存在联系，如果一个实体只是因任何一项"政府职能"而被认为受政府控制，而它被调查的财务资助行为与它的"政府职能"没有关系，它就不能被认定为公共机构。② 所以，中国认为，为了认定公共机构，调查当局应该提出的问题是，一个实体在提供财务资助的时候，是不是在行使政府职能。③

美国认为中国提出的判定标准过于狭窄。美国声称已经进行了上诉机构要求的那些分析，公共机构认定所依据的是全面的、多方面的总体证据。在此基础上，美国商务部发现有足够证据证明，中国政府对这些国有企业实行了有意义的控制，使用它们来履行维护和坚持社会主义市场经济的政府职能。④

专家组否决了中国的立场。专家组认为，《补贴与反补贴措施协定》第 1.1（a）（1）条没有要求必须在认定的政府职能和财务资助之间建立起联系。⑤

在否决了中国在判定标准上的立场之后，专家组进一步审议了

---

① Paragraphs 5. 52 – 5. 54. WTO Appellate Body 2019.
② Paragraph 7. 7. WTO Panel 2018.
③ Paragraph 7. 22. WTO Panel 2018.
④ Paragraph 7. 8. WTO Panel 2018.
⑤ Paragraph 7. 28. WTO Panel 2018.

美国调查当局对涉案国有企业做出的公共机构认定是否如中国指控的那样违反了美国在《补贴与反补贴措施协定》之下的义务。美国的这一认定所依据的证据主要包括以下几类：

- 向中方发出、中方填写回复的《公共机构调查问卷》及其《投入品提供者附录》，其中有 7 项调查中方没有填写和回复问卷。

- 美国商务部为收集各种证据和材料而准备的《公共机构备忘录》及与之伴随的另外一份关于党的角色的备忘录，后者认定党属于"政府"的一部分。①

- 对中方没有填写和回复问卷的案件，美方使用了"不利可得事实"的方法。

《公共机构备忘录》本来是美国商务部作为"双反案"（DS379 案）的一份执行文件于 2012 年起草的，因为在此案中，美国商务部认定涉案国有企业为公共机构时，《公共机构备忘录》是证据的一部分，所以这份文件也被纳入专家组的审议范围。②

根据专家组报告的概述，《公共机构备忘录》针对的不仅是国有企业，还有"国家投资企业"。一个企业中只要有国家股权投资，就是国家投资企业。③ 换句话说，一部分私营企业也属于国家投资企业。专家组报告概述的《公共机构备忘录》的主要内容如下。

首先，《公共机构备忘录》对中国的国家职能做出了如下认定④：

---

① Paragraph 7. 51. WTO Panel 2018.

② Paragraph 7. 118. WTO Panel 2018.

③ Footnote 100. WTO Panel 2018.

④ Paragraph 7. 46. WTO Panel 2018.

● 中国宪法要求维护和坚持"社会主义市场经济",包括保持国有部门在经济中的主导地位。这一要求在法律体系中得到了反映。

● 相关法律赋予政府以权力,使用国家投资企业作为手段或工具来实现宪法的要求。

● 政府在经济领域为实现此要求而采取的行动在中国的法律秩序中通常被划分为政府性职能。

● 政府对特定类别的国家投资企业实施有意义的控制,这种控制使得政府可以使用这些企业作为工具来实现下述政府性目的:保持国有部门在经济中的主导地位,坚持社会主义市场经济。

为了证明坚持社会主义市场经济、保持国有经济的主导地位属于中国的政府性职能,美国商务部引用的证据包括中国《宪法》《物权法》《企业国有资产法》的相关条款以及国有资产管理委员会成立时的相关文件。[1] 为了证明政府对国家投资企业实施有意义的控制,美国商务部考察了它称之为"多方面的控制指标",这些指控足以证明国家投资企业拥有、行使或被赋予政府权力。美国商务部声称的事实发现包括[2]:

● 政府通过直接或间接地给予国家投资企业各种利益而实施控制。

● 政府既激励又要求特定的企业行为,以便实现产业政策目标。

---

① Paragraph 7. 47. WTO Panel 2018.

② Paragraph 7. 48. WTO Panel 2018.

- 政府认为所有权的水平是保持对国有部门控制的主要工具之一。

- 国有企业是国家管理市场竞争及其结果的首要工具。

- 国资委的监管是政府对国家投资企业实施有意义的控制的工具。

- 政府控制着国有部门的人事任免，并以此为手段保证产业政策的目标得以实现。

- 通过党委和党组织实施了有意义的控制。

这些事实发现的每一条后面都列举了若干证据支持，其中主要是国际组织研究报告和中国政府文件的摘录。

在此基础上，《公共机构备忘录》把中国的企业分为三类，并做出如下认定[①]：

- 第一，国有全资和控股企业属于公共机构，理由是，在中国的制度和国家投资企业政策环境下，政府对所有这些企业实施有意义的控制，以致这些企业拥有、行使或被赋予了政府权力。

- 第二，政府在其中拥有重要股份并服从于特定的政府产业计划的企业可以是公共机构。如果在具体案例审查的基础上，有证据显示这些企业被用来作为政府维护社会主义市场经济的工具，美国商务部也可以将它们认定为公共机构。

- 第三，政府在其中只有很少或没有股份的企业也可以是公共机构，只要政府对这样的企业实施了有意义的控制。这样的认定也要在具体案例审查的基础上做出。

中国指控美国在此案中做出公共机构认定时并没有对涉案企业

---

① Paragraph 7. 49. WTO Panel 2018.

进行逐个具体分析，尤其没有分析每一个出口企业的投入品生产者和购买者，并以此决定这些生产者向这些购买者提供投入品的行为是不是在行使政府职能，因此，中国认为美国的认定违反了其 WTO 义务。① 在已经否决了中国关于公共机构含义的法律解释的基础上，专家组进一步否决了中国的这一立场。首先，专家组认可了美国商务部在认定中采用的法律标准，其中包括"有意义的控制"。专家组认为，美国商务部关于"有意义的控制"的评估符合其下述义务，即上诉机构在 DS436 案中设定的要求：关注"相关实体的核心特征和功能、它与政府的关系，以及该实体在其中运行的该国家通行的法律和经济环境"。② 其次，专家组也认可了美国商务部认定所依据的证据，其中包括《公共机构备忘录》。中国对《公共机构备忘录》的挑战主要是其中的事实证据与公共机构认定不相关，这些证据至多只能说明中国政府对企业的所有权和控制。③ 但是，专家组认为，《公共机构备忘录》的内容涉及包括党在内的中国政府对企业行为和市场结果的干预，尤其侧重于政府通过商业激励和利益、产业政策、监管控制而对国家投资企业实施的影响，同时也包含一定的具体证据和行业分析。因此，他们认为，《公共机构备忘录》对美国商务部的公共机构分析，尤其对以下主题的分析都是相关的：涉案实体与政府的关系、它们在其中运行的通行的法律和经济环境、相关行业的政府政策，以及政府实施"有意义的控制"问题。④

---

① Paragraph 7. 64. WTO Panel 2018.
② Paragraph 7. 71. WTO Panel 2018.
③ Paragraph 7. 75. WTO Panel 2018.
④ Paragraph 7. 79. WTO Panel 2018.

除此之外，中国还进一步指控美国制定的《公共机构备忘录》本身违反了《补贴与反补贴措施协定》的第1.1(a)(1)条，因为按照这份备忘录，美国商务部以后在认定公共机构时，不需要调查提供财务资助的实体在实施此行为时是否在行使政府职能。[①] 对中国的这一立场，专家组也没有接受。专家组的理由是，《公共机构备忘录》确实构成一项规则或一般规范或未来适用（a rule or norm of general or prospective application），因而可以挑战。但是，该备忘录并没有以任何实质性的方式限制美国商务部做出和《补贴与反补贴措施协定》第1.1(a)(1)条相一致的认定的自由裁量权。因为虽然有《公共机构备忘录》，但美国商务部仍然有自由裁量权考虑其他证据，给被调查对象提供了反驳、澄清或纠正事实性信息的机会，而且，在此案中，至少在一项调查中，基于被调查对象提供的关于政府实施"有意义的控制"的证据，美国商务部认定特定实体不是公共机构。

对于专家组的结论，中国和美国都提起了上诉。中国要求上诉机构推翻专家组对中国下述立场的否决，即认定公共机构的法律标准要求涉案的财务资助和所认定的政府职能之间建立特定联系。关于《公共机构备忘录》，中国要求上诉机构认定其违反《补贴与反补贴措施协定》第1.1(a)(1)条，因为其基础是错误的法律标准；中国还要求上诉机构推翻专家组得出的结论，即该备忘录没有以任何实质性的方式限制美国商务部做出和《补贴与反补贴措施协定》第1.1(a)(1)条相一致的认定的自由裁量权。美国则要求上诉机构推翻专家组得出的《公共机构备忘

---

① Paragraph 7.109. WTO Panel 2018.

录》确实构成一项规则或一般规范或未来适用，因而可以挑战的结论。[①]

关于判定公共机构的法律标准问题，上诉机构没有支持中国的立场。上诉机构的观点如下[②]：

> 按第1.1(a)(1)条开展的公共机构调查的焦点不是被指控造成第(i)–(iii)段或第(iv)段前半部分所指的财务资助行为是不是与认定的"政府职能"存在"逻辑联系"。相反，这样的调查依据的是实施这一行为的实体，在相关成员方通行的法律和经济环境中展现的核心特征及其与政府的关系。这与以下事实是一致的：（狭义的）"政府"和"公共机构"有一定程度的共性，或者具有一些共同的基本特征，也就是说，它们都拥有、行使或被赋予了政府性权力。一个实体一旦被确认为公共机构，那么对于第1.1(a)(1)条的目的来说，该实体的行为就是直接可归因于该成员方的。虽然一个实体的行为可以成为评估其核心特征的证据，但调查当局没有必要聚焦于该实体可能采取的每一个行为，或者每一个这样的行为是否与一项具体的"政府职能"存在联系。

上诉机构认为[③]，"如果调查当局依据第1.1(a)(1)(iv)条评估政府或公共机构是否'委托或指挥'一个私营机构实施了第(i)–

---

① Paragraphs 5. 45 – 5. 49. WTO Appellate Body 2019.
② Paragraph 6. 3. WTO Appellate Body 2019.
③ Paragraph 5. 103. WTO Appellate Body 2019.

(iii)段中所列的某一种行为，它应该展开的调查更像中国描述的那种调查"。因为上诉机构已经要求过，当指控一个私营机构的行为导致一项财务资助时，调查当局必须额外确认该行为与政府之间存在以"委托或指挥"为形式的联系。

关于《公共机构备忘录》本身是否违反第 1.1（a）（1）条，因为中国的挑战基于已经被上诉机构否决的法律标准，所以中国的立场也随之被否决。在此基础上，中美双方要求裁决的另外两个问题，即该备忘录是否以任何实质性的方式限制美国商务部做出和《补贴与反补贴措施协定》第 1.1（a）（1）条相一致的认定的自由裁量权；该备忘录是否确实构成一项规则或一般规范或未来适用，因而可以挑战，上诉机构认为已经没有必要讨论。因此上诉机构维持了专家组关于《公共机构备忘录》的调查结论。①

2. 利益授予的认定和计算基准

在本案第二阶段，中国还指控美国修改后的利益授予分析和认定中，以中国本地价格非"市场决定"为由拒绝使用本地价格作为基准，违反了《补贴与反补贴措施协定》第 1.1（b）条和第（14）（d）条。这涉及 17 项反补贴调查中的 4 项。中国认为，为了评估相关投入品的价格是否低于适当报酬，调查当局必须使用本国类似货物的价格作为基准，除非有足够证据证明这些价格在法律上或事实上确实是由政府决定的。② 中国进一步认为，美国商务部没有考虑相关投入品在中国的"通行市场条件"

---

① Paragraph 5. 126. WTO Appellate Body 2019.

② Paragraph 7. 145. WTO Panel 2018.

的相关方面，从而没有解释政府干预如何扭曲了这些投入品的价格。①

专家组首先否定了中国提出的法律标准。专家组对第 14（d）条的解释是，只要有价格被扭曲的证据，而不仅仅是政府确实决定了涉案货物价格的证据，调查当局就可以拒绝使用本地价格作为计算基准。② 但是，关于对中国通行市场条件的分析，专家组支持了中国的指控。专家组发现，美国商务部认为没有必要说明中国政府的行动如何影响了涉案投入品的国内价格，甚至没有试图为自己的认定提供一个基于论证的充分解释，以此说明相关投入品的国内价格已经因政府广泛干预这些产品的国内市场而被扭曲，因而不是市场决定的价格。相反，美国商务部只是概述了中国政府在相关市场的参与，然后就仅仅以此为根据认定不能使用本地价格作为计算适当报酬的基准。③ 另外，专家组发现美国商务部在 3 项调查中没有充分考虑中国提供的证据。据此，专家组支持了中国的指控，认定美国在 4 项相关调查中违反了《补贴与反补贴措施协定》第 1.1（b）条和第 14（d）条。④

专家组所谓的美国商务部只是"概述了中国政府在相关市场的参与"，是指美国商务部准备的证据与公共机构调查一样，在计算基准分析中，美国商务部也重新整理了两套证据，一是向中方被调查企业发放了《基准调查问卷》，3 项调查中的中方相关企业填写和

---

① Paragraph 7. 146. WTO Panel 2018.

② Paragraph 7. 168. WTO Panel 2018.

③ Paragraph 7. 206. WTO Panel 2018.

④ Paragraph 7. 223. WTO Panel 2018.

回复了问卷；二是根据自己收集的信息整理了《基准备忘录》及其附属的《支持性基准备忘录》。

《基准备忘录》讨论了中国的国家投资企业的性质和中国政府在钢铁行业的角色，覆盖了三个主题：国家投资企业作为政府追求其政策目标的工具、国家投资企业在中国经济中的角色、钢铁行业中的政府干预。其主要的"事实发现"是：

- 国家投资企业的微观经济决策受中国政府的产业政策引导。

- 中国政府干预投资和战略规划、董事会和管理层任命、并购等企业层面的商业决策。

- 中国国家投资企业由于可以获得直接和间接的利益，因而是在一个"软预算"环境中运作。

- 来自非国有部门的竞争因中国政府的投资指导规则而受到限制。

- 钢铁行业是一个支柱产业，存在产能过剩，中国政府对产能过剩进行了干预。政府对国家投资企业的干预在钢铁行业也存在。

据此，美国商务部得出的结论是，国家投资企业的运行环境的特点是高强度的政府干预、控制和期望，它们面临的不一定是真正的竞争性市场条件下会面临的环境，所以它们不是作为真正的商业机构在运作。至于钢铁行业，国家投资企业生产的钢材投入品的国内市场价格不能被认为可以用作《补贴与反补贴措施协定》第14（d）条基准分析目的的"市场决定"的价格。①

---

① Paragraphs 7. 184 – 7. 189. WTO Panel 2018.

对美国商务部的《基准备忘录》，专家组只是做了有限的否定，即它没有说明政府干预如何扭曲了价格，以致相关的钢材投入品价格已经不再由市场决定。但对于备忘录关于政府在国家投资企业中的干预以及国家投资企业的性质和运行环境做出的认定，专家组并未给出判断。

对于专家组的结论，中美两国都提起了上诉。美国认为，专家组认为，美国商务部没有提供基于论证的充分解释来说明相关投入品的国内价格已经因这些产品的国内市场受到广泛的政府干预而被扭曲，因而不是市场决定的价格，这个结论是错误的，要求上诉机构予以推翻。中国要求上诉机构确认，按第 14(d) 条，使用非本国价格作为基准只限于涉案投入品价格确实由政府决定的情形。①

关于中国的要求，上诉机构首先明确，按第 14(d) 条进行的利益授予基准分析要回答的中心问题是，政府干预是否导致了价格扭曲，以致有充分理由使用非本国价格，或者本国的私营企业和/或政府相关实体价格是否由市场决定，因而可以作为认定利益授予存在性的基础。因此，允许调查当局拒绝使用本国价格的，是发现政府对市场的干预已经扭曲了价格，而不是政府对市场的干预存在这一事实本身。② 在此基础上，上诉机构不支持中国的观点，理由是，不同类型的政府干预都可以导致价格扭曲，从而使调查当局有充分理由使用非本国价格，而不仅限于中国所说的涉案货物价格由政府

---

① Paragraphs 5.127, 5.129. WTO Appellate Body 2019.
② Paragraph 5.141. WTO Appellate Body 2019.

决定这一种类型。① 关于美国的要求，上诉机构审议之后确认，专家组的结论是正确的。②

3. 补贴专向性认定

关于补贴专向性认定，在第二阶段的诉讼中，中国也指控美国关于事实专向性的认定仍然违反《补贴与反补贴措施协定》第 2.1(c) 条，因为美国商务部既没有指明相关的"补贴计划"，也没有充分考虑该补贴计划运行的时间长度；另外，美国商务部也没有确认补贴计划的所有受益者，因而无法确认受益者是否数量有限。③

对此，专家组首先明确，第 2.1(c) 条应该解释为，相关补贴计划运行的时间长度必须成为美国商务部此项调查的一部分。但是，这并不要求调查当局确定该时间长度。只要调查当局能够证明，该补贴计划已经运行了一个时期，该时期的长度不足以解释"一项补贴计划为数量有限的特定企业所使用"的事实，就足够了。④ 但是，专家组认为，美国商务部的调查并没有足够证据确认有一项补贴计划存在。它的认定没有解释它所收集的证据如何证明存在一项没有书面文件的补贴计划，以及相关补贴的事实专向性。它依据的只是一些生产者和被调查对象之间的交易，这些证据很难说明存在美国指控的没有书面文件的补贴计划。⑤ 既然如此，专家组认为就没有必要考虑补贴计划存在的时间长度的问题。这样，中国在这一问题上的指控就得到了专家组的支持。

---

① Paragraph 5.147. WTO Appellate Body 2019.

② Paragraph 5.203. WTO Appellate Body 2019.

③ Paragraph 7.251. WTO Panel 2018.

④ Paragraph 7.273. WTO Panel 2018.

⑤ Paragraph 7.288. WTO Panel 2018.

关于地域专向性，中国也就其中 1 起调查而指控美国商务部的认定缺乏足够证据。但这个指控没有得到专家组的支持，理由是中国方面的被调查企业没有应美国调查当局的要求提供相关信息。[①]

对于专家组关于美国商务部的调查并没有足够证据确认有一项补贴计划存在的结论，美国在上诉中提出争议，要求上诉机构予以推翻。但上诉机构审议后拒绝了美国的要求。[②]

五、对两起案件的若干评论

DS379 案和 DS437 案比较清楚地说明，当 WTO 体系中与国有企业相关的贸易规则被运用于中国国有企业时，会发生什么情况。当然，这两起案件涉及的只是《补贴与反补贴措施协定》的一部分规则。不过，从这两起案件的情况可以看出的重要一点是，与 WTO 的相关规则发生摩擦和冲突的，并不是个别国有企业的偶然违规行为，而是中国经济体制的常规运行方式。

1. DS379 案

DS379 案裁决后，因为上诉机构在公共机构定义问题上支持了中国的立场等原因，中国方面把该案的裁决视为一次"重大胜利"。[③]但是，从法律适用的角度看，上诉机构做出的对公共机构定义的解释虽然与中国立场接近，但如果按照其指明的方式适用于中国的国有企业和国有商业银行，仍然可以很容易地把它们认定为公共机构。

---

① Paragraphs 7. 295，7. 316. WTO Panel 2018.

② Paragraph 5. 241. WTO Appellate Body 2019.

③ 见 https：//www.gov.cn/jrzg/2011 – 03/12/content_1823410. htm，2024 年 4 月 27 日查阅。

首先，国家产业政策是中国经济体制模式的有机组成部分。所有的国有企业和国有商业银行当然都有责任贯彻执行国家产业政策，甚至非国有企业也有这样的责任，而不能完全追求利润最大化。如果国有企业和国有商业银行完全追求利润最大化，置国家产业政策于不顾，国家产业政策就会形同虚设。但是，任何证据如果证明一家国有企业或国有商业银行正在执行国家产业政策，按照上诉机构在 DS379 案中关于国有商业银行的裁决，就有可能被当作该国有企业或国有商业银行正在行使政府职能的证据。

其次，无论是国有企业还是国有商业银行，当然都要加强党的领导，实行的都是党管干部的原则，高层管理人员都由党的组织部门任命。这也是中国体制模式的核心特征。而按照上诉机构在 DS379 案中认可的美国调查当局收集的证据，国有企业和国有商业银行中党的领导的证据都有可能成为它们拥有、行使或被赋予政府权力或正在行使政府职能的证据。

特别值得指出的是，上诉机构认为美国调查当局把涉案国有企业认定为公共机构不符合《补贴与反补贴措施协定》，主要理由是美国没有收集和考虑足够的证据。上诉机构并没有说这些国有企业不是公共机构。

关于利益授予的计算基准问题，上诉机构认为，因为政府在热轧钢板市场上 96.1% 的市场份额已经非常接近于此种货物的唯一供应者，在这种情况下，政府可能具有足够的市场力量，通过自己的定价策略影响私人供应者，使其价格与政府的价格保持一致。上诉机构的这种观点依据的一个核心假设是，国有企业市场份额等于政府的市场份额。中国在整个案件的审理过程中对这一假设没有提出异议。但是，如第三章所述，国有企业的实际治理模式可以介于传统模式和现代模式之间。如果生产热轧钢板的国有企业的治理模式非常接近传统模式，这个假设当然没有问题，因为在传统模式下国有企业确实只是政府的基层单位。但如果其治理模式已经改革为非常接近现代模式，这个假设就难以成立，因为现代模式下国有企业的经营决策高度独立于政府，其定价决策独立于政府的商业决策。即使国有企业占据96.1%的市场份额，因为这是很多相互独立的国有企业的市场份额加总，而且它们在定价时都独立于政府，所以没有理由假定它们的定价行为与私营企业有根本区别。但是，从DS379案来看，在这个问题上，WTO上诉机构并没有完全意识到这个假设的不合理性，而且中国也没能成功地证明中国的国有企业已经在商业决策上完全独立于政府，以致国有企业的市场份额不能再等同于政府的市场份额。

与热轧钢板的价格相比，关于贷款利率的裁决有两点值得注意。首先，无论是专家组还是上诉机构，都没有认为国有商业银行的市场份额就是政府的市场份额，上诉机构还特别强调，政府发放贷款也可以是商业性贷款，一切都要具体情况具体分析。其次，中国本地的贷款利率仍然被认为已经扭曲，不能作为基准，理由仍然是政府干预：不是政府作为货币政策的确定者和执行者的干预，而是政府作为放款人通过参与贷款市场而进行的干预。显然，这里涉及的也是中国经济体制模式的常规运作方式。国有商业银行本身也是国有企业。其治理模式也居于第三章界定的传统模式和现代模式之间。如果其实际的治理模式非常接近现代模式，政府在其商业决策中就不会扮演什么角色。中国国有商业银行的实际治理模式虽然已经远离传统模式，但离现代模式仍然有很远的距离，政府在其商业决策中仍然扮演重要的角色。如前所述，这种角色是整个体制顺利运行所需要的。如果国有商业银行完全像自由市场经济模式中的私营银行一样运作，国家产业政策等政府主导经济运行的手段都将不起作用。

在补贴专向性问题上，上诉机构支持了美国的立场，因为美国调查当局和专家组考察了中国政府从中央到地方的一系列计划性文件，确认这些文件表明，轮胎行业是一个发展重点，所有金融机构都被指示向其提供金融支持，这与公共机构问题类似。在这里，上诉机构的裁决针对的也是中国经济体制模式的常规运作方式。制定和实施五年规划是中国政府管理经济的一种重要手段。五年规划的实施当然需要把任务和指标分解到各级政府，于是就出现了各级政府的五年规划，以及鼓励、扶持的重点产业和重点企业名单。如果金融机构不跟进支持这些名单上的产业和企业，这些名单当然就形同虚设；如果金融机构跟进支持，按照上诉机构的逻辑，这些支持就可能被认定为具有法律专向性的财务资助。

在土地使用权的问题上，虽然美国的调查结论在 WTO 专家组调查阶段就被否决，但专家组和后来上诉机构对《补贴与反补贴措施协定》第 2.2 条做出的法律解释表明，中国的市县级地方政府通过优惠的土地使用权支持产业园区或任何特定地理区域内的企业的政策，只要涉及贸易纠纷，很容易被认定为具有地域专向性。如果"一碗水端平"，对任何地理区域的企业，在土地使用权方面都没有优惠，所有企业在获得土地使用权方面完全平等，当然也就不会有被认定为地域专向性的担忧，但地方政府显然也就失去了推行产业政策的一个有力工具。

2. DS437 案

DS437 案比 DS379 案更为复杂，同样的三个基本问题经历了两次专家组调查和两次上诉机构裁决。但是，没有改变的是，与 WTO 规则发生摩擦和冲突的仍然不是个别国有企业的偶然违规行为，而是整个中国经济体制的常规运行方式。不同的是，在 DS437 案中，美国对中国经济体制模式的挑战明显更具进攻性。一是美国商务部反补贴调查的矛头明确地指向了中国的经济体制模式，而不是特定出口企业的行为。这突出表现在《公共机构备忘录》和《基准备忘录》中。这两份文件及其附属文件的"事实发现"主要都是对中国的整个经济体制运作方式的描述和定性，只有很少一部分涉及被调查企业和所在行业本身。二是指控的覆盖范围由国有企业扩大到了国家投资企业，把有国家少数股权投资的私营企业也包括了进来。虽然国家投资企业是《中国加入 WTO 议定书》中使用的概念，但在议定书中并没有定义。DS379 案中也没有使用过这个概念。《公共机构备忘录》专门界定了这个概念。三是在 DS437 案的第一阶段，美国尝试在公共机构问题上与 WTO 上诉机构在 DS379 案中的裁决公开对抗，要求专家组忽略该裁决对公共机构含义所做的里程碑式的法律解释。

美国的这种姿态反映了这个时期在国有企业问题上中美贸易裂痕的加深。美国的一系列诉求一部分在 WTO 碰壁，遭到专家组或上诉机构的否决，但也有一部分穿透了 WTO，给中国造成了压力。同时，中国在诉讼过程中提出的一部分诉求没有得到 WTO 专家组和上诉机构的支持。

具体来说，在公共机构问题上，虽然在第一阶段美国试图公开对抗 WTO 上诉机构已有裁决的尝试被专家组否决，但在第二阶段，中国提出的比较狭窄的公共机构认定标准也没有被采纳。上诉机构的裁决反倒提出了一个更宽泛的、基于"实体"的认定标准。一个实体一旦被确认为公共机构，其行为不管是否在行使政府职能，都直接可归因于政府。中国是一个国有企业大国，政府与国有企业的关系仍然密切，而基于实体的认定标准要求对国有企业与政府的关系进行全方位考察，而不是单单看企业的相关行为是否在行使政府职能。因此，这样的裁决意味着未来国有企业被认定为公共机构的风险仍然较高。此外，对于美国的《公共机构备忘录》，中国要求上诉机构裁定其违反第 1.1(a)(1) 条的要求也没有被接受。换句话说，《公共机构备忘录》本身没有被否定。

在利益授予的计算基准问题上，DS437 案没有涉及银行贷款，只涉及国有企业向出口企业提供的投入品，但焦点问题仍然是国内的本地价格是否因政府干预而被扭曲，以致美国商务部有理由使用非本地价格作为基准。在这个问题的法律标准方面，中国取得了一些进展，比如第一阶段的上诉机构同意中国的立场，认为在《补贴与反补贴措施协定》中决定"政府"定义的是一个单一的法律标准。由此应该能推导出，如果国有企业不能被认定为公共机构，这些国有企业的市场份额就不能被认定为政府的市场份额。但是，这一原则似乎并没有得到贯彻。不过，上诉机构在审议法律适用时还是认定美国没有证明价格扭曲。在第二阶段，中国提出的比较狭窄的价格扭曲定义仍然没有被上诉机构采纳，对于美国商务部的《基准备忘录》，专家组也只是做了有限的否定，即它没有说明政府干预如何扭曲了价格，以致相关的钢材投入品价格已经不再由市场决定。但对于备忘录关于政府在国家投资企业中的干预以及国家投资企业的性质和运行环境做出的认定，专家组并未进行判断。所以，总的来看，未来如果再发生类似情况，被实施反补贴调查的中国出口企业的投入品来自国有企业，而该投入品市场的主要市场份额为国有企业掌握，如果对方主张中国市场的本地价格已经被扭曲，不能作为认定和计算利益授予的基准，要推翻这样的主张，在诉讼过程中可能仍然会有很大困难。当然，对方要证明不仅存在政府干预且政府干预确实扭曲了价格，也非易事。

在补贴专向性问题上，与 DS379 案相比，法律专向性问题的重要性下降，这应该是因为美国商务部没有足够证据指控中国出口企业得到了具有法律专向性的补贴。在地域专向性问题上，中国比较容易地推翻了美国的指控，因为美国没有收集到足够证据证明土地使用权提供（或者是美国所指控的、通过提供土地使用权而实现的利益授予）被限于相关产业园区或经济开发区。唯一的例外是在其中的一项调查中，中方涉案企业没有应美国调查当局的要求提供相关信息，导致 WTO 没有支持中国的诉求。

在事实专向性问题上，中国试图确立一个法律解释，即在启动对事实专向性的论证之前，首先要证明某些补贴在表面上不存在法律专向性。这个要求在诉讼的第一阶段被否决。但是，在两个阶段的诉讼中，专家组和上诉机构都确认了一个要求，就是要证明事实专向性的存在，按照第 2.1(c) 条，必须证明存在一项补贴计划。因为事实专向性针对的就是没有书面证据的"事实上"的补贴，所以证明一项补贴计划的存在当然就会颇具挑战。但是，如果不能证明补贴计划的存在，何谈补贴本身是否具有专向性？所以，这个要求也是非常合理的。

总的来看，DS437 案在补贴专向性问题上更进一步聚焦于证据收集和事实专向性问题。这部分是因为中国体制模式的运作方式有所调整，比如相关市县政府在提供土地使用权时，对产业园区、开发区内企业的优惠程度，或者对区外企业的歧视程度，与 DS379 案相比可能已经有所下降，以致美国商务部没有能够找到证据。

六、加入 CPTPP 可能带来的新挑战

中国加入 CPTPP 当然绝非易事。即使加入，在什么条件下加入

也还有变数。但无论如何，中国一旦加入，如何履行其第 17 章规定的义务，就会成为中国国有企业改革必须面对的一个新挑战。如第四章所述，CPTPP 第 17 章的很多条文究竟在执行中如何解释，现在并不清楚，可资借鉴的案例还很少。但是，依据现有材料和信息，对未来可能面临的挑战也可以做一些探讨。

1. 公共机构问题

如第四章所述，与 WTO 规则相比，CPTPP 第 17 章最具实质性的差别在于，任何国有企业，即使不属于《补贴与反补贴措施协定》第 1.1 条所说的公共机构，也可以成为非商业援助的提供者。用 DS379 案的例子来说，这一差别的意义在于，按照《补贴与反补贴措施协定》的规则，向两种钢管的出口企业供应热轧钢板的国有企业如果不能被认定为公共机构，则美国对两种钢管发起的反补贴调查或者不能成立，或者必须证明政府"委托或指挥"热轧钢板供货企业向钢管出口企业提供补贴，而这会大大增加取证难度。如果按照 CPTPP 第 17 章的规则，就没有这么复杂。热轧钢板供货者既然是国有企业，中国政府就有义务保证它们不向任何国有企业提供可以给其他缔约方的利益造成不利影响的非商业援助。如果钢管出口企业是国有企业，美国有证据证明热轧钢板的供应中包含了非商业援助并且给美国造成了不利影响，就可以证明中国没有履行 CPT-PP 的义务。

所以，就此而言，在其他条件不变的情况下，CPTPP 第 17 章意味着贸易摩擦的风险会增加。但是，也必须看到，即使按照《补贴与反补贴措施协定》，基于 WTO 上诉机构已经确立的解释，国有企业被认定为公共机构的风险也是很大的。如前所述，在 DS379 案中，美国调查当局把供应热轧钢板的国有企业认定为公共机构的结论被推翻，是因为上诉机构认为它没有收集足够的证据，并不是因为上诉机构判定这些国有企业不是公共机构。按照上诉机构确定的标准和方法，涉案国有商业银行就被认定为公共机构。如果美国调查当局收集了更多的证据，那些国有企业被判定为公共机构也是完全可能的。在 DS437 案中，上诉机构在第二阶段的最后裁决中确立的原则是，调查重点是相关实体在通行的法律和经济环境中展现出来的核心特征及其与政府的关系，判断的标准仍然是 DS379 案中确立的拥有、行使或被赋予了政府性权力。所以，考虑到中国国有企业按照《补贴与反补贴措施协定》被认定为公共机构的可能性，CPT-PP 第 17 章带来的额外风险其实也是有限的。CPTPP 第 17 章的不同之处在于，如果将来中国国有企业的治理模式向第三章界定的现代模式大幅度靠近，按照《补贴与反补贴措施协定》被认定为公共机构的风险有望明显降低，因为国有企业和政府的关系会发生较大改变。而这些按照 CPTPP 第 17 章不会起任何作用，因为其隐含的基础是政府对国有企业的所有权和控制，而不是治理模式。当然，CPTPP 第 17 章对主权财富基金和独立养老基金提供了例外。假如中国国有企业治理模式中引入了类似的机制，这样的例外能否适用，也是一个未知数。

2. 其他问题

除了公共机构问题以外，如第四章所述，CPTPP 第 17 章的规则和 WTO 体系中与国有企业相关的规则（包括《中国加入 WTO 议定书》中关于国有企业的承诺）在精神实质上是基本一致的。虽然如此，从诉讼的角度观察，仍然有很多技术层面的差别。这些差别中哪些会具有更重要的意义，哪些可能只是表面上的差别，需要在以后的诉讼实践中去鉴别。

从 DS379 案和 DS437 案来看，一个问题是利益授予的存在性和规模的认定。CPTPP 第 17 章没有使用利益授予的概念。但是，如第四章所述，除了直接的赠款和债务豁免，CPTPP 第 17 章其实并没能回避这个问题本身，只是换了一种说法。对于贷款、贷款担保、基础设施以外的货物或服务等形式的非商业援助，它使用的说法是"比商业上可得的条件更优惠的条件"；对于股权投资形式的非商业援助，它直接使用了《补贴与反补贴措施协定》第 14 条的说法："与私人投资者通常的投资实践（包括风险资本的提供）不相一致。"所以，在未来的诉讼实践中，CPTPP 的专家组也需要有一套方法来确定，什么是"商业上可得的条件"。比如，假设 DS379 案发生在 CPTPP 第 17 章的规则之下，CPTPP 的专家组就需要认定。

- 热轧钢板的中国市场价格是不是钢管出口企业面对的该货物的"商业上可得的条件"？

- 中国市场通行的银行贷款利率是不是出口企业获得贷款必须面对的"商业上可得的条件"？

- 如果对上述问题的回答是否定的，那么如何判断出口企业获得热轧钢板的条件、获得贷款的条件是否属于"比商业上可得的条件更优惠的条件"？

在 WTO 争端解决机制内，有一个原则已经明确，就是因政府干预或其他原因而被扭曲的价格（包括利率）不能作为确定利益授予存在性及其规模的基准，在这种情况下，反补贴调查当局可以另外构建基准。CPTPP 无论是第 17 章还是关于争端解决机制的第 28 章，似乎都没有指明它将如何应对类似的挑战。

另外一个例子是对补贴专向性的认定。如第四章所述，CPTPP

第 17 章也没有使用"专向性"的概念。按该章规定，只有当一个国有企业"因其政府所有权和控制"而获得一项援助的时候，该援助才是非商业援助。那么，如何确定一个国有企业获得一项援助是"因其政府所有权和控制"之故呢？如第四章所述，非商业援助的定义设立了四项标准（第 17.1 条）。这四项标准中的第一项相当于《补贴与反补贴措施协定》中的法律专向性，后面三项相当于事实专向性，取自《补贴与反补贴措施协定》第 2.1（a）条和第 2.1（c）条。尽管如此，在 CPTPP 的争端解决机制中，类似于"明确限定""主要为国有企业使用""不成比例的大量"这样的概念究竟会如何解释和适用，仍有待于通过具体案例来观察。

七、小结

自中国于 2001 年加入 WTO 以来，WTO 体系中与国有企业相关的规则就一直适用于中国国有企业。但是，在过去的二十多年中，被实际适用于中国国有企业的规则主要是《补贴与反补贴措施协定》，而运用的方式，主要是美国、欧盟等贸易伙伴依据《补贴与反补贴措施协定》发起针对中国国有企业的反补贴调查，其中包括把国有企业认定为公共机构，从而把国有企业视为向相关出口企业发放补贴的实体。根据本章对两起因中国对美国的此类反补贴调查提起诉讼而发生的 WTO 争端（DS379 案和 DS437 案）的分析，这样的争端与国有企业相关的部分主要围绕三个问题展开：一是国有企业能否被认定为公共机构；二是被指控的补贴中所包含的利益授予的认定和规模计算能否撇开中国市场的本地价格，使用非本地价格或调查当局构建的近似价格（利率）作为基准；三是被指控的补贴是否具有专向性，包括法律上、事实上或地域上的专向性。

从这两个案件的情况来看，与 WTO 的相关规则发生摩擦和冲突的，并不是个别国有企业的偶然违规行为，而是中国经济体制的常规运行方式。无论是美国的指控，还是 WTO 专家组和上诉机构最后做出的结论和裁决，矛头所向都不是涉案的中国国有企业偶然违反 WTO 相关规则的行为，而是中国的体制模式。这里的根本原因是，如第一章所述，WTO 体系隐含的基础是自由市场经济模式，而中国的现行体制既不是这样的模式，也无意向这样的模式过渡。因此，中国国有企业的常规行为就不可能契合自由市场经济模式的运行规则。

第六章
与国有企业相关的世界贸易
规则的未来改革

  本章主要阐述作者关于与国有企业相关的世界贸易规则的若干评论意见，要点是这些规则未来如何改革。毫无疑问，现存的与国有企业相关的贸易规则并非完美无缺，改革的必要性是公认的。WTO 改革的一个重要组成部分就是国有企业议题。不过，本章的这些意见主要不是从贸易法的专业视角提出的，而是基于经济学的视角。首先，本章的分析以第三章提出的国有企业治理模式的概念为基础，强调与国有企业相关的贸易规则的焦点应从所有制转向治理模式。从这一理念出发，本章的分析引入了迄今为止国际上普遍认可的国有企业公司治理规范，即 OECD 制定的《国有企业公司治理指引》（OECD，2015C；OECD，2024）。其次，本章的分析也基于第三章关于国有企业存在理由的分析。再次，第二章关于各国经济中国有企业总体状况的分析为本章提供了总体背景。从经济学视角出发，本章的分析更多地关注法律规则背后的经济学含义和原理。

  与此同时，与很多法学研究一样，本章的研究也考虑了欧盟的相关经验。欧盟各成员国都有国有企业，这些国有企业很多也都参与欧盟内部市场的贸易。因此，在一定意义上，欧盟面临着与WTO、CPTPP 类似的问题。例如，如何防止成员国对国有企业的补贴扭曲欧盟内部市场的贸易和竞争？如何提高各成员国国有企业运营的透明度？在这些方面，欧盟已经形成了一整套自己的法律体系和具体做法，对全球范围内与国有企业相关的贸易规则的改革有重要的借鉴意义。

本章第一节首先讨论未来改革的若干方向性问题。之后分别讨论五个具体问题：国有企业行为的可归因性（attributability）、国有企业的非财务目标、股权资本形式的补贴、透明度，以及国有企业作为补贴提供者。最后是小结。

一、若干方向性问题

与国有企业相关的贸易规则未来的改革涉及若干重要的方向性问题，其中第一个就是要不要以 CPTPP 第 17 章为蓝本。

因为 CPTPP 第 17 章是在 2016 年谈判完成的，可以说是 WTO 体系内相关规则的更新版，以此作为下一代与国有企业相关的贸易规则的蓝本，看上去是一个很自然的选择。马夫罗伊迪斯和萨皮尔两位专家于 2021 年出版的著作也持这种观点。他们认为，CPTPP 和《欧盟－越南自由贸易协定》即便不是蓝本，也可以作为一个新的关于国有企业问题的 WTO 协议的思想来源（Mavroidis and Sapir，2021，第 175 页）。他们尤其认为，要解决中美之间争议的公共机构问题，一个合适的路径就是效仿 CPTPP（Mavroidis and Sapir，2021，第 184 页）。在更一般的层面上，他们的观点是，要求中国改变其经济制度不是解决问题的办法，出路在于引导中国改变经济行为（Mavroidis and Sapir，2021，第 ix 页）。他们认为，"为了坚持自己的原则同时又包容中国，WTO 需要把一些过去隐含的自由主义理解

（liberal understanding）翻译成明确的条约语言"（Mavroidis and Sapir，2021，第5页）。所谓"自由主义理解"是指1946年联合国经济和社会理事会准备创立的国际贸易组织以及为此而准备的《哈瓦那宪章》（见第一章）在私人产权和有限国家干预方面本来隐含的一些共识。后来《哈瓦那宪章》流产，只有其中的第四章以GATT的形式存续，发展成WTO，这种自由主义共识就没有机会变成条约语言。他们认为现在应该将之明确写进WTO的协定之中。

当然，也有人认为CPTPP本身也有完善的必要（详见丁如的综述，2020，第4页）。例如，有的学者建议，与现在的CPTPP模式相比，未来的国有企业规则应该给国有企业以更大的灵活性来应对市场失灵和提供公共品，还应该考虑社会成本，避免过急和过分的监管（Fleury and Marcoux，2016，第460页）。另有学者认为，CPTPP给予的宽泛例外和豁免使其规则在矫正国有企业扭曲贸易和投资行为方面的有效性降低；小的发展中国家不应该被剥夺运用国有企业改善社会福利的机会（Willemyns，2016，第679页）。还有学者认为，CPTPP没有明确国有企业的性质究竟是私营公司还是国家实体，却对其施加了双重义务，一方面是诸如非歧视这样的政府性义务，另一方面是诸如商业考虑这样的私营公司性质的义务。该学者认为CPTPP的思路实际上是致力于提高运作和维持国有企业的成本，而不是解决国有企业反竞争活动的真实问题（Kim，2017，第256页、第254页）。

CPTPP第17章是否确实代表了未来改革的方向？从第四章的分析中可以引申出来的答案是否定的。这是因为，除了一个重要的例外，即国有企业无论是否符合公共机构定义都是非商业援助的提供者，与以往在WTO体系中和自由贸易协定中已经存在的规则相比，

CPTPP 第 17 章在内容上并无实质性的创新。至于国有企业无论是否为"公共机构"都是非商业援助的提供者，其实质无非是说，国有企业无论其治理模式如何，无论如何改革，都无一例外地属于政府的一部分。如果现实的情况是，相关规则可以有效地解决政府直接向企业——包括国有企业——发放补贴的问题，却无法解决政府通过国有企业向其他企业发放补贴的问题，这样的认定或许能解决一些实际问题。但实际情况是，相关规则无法有效解决政府向国有企业发放补贴的问题。所以，仅仅把国有企业认定为政府的一部分，很难说属于根本性的突破。所以，就实质性内容而言，CPTPP 第 17 章与它继承的那些规则一样，本身就是改革要解决的问题的一部分，而不是解决方案。

与国有企业相关的贸易规则未来的改革必然会涉及的第二个问题，是对国有企业的基本态度。

如第一章提到的，贸易规则约束的对象是政府行为，国有企业之所以成为约束对象，是因为国有企业因其与政府的特殊关系，很容易成为政府干预贸易的工具。第三章的分析进一步表明，如果国有企业在其中运作的治理模式足够接近传统模式，那么它在经营上和财务上对政府就只有有限的独立性，这样的国有企业就很容易成为政府干预贸易的政策工具。例如，政府可以通过影响甚至直接参与国有企业的商业决策，对贸易伙伴的货物、服务、投资实行歧视性对待，也可以通过国有企业（包括国有金融机构）向其他企业间接发放补贴，对贸易伙伴起到与建立关税壁垒相同的效应；当然还可以向国有企业发放补贴，通过它们在国内外市场上打击来自其他贸易伙伴的竞争对手。

由于这样的原因，对那些国有经济规模较小的经济体来说，釜底抽薪式解决问题的办法就是让国有企业在世界贸易中消失。具体的做法，或者像《美国-新加坡自由贸易协定》那样，直接要求贸易伙伴承诺从国有企业撤出投资，压缩国有经济的规模，或者在贸易协定中加入各种以提高国有企业的维持成本为目的的约束性规定。例如，只要把政府对国有企业的一切股权资本投资都界定为补贴，拥有国有企业的经济体为了不违反这一规定，就只能从国有企业撤出投资。但是，第三章关于国有企业存在理由的分析表明，这种简单、彻底的解决办法既不合理也不现实，因为在当今世界，至少一部分国有企业的存在是有经济合理性的。所以，与国有企业相关的贸易规则在未来的改革中必须抵制这种简单化路径的诱惑，不能试图通过把国有企业逐出世界贸易体系来解决其与世界贸易体系的矛盾。

当然，这并不等于说国有企业与世界贸易体系不存在矛盾。事实上，这个矛盾是客观存在的，只是其严重程度依赖于两个因素，一是国有企业的实际治理模式与传统模式和现代模式的距离（见第三章），二是国有经济的规模。一个经济体中国有企业的治理模式越接近于现代模式，国有经济的规模越小，它的国有企业对世界贸易体系构成的挑战就越小，反之则越大。从这个意义上说，虽然国有企业的治理模式和国有经济的规模本身不是应该由贸易谈判来决定的事情，但既然加入了 WTO，每一个成员就有义务遵守 WTO 关于国有企业的规则，因此也就有义务调整自己的国有企业治理模式和国有经济的规模，使之与自己的 WTO 义务保持一致。这就引出了第三个与未来改革方向相关的问题，即第四章提到的"所有制中性"问题。

从第四章的介绍可以看出，在 WTO 体系中，2001 年的《中国加入 WTO 议定书》是一条分界线。在此之前，WTO 规则在国有企业问题上的立场符合人们概括的所有制中性原则。从《中国加入WTO议定书》开始，这个传统就被打破了。后来发展起来的针对国有企业的贸易规则，尤其是CPTPP第17章的规则，都是只适用于国有企业而不适用于私营企业的。CPTPP第17章适用于私人垄断的规则也不适用于一般私营企业。这是不是对国有企业的所有制歧视呢？

答案是否定的。根本原因在于，国有企业与世界贸易体系的矛盾是客观存在的，而一般私营企业与世界贸易体系并不存在这样的矛盾。至于有的私营企业因为与政府有特殊关系，可以成为政府干预贸易的政策工具，也受到了与国有企业类似的对待，从GATT的国家贸易企业到《补贴与反补贴措施协定》中受政府委托或指挥提供补贴的私营企业，再到CPTPP第17章受政府委托或指挥提供非商业援助的私营企业，都是如此。其实，所有制中性原则并不像有人理解的那样，对国有企业与政府的特殊关系视而不见。这个原则的理论基础是，只要国有企业的行为不扭曲全球市场的竞争，对世界贸易来说，就没有必要关心其所有权和控制的性质。但是，问题在于，要做到国有企业的行为不扭曲全球市场的竞争，并非易事。针对国有企业的所有贸易规则所追求的，其实就是这个目标。

关于所有制中性原则的另一个例子是欧盟。欧盟的国家援助规则适用于国有企业但不针对国有企业，可以说是贯彻了所有制中性原则。在欧盟内部市场的语境中，"国家援助"中的"国家"指的是各成员国。国家援助的大体意思是各成员国对各自企业的补贴。事实上，不止国家援助的规则，《欧洲联盟运行条约》明确规定"条约对各成员国关于财产所有权的规则不持成见"[1]，其含义就是

---

① Article 345, Treaty on the Functioning of the European Union.

对企业所有制持中性立场。在讨论国家所有制与竞争的问题时，欧盟法律一般使用"公共企业"（public undertakings）而不是"国有企业"的概念（周牧，2022）。公共企业在欧盟的意思是任何一个公共当局可以直接或间接地施加支配性影响的企业，这可以基于对该企业的所有权，或基于在该企业中的财务参与，或基于约束该企业的规则。概括而言，公共企业的概念包括但不限于国有企业。但是，欧盟的国家援助规则对国有企业可以采取这种所有制中性立场的一个重要前提是其成员国已经经过了筛选，这些成员国的基本经济制度已经比较接近，其中包括各成员国国有企业的治理模式和国有经济的规模。

除了以上三个问题，与国有企业相关的贸易规则在未来的改革中还会涉及的第四个方向性问题是，贸易规则的焦点应该从所有制转向治理模式。这是因为，既然把国有企业逐出世界贸易不是一个选项，那么国有企业参与世界贸易能带来多大的扭曲贸易的风险，决定因素就是其治理模式。治理模式越是向现代模式靠近，国有企业在经营上和财务上对政府的独立性就越高，成为政府干预贸易的工具的风险就越低。所以，与国有企业相关的贸易规则必须与国有企业公司治理改革的全球趋势相协调。到目前为止，这一点似乎并没有被提上日程。除了欧盟 2014 年在关于跨大西洋贸易与投资伙伴关系的谈判中提到 OECD 的《国有企业公司治理指引》，并提出"遵守透明度和公司治理的高标准"，以及《欧盟－越南自由贸易协定》第 11.5 条规定要"遵守国际上认可的公司治理标准"之外，与国有企业相关的贸易规则以及相关讨论很少涉及全球范围的国有企业公司治理改革。

第五个方向性问题是，与国有企业相关的贸易规则需要承认并反映一个事实，即典型的国有企业都追求非财务目标。如第三章所述，国有企业存在的理由可能恰恰在于它们可以成为政府实现其政策目标的有用工具。所以，同时肩负财务和非财务目标，对国有企业来说是正常现象，而不是例外。倒是那些只追求财务目标而没有非财务目标的国有企业，其存在理由值得怀疑。因此，与国有企业相关的贸易规则需要正视并接受这一事实，并在此基础上制定相关规则。例如，补贴控制的规则需要明确区分不包含利益授予的、对国有企业追求非财务目标发生的成本进行的补偿和包含利益授予的真正的补贴。

第六个方向性问题是，提高透明度非常关键。这是因为，国有企业与世界贸易体系的矛盾起源于政府与国有企业关系的特殊性质，而这种关系天生就是不透明的。只要在财务、经营两个方面坚持透明度和披露的高标准，就可以在很大程度上消除扭曲贸易的风险。

二、国有企业行为对政府的"可归因性"

因为贸易规则调整的对象是政府行为，与国有企业相关的贸易规则在未来的改革中必须面对的一个基本挑战是，确定国有企业的行为是否以及在何种条件下可以被视为政府行为，即国有企业行为对政府的"可归因性"。

在一定意义上，《补贴与反补贴措施协定》中公共机构的定义问题，在涉及国有企业时，在一些情况下也可以归结为可归因性问题：当一个国有企业采取第1.1(a)(1)条列举的某些行为，如向其他企业提供赠款、贷款、股权资本、贷款担保、投入品或购买其他企业的产品或服务时，其行为是否可以归因于政府?① 在 DS437 案中，上诉机构的裁决认为，一个实体一旦被确认为公共机构，对于第1.1(a)(1)条的目的来说，该实体的行为就直接可归因于该成员方。②

在 DS379 案中，国有企业在热轧钢板市场上 96.1% 的市场份额被上诉机构认为是政府的市场份额。③ 在这里，虽然上诉机构并没有把所有生产热轧钢板的中国国有企业都认定为公共机构，但把它们的市场份额认定为政府的市场份额，实际上也已经变相地把它们的行为归因于政府。④

那么，能否完全否定国有企业行为对政府的可归因性呢? 或者说，能否规定任何国有企业的行为都只是企业行为且不能归因于政府呢? 答案无疑是否定的。因为按照定义，国有企业就是由政府所有并以某种方式在其中行使控制的企业。如果国有企业在其中运作的治理模式非常接近于第三章定义的传统模式，那么国有企业其实就是政府的一个基层单位或一种延伸。如果一概否定可归因性，就等于无条件地把国有企业行为置于贸易规则的约束之外，从而也就等于允许政府自由地运用国有企业作为干预贸易的工具。这样一来，

---

① 当然，普通国有企业不大可能采取该条所列举的另外一些行为，如放弃或未征收在其他情况下应征收的政府税收（如税收抵免之类的财政激励），除非国有企业被赋予狭义政府才有的征税权;"委托或指挥"私营机构履行该条中列举的或更多的政府职能，也需要国有企业被赋予专门的政府权力。所以，如果国有企业采取了这些行为，则这些行为属于政府行为且这些国有企业属于公共机构，应该是无可置疑的。

② Paragraph 6.3. WTO Appellate Body 2019.

③ Paragraphs 455，456. WTO Appellate Body 2011.

④ 当然，WTO 上诉机构也指出，政府居于一种商品的主导地位的供应者这一事实本身并不能自动证明该商品的价格已经被扭曲，即不存在不证自明之规则（per se rule）。见 Paragraph 4.52. WTO Appellate Body 2014B。

政府在贸易协定中做出的很多承诺就会失去价值，因为它可以用国有企业作为工具来抵消它对贸易伙伴做出的承诺。比如，政府可以一方面承诺给予贸易伙伴最惠国待遇和国民待遇，另一方面通过国有企业采取相反的行动；一方面承诺降低关税，另一方面通过国有企业（包括国有银行）发放补贴。

如何应对这样的挑战？在现有的与国有企业相关的贸易规则中，第一种思路就是在一个极端寻找答案，即坚持无条件的可归因性，或者全盘否定不可归因性。这在 CPTPP 第 17.6 条关于非商业援助的规则中表现得最为清楚。因为按照该条，所有国有企业都与政府本身一样，负有不向其他国有企业提供可以给其他缔约方利益造成不利影响的非商业援助的义务。也就是说，国有企业向其他国有企业提供非商业援助的行为自动地被视为属于缔约方政府的行为，相当于《补贴与反补贴措施协定》第 1.1 条所说的公共机构的行为。在这里，国有企业是以所有权和控制来定义的，也就是说，只要是国有企业，无论其治理模式如何，无论有没有改革、怎么改革，都无关紧要，至少在非商业援助这一点上，其行为对政府的可归因性是不变的、无条件的。

但是，严格说来，这种思路并非始于 CPTPP。早在 CPTPP 之前，当国家贸易企业的非歧视和商业考虑的义务被移植到国有企业的时候，实际上就已经是基于一个隐含的假定，即所有的国有企业行为，无论其治理模式如何，都与国家贸易企业的行为一样，是可归因于政府的。换句话说，它们有没有被指定为国家贸易企业，是一件无关紧要的事情。否则，那些不是国家贸易企业的国有企业就应该像私营企业一样被留在该规定的约束范围之外。

在关于公共机构定义的争论中，美国的立场也体现了这种思路。在 DS379 案中，美国的立场就是以多数所有权和控制作为确定国有企业是否为公共机构的法律标准，也就是说，所有的国有企业无论其他条件如何，都是公共机构；其行为只要在第 1.1(a)(1) 条的范围之内，就无条件地可归因于政府。在 DS436 案中，美国又提出，一个受政府控制的国有企业，比如政府可以像使用自己的资源一样使用其资源的国有企业，即属于公共机构，无论该企业是否拥有政府权力，无论该企业是否为履行政府职能而行使此种权力。①如果按通常的公司法概念来解释，公司财产是公司法人财产，并不归属于任何股东。所以任何股东包括控股股东，都没有合法权利"可以像使用自己的资源一样"使用公司的资源。照此推论，按美国的这个标准，在国有资本控股公司中，政府并没有法定权利，"可以像使用自己的资源一样"使用公司的资源。所以仅仅凭借国家所有权和控制，至少不能把国有资本控股公司认定为公共机构。但是，美国提出这个标准的本意显然是因为国家作为控制性股东对国有资本控股公司拥有事实上的控制权，所以这样的公司即使没有被赋予政府权力，也可以被认定为公共机构。

在现有的与国有企业相关的贸易规则中，第二种思路就是要求政府承诺"不影响国有企业的商业决策"，例如中国、越南的加入WTO 议定书和《美国 – 新加坡自由贸易协定》就是如此。就其隐含的意义而言，这一思路似乎承认，如果政府不影响国有企业的商业决策，国有企业的行为就可以不归因于政府。

同时，在现有的与国有企业相关的贸易规则中，也可以看到平衡这两种思路的一些努力。

---

① Paragraph 4.6. WTO Appellate Body 2014A.

关于第一种思路，CPTPP 第 17 章给予独立养老基金的例外规定尤其引人注目。为什么独立养老基金及其控制的企业可以被例外对待？一个很清楚的原因是独立养老基金"独立"于政府，具体来说就是其"投资决策不受缔约方政府的指挥"。而关于缔约方政府对投资决策的"指挥"的含义，该章也限定得很清楚：不包括与通常投资实践没有不一致之处的、关于风险管理和资产配置的一般指引；政府官员参加该企业的董事会或投资决策机构本身不说明存在政府指挥（脚注 3）。CPTPP 第 17 章给予独立养老基金的例外规定说明，即使该章的起草者，实际上也承认把一切国有企业的行为都无条件地归因于政府是不必要的。如果国有企业的治理模式足够接近现代模式，以致它在经营和财务上对政府都具有足够的独立性，那么至少在非商业援助问题上，不把这样的国有企业的行为归因于政府，不会给自由贸易带来显著风险。这是因为，仅仅由于政府在这样的国有企业中行使股东权利，这些企业就成为政府干预和扭曲贸易的工具的风险是很低的。因为即使按照美国的标准，在这样的企业中，政府也不能"像使用自己的资源一样"使用企业的资源。

关于第二种思路，在《美国 - 新加坡自由贸易协定》中，新加坡就被允许"在政府企业中以一种与本协定不相矛盾的方式行使其投票权"（第 12.3.2.e 条）。类似地，在 2006 年的越南加入 WTO 议定书中，越南关于不影响国有企业商业决策的承诺就附带两个例外：其方式与 WTO 协定相一致的除外，与非政府企业所有者或股东享有的权利相一致的除外。[①] 与 2001 年的《中国加入 WTO 议定

---

① WTO: *Report of the Working Party on the Accession of Vietnam*. WT/ACC/VNM/48. 27 October 2006. Paragraph 78.

书》相比，这些限定都属于修正或平衡的努力。在后来的 CPTPP 第17 章中，要求政府不影响国有企业商业决策的规定没有再出现。

相对而言，第二种思路并没有形成什么实际影响。这并不奇怪，因为不影响国有企业商业决策的规则本身就是不可实施的空话。其原因是，一个国有企业按定义就是政府所有和控制的企业，要求政府对自己"控制"的企业的商业决策不施加"影响"本身就是自相矛盾的。而且，自己不"影响"其国有企业商业决策的政府，不可能同时"保证"该国有企业"仅依据商业考虑进行购销活动"。

至于第一种思路，因其过于极端，所以既不必要，也不现实。不必要，是因为对政府足够独立、其行为对贸易伙伴不构成明显风险的国有企业是存在的。治理模式接近现代模式的国有企业，例如 CPTPP 第 17 章给予例外的独立养老基金所属企业，就属于此类。对这样的国有企业，即使承认其行为不可归因于政府，也没有什么风险。

不现实，是因为任何人都不可能跟踪监测全世界所有国有企业（包括银行）的所有交易，从中找出那些偏离商业考虑或向其商业伙伴提供了比市场上可获得的条件更优惠条件的交易。换句话说，一些国家通过贸易规则对另一些国家的国有企业施加"全面的竞争法类型的义务"，这是做不到的。面对各种现实的约束，这种义务最后如果不是完全沦为空谈，至多也只能以一种选择性的、歧视性的方式实施。

例如关于公共机构的定义，美国在 DS379 案和 DS437 案中主张的判定标准之所以没有因其不现实而显得荒唐，只是因为关于它的争论一直局限于个别案例的框架之中，隐含的假定本身就是选择性实施。因为美国的判定标准实际上是要将一切国有企业都无条件地界定为公共机构，所以，如果将该标准作为一般规则放在全球范围之内，注定是无法实施的。

如第二章所述，国家石油公司在石油天然气产量中占比约60%，按美国主张的标准，可以说全球企业使用的石油天然气有60%都是"公共机构"提供的，因而这些国家石油公司所属政府都提供了"财务资助"，这些企业凡是有产品出口到美国的，美国都可以考虑对此发起反补贴调查，看其中是否包括利益授予，是否存在专向性补贴。如果涉及计算利益授予，全球市场的石油天然气价格可能都不能作为基准，因为各国"政府"占据了60%的市场份额，其价格很可能已经扭曲。美国需要构建一个虚拟的全球石油天然气价格体系。显然，这对美国商务部来说是不可能做到且不会去做的。要坚持它提出的判定标准，美国永远只能针对个别国家、挑选个别案例，谋求以一种选择性的、歧视性的方式实施。

第二章的分析还表明，不仅石油天然气行业，银行业的情况也类似。银行业的国家所有并不是个别国家的现象，甚至不是发展中国家的现象。国有银行在很多国家包括一些发达国家都广泛存在。按照美国的判定标准，这些国有银行都无条件地属于公共机构，接受它们贷款的企业等于都接受了政府的"财务资助"。这些企业的产品如果出口美国，美国商务部都有可能发起反补贴调查，看它们接受的贷款中是否包含利益授予。同样，美国商务部不会这样做，因为这是不可能做到的。它能做到的是针对个别国家、个别案例选择性地谋求实施它提出的判定标准。

事实上，在 DS379 案中，WTO 上诉机构警告，过于宽泛地解释"公共机构"的定义等于向调查当局发放许可证，使之可以把任何与政府有关联的实体都界定为公共机构。而这样就会破坏《补贴与反补贴措施协定》所包含的一种平衡，这种平衡指的是《补贴与反补贴措施协定》的目的，即按照 GATT，既要加强和改善对成员方使用补贴措施的约束，也要加强和改善对成员方使用反补贴措施的约束，同时承认成员方在特定条件下采取这些措施的权利。[①]

那么，究竟应该如何确立国有企业行为对政府的可归因性的标准呢？根本的出路在于把焦点从所有权和控制转向国有企业的治理模式。具体来说，与国有企业相关的贸易规则需要以更明确的方式、在更深刻的层面上与国际公认的国有企业公司治理标准取得一致。目前，反映国际共识的国有企业公司治理标准就是 OECD 制定的《国有企业公司治理指引》（以下称《指引》）以及其他相关标准（如竞争中性原则）。

例如，政府在国有企业商业决策中的角色不是简单的影响或不影响的问题。按照 OECD《指引》，国家作为所有者在国有企业中的适当角色是一个"获得充分信息的、积极的所有者"（OECD，2024，第 11 页）。作为一个遵从公司规范或通常商业实践的股东，"政府应该允许国有企业拥有完全的经营自主权来实现已经确定的经营目标，而不要干预国有企业的管理"（OECD，2024，第 11 页）。例如，政府不应该参与类似国有企业人员聘用这样的经营决策。然而，这并不等于说，政府作为所有者应该完全无所作为。作为一个有充分信息的、积极的所有者，除了按公司规范行使股东权利，政府特别需要制定出清楚和一贯的所有权政策，为国有企业确定使命和目标，保证有一个结构性的董事会提名过程和所有者权益的有效行使（OECD，2024，第 21 页）。

---

① Paragraphs 303, 301. WTO Appellate Body 2011.

毋庸置疑，"积极的"所有者和过度干预的所有者之间并无清楚的边界，灰色地带肯定是存在的。特别是，政府滥用其股东角色而追求扭曲贸易的政策目标的可能性也总是存在的。比如，政府确立的"使命"或"目标"，完全可以是针对某贸易伙伴设立非关税壁垒以便实施进口替代战略。如何解决这样的问题？OECD《指引》推荐的改革是实现"在国家的所有者职能和其他可能对国有企业产生影响的职能尤其是市场监管职能之间，实现清楚的分离"，其理论依据是，"所有者责任和政策制定、市场监管责任在行政和法律层面的完全和透明的分离是实现国有企业和其他企业平等竞争、避免竞争扭曲的根本性先决条件"（OECD，2024，第30页）。OECD《指引》同时推荐通过单一的所有权实体来集中行使国家所有者权益（OECD，2024，第11页）。但是，既然所有者职能和其他职能属于同一个政府，那么在任何国家，二者可以分离的程度必定是有限的。换句话说，积极的所有者变成过度干预的所有者、股东权利被滥用，使国有企业变成政府干预贸易、扭曲竞争的工具，这样的风险是不可能完全消除的。

　　然而，如前所述，把国有企业驱逐出世界贸易，不是一个选项，因为它们的存在有其合理性。虽然作为WTO成员的各国政府有义务促使其国有企业治理模式和国有经济的规模与自己对贸易伙伴的承诺相一致，但与国有企业相关的贸易规则不能把希望寄托在国有企业的消失上。

　　既然如此，进一步改革与国有企业相关的贸易规则，还有什么选项呢？

　　作为出发点，各种贸易协定可以要求缔约方政府承担一项简单的义务，即在国有企业中行使其所有者职能的方式，不得与其对贸易伙伴的承诺相冲突。换句话说，政府在国有企业中的任何行为，只要与其对贸易伙伴的承诺相冲突，都应在明确禁止之列。这一要求的合理性是显而易见的。

由此推论，贸易规则不能像以往那样要求政府"保证"一个国有企业的行为如何，而是需要把矛头对准政府行为本身。为了有足够的可实施性，贸易规则需要就政府必须遵守的关键承诺提出更具体和更清晰的要求。例如，应该清楚地规定，任何 WTO 成员方的政府都有义务保证，它在国有企业中的行为不能促使该国有企业参与对贸易伙伴的歧视性行为，或代表政府向另一企业提供对贸易伙伴利益造成不利影响的专向性补贴。

与此同时，关于某一个特定国有企业的行为是否可以归因于其政府，可以考虑把选择权交给贸易协定的缔约方政府。换句话说，缔约方政府可以向其贸易伙伴提交一份清单，说明自己对哪些国有企业的行为负责，对哪些国有企业的行为不负责。这份清单一旦得到贸易伙伴的确认，即可照此执行。

实施这一措施的关键，是需要缔约方政府就自己在国有企业中的行为规范做出可监督的承诺。具体办法是制定一份《政府在国有企业中的行为规范》（以下简称《行为规范》）。贸易协定的缔约方政府提出自己对某些国有企业的行为不负责任，也就是说，这些国有企业的行为不能归因于政府，这一要求要得到其贸易伙伴的认可，前提是该缔约方政府承诺在这些国有企业中遵守该《行为规范》，而它的贸易伙伴也没有发现其未能履行承诺。这样就能创造出一种正面激励，鼓励贸易协定的缔约方政府在可行的情况下尽量推动其国有企业治理模式向现代模式靠近。而更多的国有企业的治理模式向现代模式靠近，自然会降低国有企业参与贸易给贸易伙伴带来的扭曲风险。

至于《行为规范》的具体内容，需要按此目的，依据 OECD《指引》进行专门的设计。由以上讨论可以推论得到的一个标准是，《行为规范》对政府在国有企业中的行为约束必须达到如此程度，以至于贸易伙伴认可，该国有企业的行为可以不归因于该政府，其中包括该国有企业不被认定为公共机构，该国有企业的市场份额也不被计算为政府的市场份额。另外，对政府行为的约束也必须符合 OECD《指引》的原则，不能为了隔离政府与企业的接触而妨碍政府行使国家股东的正当权利。① 按照这样的原则，《行为规范》大体上应该是政府行为的"负面清单"，即政府在国有企业中不能采取的行为清单。②

因为《补贴与反补贴措施协定》中有"委托和指挥"③ 的概念，有人可能会认为，要求政府在国有企业中的行为必须保证不构成《补贴与反补贴措施协定》所说的委托和指挥，也可以成为一个标准。但

---

① WTO 专家组曾经设想过一个政府所有的实体完全不受政府控制的情形，见吴盈盈（2019，第 141 页）。

② 在中国国有企业改革历史上，曾经有过类似的"负面清单"，规定了 13 项"企业经营权"，即国务院于 1992 年发布的《全民所有制工业企业转换经营机制条例》。例如，该条例赋予企业的"进出口权"包括"企业可以在全国范围内自行选择外贸代理企业从事进出口业务，并有权参与同外商的谈判"，这就意味着禁止政府在这方面对企业的选择进行干预。

③ 关于这两个术语的含义，在 *US – Countervailing Duty Investigation on DRAMs* 一案中，上诉机构澄清说，"委托"指的是政府要求一个私营实体承担责任的情况，而"指挥"指的是政府对一个私营实体运用其权威的情况。在 *US – Anti-Dumping and Countervailing Duties（China）* 一案中，上诉机构指出，"委托"这一动词定义为给予有权威性的指示，指令做出某种行动，命令、控制或管理一项行动。动词"指挥"的意思是就一项任务给予一个人以责任。上诉机构已经把"指挥"解释为政府对私营实体行使其权威的情况，包括一定程度的强制，把"委托"解释为政府要求私营实体承担责任的情况。见 Paragraphs 103，108. WTO Analytical Index：SCM Agreement – Article 1（Jurisprudence）。

是，这样的标准在实践中可能会太过宽泛。这是因为《补贴与反补贴措施协定》中的委托和指挥是针对私营企业提出的，具体到国有企业，政府的什么行为构成委托和指挥，并无具体客观的标准。2005年，在审理欧盟和韩国之间的一起纠纷时（DS273案），WTO专家组明确指出政府的所有权本身不是委托和指挥的证据。除了政府所有权之外，还需要明确的授权或命令行为的证据，才能认定为委托和指挥（Wu，2019，第135—136页）。但是，由于国有企业与政府的特殊关系，在大多数场合，政府并不需要发出这种形式化的指令，就完全可以让国有企业按自己的意愿行事。

为了取信于贸易伙伴，贸易协定的缔约方政府可以自行决定把《行为规范》确立为法律，以便提高其国有企业经营环境的可预测性，降低法律风险。当然，这些国有企业的行为对政府的不可归因性并非不可挑战。挑战的依据是政府违反了《行为规范》。

与此同时，贸易协定的缔约方政府也应该有足够的自由，决定在另外一些国有企业中不受《行为规范》约束，同时政府对这些国有企业的行为负责，包括承认这些国有企业就是《补贴与反补贴措施协定》意义上的公共机构。这样的选择可能是有价值的。例如，一些缔约方政府可能会认为《行为规范》对政府行为的限制过于苛刻。在另一些情况下，一些缔约方政府可能会认为在某些国有企业中保持深度干预，其获得的利益胜过为其行为承担责任的成本。把这样的选择确定下来并告知贸易伙伴，也可以提高国有企业经营环境的可预测性，降低贸易摩擦的风险。

把国有企业分成这样两类之后，另外需要推行的一项改革是关于商业考虑的约束性规定。对这一规定进行改革的未来方向是让其回归本位，即像GATT第17条一样，作为检验非歧视原则是否被违反的一项标准，而不是一项竞争法类型的义务。具体而言，那些其行为可以归因于政府的国有企业，必须遵循非歧视原则和与之相联系的商业考虑要求。那些其行为不可归因于政府的国有企业，在非歧视和商业考虑问题上，应该受到像私营企业一样的对待，除非它同时是国家贸易企业。

与此类似，就《补贴与反补贴措施协定》第1.1条而言，缔约方政府确认为其行为可归因于政府的国有企业，自然就是公共机构，无须再争议。缔约方政府确认其行为不可归因于政府的国有企业，应该与私营机构同等对待，也就是说，要证明补贴的存在，必须证明政府或公共机构对它们存在"委托或指挥"。

归纳起来，关于国有企业行为对政府的可归因性，本章提出的建议是，贸易协定缔约方的国有企业分为两类：不可归因的和可归因的。不可归因类国有企业的行为是企业行为，不可归因于政府，不在贸易协定的约束范围之内，但前提条件是政府在企业中的行为应遵守《行为规范》。可归因类国有企业的行为可归因于政府，属于贸易协定的约束范围，同时政府在企业中的行为不受《行为规范》约束。但是，无论对哪类企业，政府行使其所有者职能的方式，都不能与其对贸易伙伴的承诺相冲突。这些建议可以概括为表6.1。

表6.1　关于国有企业行为对政府的可归因性的建议

事项	不可归因类企业	可归因类企业
政府在企业中行使所有者职能的方式与其对贸易伙伴的承诺不相冲突	是	是
政府在企业中的行为遵守《行为规范》	是	否
国有企业的行为可归因于政府	否	是

事项	不可归因类企业	可归因类企业
国有企业遵循非歧视原则和与之相联系的商业考虑要求	否	是
国有企业是《补贴与反补贴措施协定》所称的公共机构	否	是
国有企业的市场份额计算为政府的市场份额	否	是

资料来源：作者建议。

三、国有企业的非财务目标

非财务目标是国有企业与私营企业之间的一个关键区别。当然，并非每个国有企业在任何时候都追求非财务目标，但国有企业的经营目标中包括非财务目标是常态而非例外。如第三章所述，这些非财务目标就性质而言可以包括公共服务的全民可及、促进发展以及战略性资产的本国控制。所以，与国有企业相关的贸易规则面临双重挑战。首先，与国有企业的经营独立性相关，政府肯定需要以某种方式影响国有企业的商业决策以便保证合理的非财务目标能够实现。其次，与国有企业的财务独立性相关，对于国有企业因追求非财务目标而发生的成本，政府一方面必须予以公平补偿，另一方面又要保证不能把补偿变成补贴，对贸易伙伴的利益造成不利影响。

从第四章的介绍可以看出，到目前为止，与国有企业相关的贸易规则对这些挑战采取的是一种视而不见的态度。就国有企业的经营独立性而言，针对国有企业的贸易规则满足于笼统地要求国有企业在购销活动中遵从商业考虑。在财务独立性方面，虽然《补贴与反补贴措施协定》第1.1条的"利益"概念意味着，如果政府给予国有企业一项财务资助，而该财务资助仅仅足以覆盖其追求非财务目标产生的成本，因而并不附带任何利益授予，则该财务资助并非补贴。但是，这一隐含的推论从未变成明确的规则。

CPTPP 第 17 章因为没有再使用"利益"的概念，所以，按该章规则很难再区分存在利益授予的非商业援助和不存在利益授予的、对国有企业因追求非财务目标而产生的成本所做的合理补偿。该章规则的制定者似乎对这种区分并不感兴趣。这反映在该章就非商业援助给予若干缔约方的豁免。其中很多所谓的"非商业援助"，其实只是政府对国有企业因追求非财务目标而产生的成本所做的补偿，并不一定存在利益授予。例如，智利国家石油公司得到的一项豁免是，政府要求该公司保证边远地区和服务不足地区的电力供应，该公司因此进行的能源产品的生产和销售获得的非商业援助得到了豁免。马来西亚国家石油公司也得到了类似的豁免：政府可提供非商业援助以补偿其在石油天然气行业之内和之外执行政府要求的项目，以及按低于市场的价格向特定消费者和公众销售天然气及其副产品，但政府要求的项目不能给该国有企业带来在商业活动中的优势（见第四章表 4.4）。首先把这些财务资助界定为非商业援助，然后又基于它们与带有利益授予的真正的非商业援助有明显区别而给予豁免，这种操作方法从一个侧面说明，CPTPP 第 17 章无意区分二者，而是对其背后的问题选择了一种回避态度。

在未来的改革中，与国有企业相关的贸易规则需要从上述两方面补充和完善。在国有企业的经营独立性方面，贸易规则需要在两个目标之间取得平衡。其一是保证合理的非财务目标得以实现，这可能需要允许政府更多地参与国有企业的非商业和商业决策，其程度可能会超过私营公司通常的规范。如果同一国有企业既追求非财务目标又追求财务目标，情况尤其如此。其二是与此同时必须保护贸易伙伴的利益，以免政府滥用其在国有企业中的角色，给贸易伙伴的利益带来不利影响。

这无疑是一种脆弱的平衡。有人可能会说，国有企业追求非商业目标，并不一定要求政府参与其非商业和商业决策过程。有些情况下的确是这样。政府可以通过合同把特定任务派发给国有企业，通过监督和评价来确认国有企业按照合同完成了任务，然后按合同支付其成本，不必介入其决策过程。但是，如第三章所述，在这种情况下，执行此种任务的企业就不必一定是国有企业，私营企业也一样可以。国有企业存在的意义就在于，政府可以在合同不能完全解决问题的情况下，依托自己对企业的所有权所衍生出来的剩余控制权，对合同没有规定的事项行使自由裁量权。因此，贸易规则不能排除政府介入国有企业决策过程的可能性。当然，如前所述，贸易规则也不能指望通过把国有企业排除出世界贸易来解决问题。

因此，维持上述平衡的关键，仍然是要求政府承担上一节提到的义务，即保证其在国有企业中行使所有者职能的方式与其对贸易伙伴的承诺不相冲突。为了使这一承诺更容易落实，应鼓励政府像OECD《指引》推荐的那样，在可行的和经济上有效率的地方，尽量使国有企业的非财务目标与财务目标分离（OECD，2024，第31页）。最好是达到公司实体层面的分离，即追求非财务目标的业务单独属于一个公司实体，不要与追求财务目标的业务混在一起。如果这一点在技术上或经济上不可行，可以寻求职能上的分离，就是在同一个公司实体内，追求非财务目标的业务作为一个独立的部门存在，与其他业务尽量不交叉、不重合。如果职能上的分离也做不到，两种业务必须交叉、重合，那么最低限度也要做到会计上的分离，就是在会计核算上将二者剥离，分别核算。这样的分离措施再加上本章后面将要讨论的透明度的高标准，就可以大大提高前述承诺的可信度和可实施性。

在国有企业的财务独立性方面，贸易规则需要做的是完善补贴的定义，明确排除无利益授予的财务资助[①]，使之与国际通行的国有企业公司治理标准取得一致。OECD《指引》明确要求，与公共政策目标相关的成本应由国家承担并予以披露。对此，OECD解释说，为了保持与私营企业之间的公平竞争，国有企业完成公共政策目标后应得到公平补偿（adequately compensated），既要避免补偿过度也要避免补偿不足。一方面，如果补偿过度，就等于向它们的竞争性活动提供了一笔事实上的补贴，从而造成它们与私营企业之间的不公平竞争。另一方面，如果对公共政策活动补偿不足，则会破坏企业的生存能力（OECD，2024，第31页）。

其实，如果把国有企业为追求非财务目标而从事的活动视为应政府要求向政府提供的货物或服务，那么OECD《指引》提出的上述原则与《补贴与反补贴措施协定》第1.1条是完全一致的。按照《补贴与反补贴措施协定》第1.1(a)(1)(iii)条，政府购买货物是政府财务资助的一种形式。但政府向企业购买货物本身显然不是补贴。那么在什么情况下政府购买货物才是补贴呢？《补贴与反补贴措施协定》第1.1(b)条指出，如果其中包含了利益授予，就是补贴。如何界定是否

[①] 在评论CPTPP时，Willemyns（2016，第675页）建议，将来考虑重新起草协定的时候，可将现在列在各缔约方附录里的若干特定例外，改为关于公共服务义务提供的一条一般性例外。这样就能把企业和行业的例外限定于实际上完成例如全民服务义务这样的场合。Willemyns（2016，第676页）还指出，《国际服务贸易协定》（TiSA）谈判中使用的关于竞争性服务提供的附录（Annex on Competitive Delivery Services）的草案文本也包含关于全民服务义务的条文，规定这样的义务必须透明、非歧视、竞争中性、有限、成比例，且不增加不必要的负担。

包含利益授予？第 14(d) 条提出，如果购买所支付的补偿超过了"适当报酬"，就存在利益授予。OECD《指引》所说的可能导致不公平竞争的补偿过度就是包括利益授予的补偿。CPTPP 第 17 章因为不适用于政府采购，所以其非商业援助的定义中没有包括政府购买货物和服务的内容。

把这样一个看起来无可争议的一般原则付诸实施，关键是识别包含利益授予的财务资助，并将其与不包含利益授予的"适当报酬"或"公平补偿"区分开来。为此，在追求非财务目标的活动和追求财务目标的活动之间，如果不能实现前面所说的公司实体层面分离或职能层面分离，那么有足够程度的会计上的分离，是最起码的条件。追求非财务目标的真实成本需要有清楚的识别和记录，为合理的补偿提供基础。在非商业活动和商业活动交叉、重合的情况下，这要求对共享的成本和资产进行识别并按比例进行分解。因此，高水平的透明度和可问责性非常关键。

为了将这些一般原则付诸实施，与国有企业相关的贸易规则未来的改革可以学习欧盟的国家援助控制体系中与"普遍经济利益服务"（services of general economic interest，SGEI）相关的做法。[①] 在欧盟，普遍经济利益服务是指为完成公共目标而进行的、依据《欧洲联盟运行条约》第 106(2) 条享有特权的特殊的经济活动，这些活动可以由公共企业或私营企业进行，可以有也可以没有公共的财务资助。欧盟的国家援助控制制度必须维持的一个平衡是，一方面，它必须保证普遍经济利益服务的合理的成本补偿不受到妨碍，因为普遍经

---

① 根据 Willemyns（2016，第 675 页）的记述，在 TTIP 谈判中，欧盟已经要求为"狭义定义的合理例外"留出空间，指的就是其普遍经济利益服务。

济利益服务要"完成其使命"，成本补偿就是必需的；另一方面，它必须防止任何此种补偿扭曲竞争和影响贸易"到如此程度，以至于有悖于联盟的利益"。①《欧洲联盟运行条约》第107(1)条要求，"除条约另有规定外，任何成员国给予的或通过成员国资源给予的任何形式的援助，只要通过给特定企业以优惠或特定货物以保护而扭曲或威胁扭曲竞争，就其影响成员国之间的贸易而言，就是与内部市场不相容的"。

图6.1勾勒了欧盟使用的一套旨在区分与内部市场"不相容"的援助与其他援助的复杂的规则和程序。周牧的一篇论文（2022）更详细地解释了整套流程。简而言之，关键的步骤是两个"分开"。第一是把援助与非援助分开，第二是把相容的援助与不相容的援助分开。

首先，对普遍经济利益服务的有些补偿被认为本身就不构成援助，所以就不会构成不相容的援助：

（1）小额补偿，即在任何三个财政年度内不超过50万欧元的数额。

（2）对那些不符合欧盟"经济活动"定义的普遍经济利益服务提供的补偿。

（3）那些被视为对贸易没有影响的补偿。

---

① Paragraphs（2）and（3），《欧洲联盟委员会关于将〈欧洲联盟运行条约〉第106(2)条应用于向特定的被委托提供普遍经济利益服务的企业给予公共服务补偿形式的国家援助的决定》［Commission Decision of 20 December 2011 on the Application of Article 106（2）of the Treaty on the Functioning of the European Union to State Aid in the Form of Public Service Compensation Granted to Certain Undertakings Entrusted with the Operation of Services of General Economic Interest（notified under document C（2011）9380）］。下文简称《决定》。

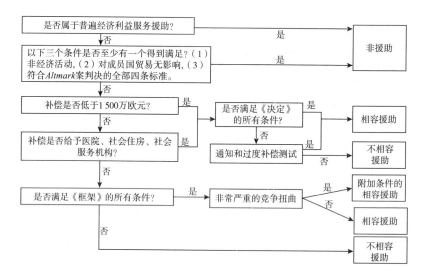

图 6.1 欧盟的普遍经济利益服务分析树

资料来源：作者根据欧盟网站原图翻译绘制。见 https：//competition - policy. ec. europa. eu/system/files/2021 - 04/SGEI_analysis_tree_en. pdf。2022 年 10 月 16 日查阅。

（4）符合以下四条标准的补偿——这四条标准是在一个标志性的案件（*Altmark* 案）中确立的：

a. 受益者必须确实有公共服务义务需要完成，而且该义务必须有清楚的界定；

b. 补偿的参数必须是事先以客观和透明的方式确立的；

c. 考虑相关的收入和合理利润，补偿不能超过为完成公共服务义务而发生的全部或部分成本；

d. 或者该企业是通过公共采购程序选拔出来的，或者补偿数额的决定是基于对一个典型企业会发生的成本所做的分析。

其次，在那些构成援助的补偿当中，有一些被认为属于"相容的"援助，包括如下三类：

（1）数额小于 1 500 万欧元，而且符合简称为《决定》的文件所设定的条件。这份文件确立了一个门槛，符合这个门槛的补偿就

被认为是相容的补偿，可以不必执行《欧洲联盟运行条约》第108
（3）条规定的通知义务。

（2）数额大于1 500万欧元但给予了医院、社会住房或社会服务机构，此外还符合《决定》设定的所有条件；或者如果不符合，执行通知义务并通过一个"过度补偿测试"，该测试由《欧洲联盟委员会关于公共服务补偿形式的国家援助框架的通讯》（简称《框架》）第2.11节规定。

（3）不符合以上两条标准，但符合《框架》规定的所有条件（例如，通过了过度补偿测试，符合公共采购规则），此外被视为不会产生严重的扭曲竞争的效应。

当然，欧盟的做法并不一定适用于所有其他自由贸易区。首先，欧盟的经济和司法一体化程度远高于WTO或很多其他（例如CPTPP）自由贸易区。其次，在世界范围内，国有企业的非财务目标可能比欧盟的普遍经济利益服务更大、更多样化。尤其是很多国家赋予国有企业的非财务目标重点并不在于提供公共服务，而在于促进发展和实现战略性资产的本国控制。虽然如此，欧盟解决问题的思路仍然是有借鉴意义的。

四、股权资本形式的补贴

除了包含利益授予的补贴与不包含利益授予的、对国有企业追求非财务目标发生的成本所做的公平补偿这二者之间的界线，与国有企业相关的贸易规则在未来的改革中需要划分的另一个非常重要且难以划分的界线，就是包含利益授予的股权资本形式的补贴与不包含利益授予的股权资本提供之间的界线。

这个界线非常重要，原因之一在于，包含利益授予因而易得且成本低廉的股权资本可以提升借款人的风险评级。也就是说，即使商业银行等放款人的行为与私营部门放款人通常的商业实践完全相符，一个国有企业只要能以股权资本形式获得补贴，在信贷市场的竞争中就仍然可以获得不当竞争优势。而如果一个国有企业在股权融资方面得到了政府补贴，在信贷市场上又获得了不当竞争优势，它就在进入产品和服务市场之前，首先在融资方面获得了竞争对手无法获得的优势。这种优势当然可以通过配置更优质的资产、吸引更优质的员工，转化为在产品或服务市场上的竞争优势。所以，在扭曲竞争方面，以股权资本形式提供的补贴有"四两拨千斤"式的杠杆作用。如果得到补贴的国有企业参与世界贸易，被扭曲的就是世界市场的竞争，贸易伙伴的利益就会受到不利影响。

但是，股权资本形式的补贴非常难以发现，或者说，要在包含利益授予的股权资本形式的补贴与不包含利益授予的股权资本提供之间划出一条界线，非常困难。这至少有以下四个方面的原因。

第一，政府对国有企业注入股权资本，本身并不要求国有企业提供任何货物或服务作为前提条件。这与政府采购性质的交易中政府对国有企业的财务支付不同。比如，如果是政府向国有企业购买货物或服务并因此支付款项，那就要求相关国有企业向政府提供特定货物或服务，因此也就有可能评估政府支付的款项是否属于"适当报酬"。同样，如果国有企业由于追求某些非财务目标而支付了成本，政府为此给予了公平补偿，国有企业从事的活动和发生的成本都有据可查，那么政府支付的款项是否属于过度补偿，是有可能得到评估的。股权资本的注入与此不同。向自己的企业注入股权资本，是股东的正常投资行为，不是购买行为，本身就不能要求企业向股东提供货物或服务作为前提条件。

第二，如果政府向国有企业提供一笔贷款，则会有到期还本付息的要求。这种情况下，即使还本付息的要求本身只是形式，至少在账面上，这笔债务到期而没有得到清偿也是可能发生的。与此相比，股权资本注资按定义就不需要到期还本付息，所以也不存在到期不能清偿的问题。

诚然，政府在向国有企业注入股权资本时可以要求一个回报率。但公司制度的规范是，股东作为"剩余索取者"（residual claimant）① 无权要求一个固定的、有保证的、如支付给债权人的利息率那样的回报率。企业的剩余索取者指的是企业的参与者对企业的剩余现金流拥有唯一的索取权，其中剩余现金流指的是企业的全部现金流中扣除按合同应该支付的部分（如工资、利息、租金）之后的剩余。因为剩余现金流也可以是负数，所以剩余索取者同时也是剩余风险——按照合同没有任何其他人承担的风险——的承担者。当然，政府也可以对这个规范置之不理，在向国有企业注资时要求该企业承诺支付一个固定的、如贷款利率一样的回报率，甚至要求其承诺在一定期限内归还本金，也就是说，拒绝承担普通股东本应承担的风险。但在这种情况下，政府注入的就不再是真正的股权资本，而是一笔无期限或有期限的贷款，或者说是"明股实债"。

OECD 的《指引》确实推荐说，对国有企业的经济活动，国家应要求其提供一个回报率，该回报率的水平应该与该国有企业的私营企业竞争对手的水平相当，应该充分考虑了该国有企业的运营条

---

① 关于这一概念的起源，见 Alchain and Demsetz（1972）。

件，而且应该是一个长期的概念（OECD，2024，第 34 页）。但是，这样的要求是国家作为股东行使权利的一种方式，不是与国有企业签订的一份贷款合同。如果国有企业到期不能提供这样的回报率，其效应也不能和到期不能偿还债务的情况相提并论。

第三，无论是《补贴与反补贴措施协定》第 14 条还是 CPTPP 第 17 章，都认为如果政府在提供一项股权资本时，其投资决策可以被视为与其领土上私营投资者通常的投资实践（包括风险资本提供）相一致，就可以被认定为不包含利益授予或不构成非商业援助。但是，即使政府在提供某项股权资本的时候其决策确实与通常的商业实践一致，它事后仍然可能成为有利益授予的、对国有企业的亏损补贴。如果国有企业在获得股权资本之后，被允许用这些股权资本来冲销其经营亏损，情况就是如此。

所以，要监督和发现股权资本形式的补贴，或者说，把包含利益授予的股权资本形式的补贴与那些不包含利益授予的真正的股权资本提供区分开来，在实践中非常困难。

现存的贸易规则在应对这一挑战方面只是确立了一个一般原则，即如果政府对一个国有企业提供股权资本的投资决策可以被视为与其领土上"私营投资者通常的投资实践（包括风险资本提供）不相一致"，则按照《补贴与反补贴措施协定》第 14（a）条，其中就包含利益授予，按 CPTPP 第 17.1 条，就属于非商业援助。

但是，究竟什么是"私营投资者通常的投资实践"？如何确定一个"投资决策"与其是否一致？如 "*EC – Countervailing Measures on DRAM Chips*" 一案的专家组观察到的，"《补贴与反补贴措施协定》第 14（a）条没有提供计算利益的准确方法。该条只是说，如果投资决策可以被视为与该成员方领土上私营投资者通常的投资实践

（包括风险资本提供）不相一致，就可以认为包含利益授予"。① 在 "*EC and Certain Member States – Large Civil Aircraft*" 一案中，WTO 上诉机构就第 14(a) 条的解释提供了两点指引。这两点指引虽然有用，但也算不上计算利益授予的准确方法：

- 通常做法："通常"和"做法"这两个词在某种意义上是互相加强的，前者的意义是"广泛地或习惯地遵从的或实践的"，而后者的意义是"通常的或习惯的行动或做法"。所以，我们理解"通常做法"这一术语描述的是私营投资者在股权投资方面通常的或习惯的行为。

- 投资决策：我们还注意到，第 14(a) 条把调查的焦点放在"投资决策"上。这反映了评估股权投资的一种事前思路，就是以交易的成本和预期收益为基础，将投资决策与做出该决策的那个时点上的私营投资者的通常投资实践相比较。我们认为，第 14(a) 条聚焦于"投资决策"，因此是非常关键的，因为它指明了需要和市场参照系进行比较的是什么，以及这样的比较应以什么时间为准。②

到 2022 年底为止，《补贴与反补贴措施协定》第 14(a) 条只在

---

① Section 1.3.1，WTO Analytical Index：SCM Agreement – Article 14（Jurisprudence）. 见 https：//www.wto.org/english/res_e/publications_e/ai17_e/subsidies_art14_jur.pdf，2022 年 4 月 1 日查阅。

② Section 1.3.1，WTO Analytical Index：SCM Agreement – Article 14（Jurisprudence）. 见 https：//www.wto.org/english/res_e/publications_e/ai17_e/subsidies_art14_jur.pdf，2022 年 4 月 1 日查阅。

4 起争端中被引用过，而这些争端都是关于向私有化之前的国有企业注入的股权资本在所有权和控制变更之后被传递给了私有化后的企业。[①] 这些争端没有就股权注资中的利益授予开发出任何可以使用的计算方法。

如前所述，OECD 的《指引》也认为，对于国有企业的经济活动，国家应要求其提供一个回报率。这里贯彻的精神与《补贴与反补贴措施协定》背后的精神是一致的。但 OECD《指引》还进一步提出了如下更具体和可操作的要点（OECD，2024，第 34 页）：

- 国家预算提供的任何股权融资都应该满足一个最低回报率的要求，该最低回报率应与私营公司在类似环境中的回报率相一致。

- 回报率应该基于一个较长的时间跨度来计算，因为即使在高度竞争的环境中运营的私营公司，其短期和中期的回报率也可以有很大差异。

- 允许以较低回报率来补偿资产负债表的异常情况，如暂时的高额资本开支，在其他企业并不少见，只要小心操作，并不意味着对公平竞争行为的偏离。

- 以降低回报率的要求来对国有企业承担的公共政策目标提供补偿，这样的做法只有在一种情况下可以使用，就是降低回报率与国有企业承担的公共政策目标直接相关。

---

① 这 4 起案例分别是 DS138、DS212、DS218、DS280。关于引用第 14 条的所有 21 起案例，见 https：//www. wto. org/english/tratop_e/dispu_e/dispu_agreements_index_e. htm。作者感谢吴盈盈对这 21 起案例所做的分析。

很显然，如果严格遵守《指引》的这些规范，国有股权资本的提供不大可能符合《补贴与反补贴措施协定》的补贴定义。然而，这些规范终究不能代替股权资本形式的补贴的识别和计算方法。而且，即使被视为国有企业公司治理比较规范的 OECD 国家，实践中究竟在多大程度上严格遵守了《指引》，也不是很清楚。

因为包含利益授予的股权资本形式的补贴和不包含利益授予的真正的股权资本提供在实践中确实很难区分，所以为了回避这种挑战，一个最具吸引力的办法就是禁止向国有企业提供任何形式的股权资本。具体做法就是，无论政府以何种形式向其国有企业提供股权资本，无论是否与私营投资者的通常的投资实践相一致，一概认定为《补贴与反补贴措施协定》第 1.1 条所称的补贴或 CPTPP 第 17.1 条所称的非商业援助。但是，这是行不通的。一个国有企业按照定义就是国家在其中拥有所有者权益的企业，而这种权益当然必须通过注入股权资本才能取得。所以，全面禁止国有股权资本注入，等于全面禁止国有企业的存在。如前所述，因为国有企业的存在本身有其经济合理性，所以这种简单化的解决方案既不合理，也不现实。

唯一的出路是按照《补贴与反补贴措施协定》和 CPTPP 第 17 章已经确立的原则，开发出切实可行的方法，能够比较有效地识别和计算通过提供国有股权资本而发生的利益授予，从而尽可能地把有利益授予的、以股权资本面目出现的补贴和无利益授予的真正的股权资本提供区分开来。事实上，这虽然不容易，但并非不可能。欧盟的国家援助控制制度已经积累了有价值的经验，与国有企业相关的贸易规则未来的改革可以从中学习。

欧盟的国家援助定义有四个核心要素（Zhou，2022）：

（1）源于国家：国家援助必须是通过成员国的国家资源直接或间接地授予的，而且必须可以归因于国家。

（2）优势：国家援助的接受者必须获得了一项在正常市场条件下没有国家干预就不会获得的优势。

（3）选择性：一项国家援助措施必须是选择性的，在可比的情况下更有利于一个或一组企业。其中，实质选择性指的是仅仅惠及特定企业、特定类型的企业或特定部门的企业的情形，地区选择性指的是仅仅惠及成员国领土的特定部分的情形。

（4）对贸易和竞争的影响：国家援助必须扭曲竞争或者有扭曲竞争的危险，而且影响成员国之间的贸易。"扭曲"的含义是，在有竞争或可以有竞争的一个自由化行业，授予一个企业以财务优势。"影响成员国之间的贸易"，意思是说那些对成员国之间的贸易不造成影响的措施，即使符合前面三个条件，也不构成国家援助。

不难看出，国家援助的定义在精神上和《补贴与反补贴措施协定》的补贴定义是相通的。虽然肯定不是完全等同，但其"源于国家"的概念对应的是《补贴与反补贴措施协定》中政府和公共机构提供的财务资助，"优势"对应的是《补贴与反补贴措施协定》中的利益授予①，"选择性"对应的是《补贴与反补贴措施协定》中的专向性，"对贸易和竞争的影响"对应的则是《补贴与反补贴措施协定》中的不利影响。

所以，在欧盟的国家援助控制体系中，也存在如何识别"优

---

① WTO上诉机构在DS437案的裁决中曾明确指出，《补贴与反补贴措施协定》没有给"利益"下一个定义，但上诉机构认为利益包含某种形式的优势。Paragraph 5.132, Appellate Report, United States – Countervailing Duty Measures on Certain Products from China: Recourse to Article 21.5 of the DSU by China. WT/DS437/AB/RW. 16 July 2019.

势"是否存在，以及如何计算其数额的问题，尤其是政府在向国有企业注入股权资本的时候，是否包含优势的授予？如果有，数额有多大？欧盟为应对这一挑战，已经开发出了一整套可操作的方法（详见 Zhou，2022），其中的核心就是所谓的"市场经济经营者测试"（Market Economy Operator Test，MEOT）。

在欧盟的国家援助制度中，市场经济经营者测试是法律程序中的一个过程，其要旨是决定一个成员国政府在从事某项经济交易时，其行为是否等同于一个在正常市场经济条件下的私营经营者。如果在某项交易中，成员国政府与企业的交易给企业带来的优势很明显，通常不必进入市场经济经营者测试的程序。市场经济经营者测试针对的是此类交易是否带来的优势并非显而易见的那些案例。

仅仅因为交易的受益人是国有企业并不能认定优势的存在。因为成员国政府与其国有企业的交易经常是国家援助调查的对象，市场经济经营者测试在实践中已经成为成员国政府经常使用的为自己辩护的一种工具。在受到调查的情况下，成员国政府有义务首先提供可靠且可验证的相关证据，然后欧盟委员会会从整体角度，以具体案例具体分析的方式审查这些证据。

市场经济经营者测试是基于相对比较直截了当的概念，但分析过程比较复杂，涉及对一项投资决策的经济分析，这些分析的基础包括事实、预测、计算，也包括诸多假定，例如利率曲线、通货膨胀、重组成本、来自国有企业的分红和资本收益等。不过，考虑到政府向国有企业注入股权资本的交易最为复杂，欧盟委员会已经把若干种情形列为"对一个私营投资者来说不可接受的"情形，这些情形虽然不等于不再需要市场经济经营者测试，必要的计算仍然难以避免，但可以简化测试过程。这些情形是（Zhou，2022）：

（1）根据所投公司的债务结构和规模，该股权资本投资在合理的时间跨度内无法期望获得正常的回报。

（2）如果政府不注资，该公司在资本市场上将无法获得该股权投资所需的资金。

（3）股权投资形式的债务：事先确定持有期限和出售价格，使得资本提供者获得的回报显著低于通常可以预期的回报。

（4）"分拆"操作：成立一个新的实体接管或承继一个处于财务困境的公司的部分或全部无法存活的（nonviable）业务，但不包括直接接管一个破产或被清算公司的资产。

（5）在国家和私营投资者共同为企业注入股权资本的情况下，由于公司盈利前景暗淡，私营投资者全部或部分撤出，以致国家注资比重明显高于原来同意的比重。

（6）注资的数额超过"真实价值"（净资产加任何商誉或技术的价值）。

以上六项中，第二项是最能说明问题的。如果政府不注资，一家国有企业在资本市场上将无法获得该股权投资所需的资金，这种情况下政府注入股权资本就会被视为包含优势，属于国家援助。也就是说，对需要筹集股权资本的国有企业来说，向政府融资没有任何好处。如果在资本市场筹资有困难而要求政府注资，会被判定为属于国家援助。但是，如果在资本市场筹资没有困难，又何必要求政府注资呢？

然而，市场经济经营者测试的要旨就是要求政府的行为等于一个"市场经济经营者"，即资本市场上的私营投资者，所以，这就是它要取得的理想状态：如果政府行为等同于一个市场经济经营者，那对国有企业来说，要求政府注资还是到资本市场筹资，就没有差别。只要国有企业发现政府注资有优越之处，比如以自身的债务情况，私人投资者无人来投资（第一项）；或者自身的一部分已经无法存活的业务没有私人投资者愿意投入，只有靠政府投资接管（第四项）；或者已经同意注资的私人投资者纷纷退缩，只有政府来补缺（第五项），那么，这样的政府注资就一定包含了优势。

市场经济经营者测试尽管看起来非常复杂，但在欧盟的应用仍然非常广泛。根据周牧（2022）的记述，在1991—2020年期间，共有249起案件引用了市场经济经营者测试，其中139起发生在2011—2020年。与国有企业相关的贸易规则在未来的改革中，也需要开发出类似的可操作方法，以求把《补贴与反补贴措施协定》第14（a）条确定的原则付诸实施。

值得特别指出的是，要使关于股权资本形式的补贴的规则能够实施，必须首先落实对国有企业非财务目标的成本补偿。否则，要求政府向国有企业注入股权资本的投资决策与私营投资者的通常实践相一致，是很难落实的。这是因为，当政府要求国有企业追求某种非财务目标，例如承担公共服务义务，又不对由此产生的成本给予公平补偿时，该国有企业的这部分非商业活动就无法获得与其商业活动相当的回报率。比如，为了实现公共服务全民可及的目标，电力公司按低于成本的价格向边远山区供电。这部分业务本身会造成亏损。如果电力公司向一个私营投资者筹集股权投资，政府首先需要拿出资金填补这个所谓的"商业可行性缺口"，使得向边远山区供电的业务也成为与公司其他业务盈利能力相同的业务。同样的道理，如果要求政府向该国有企业注入股权资本时其行为与私营投资者的通常实践相一致，这个商业可行性缺口也必须首先被填补起来。如果政府的所有者职能和其他职能确实如 OECD 的《指引》推荐的那样实现了分离，注资和填补商业可行性缺口这两件事情就应该分属于不同的政府职能。向电力公司注入股权资本属于政府的所有者职能，对电力公司向边远山区供电产生的亏损给予补偿属于政府的公共服务职能，二者应该是在两条线上分开发生的事情。

但是，在很多情况下，政府职能的分离往往达不到这样的程度，以至于经常发生的情况是，政府通过注入股权资本对电力公司的亏损给予补偿。这样的注资行为当然肯定无法与"私营投资者的通常实践"相一致。而政府通常会给出一个似是而非的理由：这样做是因为电力公司按低于成本的价格提供了公共服务。在这种情况下，所注入的股权资本在补偿了电力公司的实际亏损之后是否还包含利益授予，就无法识别。因为存在这种模糊性，这种做法也为国有企业提供了不断要求政府注资弥补亏损的借口。所以，对国有企业非财务目标的成本给予补偿应该分开进行，通过降低回报率来给予这种补偿虽然看上去容易操作，但就其中的激励机制而言并不是一种好的做法。

五、透明度

与国有企业相关的贸易规则在未来的改革中，应该把提高透明度作为第一位的任务（Wolfe，2017，第 716 页）。这是因为国有企业扭曲贸易的风险根源于政府与国有企业的特殊关系。而这种关系天生就是不透明的，对贸易伙伴来说经常是秘密的。至于有意隐瞒和扭曲信息、逃避贸易规则约束的情况，当然更是在所难免。所以，在世界范围内，对国有企业运营的透明度存在着广泛的关切（Wolfe，2017，第 716 页）。与国有企业相关的贸易规则在实践中能不能得到实施，透明度是关键所在。没有足够的透明度，违反规则的行为就难以被发现，即使发现也难以收集到足够的证据。在这种情况下，规则无论制定得多么严密、多么合理，都只能是纸上谈兵，无法形成约束力和威慑力。而如果透明度能大幅度提高，本身就可以降低违规行为和贸易争端发生的概率。因为相当一部分违规行为，例如赤裸裸的歧视、补贴，对贸易伙伴利益的损害显而易见，而且本身就见不得阳光，违规方很难公开出面为其行为辩护。

如前所述，《补贴与反补贴措施协定》、CPTPP 第 17 章和《欧盟－越南自由贸易协定》都包含适用于国有企业和针对国有企业的透明度要求。但是，这些要求都没有聚焦于政府与国有企业在经营和财务方面的关系，而这种关系才是挑战的根源。此外，《补贴与反补贴措施协定》中关于产业补贴的通知规则的实施情况一直不尽如人意，与国有企业相关的方面尤其如此。[①]

与此不同的是，OECD《指引》就国有企业的透明度设有专门一章，提出了比现存贸易规则更具体、更全面的一系列要求。总体而言，国有企业作为全体公民拥有的企业，应该遵循与上市交易的公众公司同样的会计、披露、合规和审计标准。国有企业应该"按照国际公认的高质量披露标准，报告公司的重大财务和非财务信息，以及国家（作为股东）和公众高度关注的事项，尤其是以公共

[①] 不尽如人意的原因有四个。第一是官僚体系能力不足。第二是成员方可能担心为潜在的法律争端，例如他们怀疑属于非法的某些措施，提供不利于自己的信息。第三，成员方负责贸易的部门发现就自己采取的措施履行通知义务比较容易，如果是其他部门或其他级别的政府或国有企业发放的补贴的数据，就比较困难。第四，也许是最重要的理由，需要通知的内容究竟有哪些，不是很清楚。见 Wolfe（2017，第 726 页）。

利益名义从事的活动"（OECD，2024，第14页）。考虑到企业的能力和规模，这些信息的例子包括：企业的目标，财务和经营结果，治理、所有权和投票结构，董事会成员和关键经理人员的报酬，董事会成员的资格审查和选拔过程，任何可预见的重大风险因素，以及采取的风险管控措施，任何从国家获得的财务资助，包括担保，以及代表国有企业做出的承诺，与国家或其关联方发生的任何重大交易，任何与员工和其他利益相关者有关的事宜（OECD，2024，第14—15页）。

OECD《指引》为各国政府提高国有企业的透明度水准提供了很好的标杆。虽然这些要求并非专门针对国有企业参与世界贸易的问题，但其中一些，尤其是国有企业与政府财务往来的部分，与国有企业参与世界贸易是高度相关的。

但是，从贸易规则的角度看，在两个方面仍然需要增加新的规则。[①] 首先是关于政府与国有企业的财务关系，即二者之间的资金流动，这方面可以吸取欧盟的经验。其次是关于政府与国有企业在经营方面的关系，这方面的规则需要专门制定。

在欧盟的国家援助制度中，透明度要求构成关键支柱之一（Zhou，2022）。透明度要求在整个流程中从头到尾都适用：从决定一项措施是否构成国家援助，是否与内部市场相容，到计算援助的数

---

① 这里没有讨论的主题是加强披露的激励机制。在这方面，已经提出的一个建议是，确立一个非利益相关方作为贸易体系所有参与者的公共代理人来收集和扩散信息。这个公共代理人将积极努力地（1）增加可得的信息量，（2）使这些信息以一种有用的方式变得可及。针对成员方履行通知义务不尽如人意的情况，提升 WTO 秘书处的角色功能可能会是一项有用的措施。见 Wolfe（2017，第721页）。

额。关于透明度的关键要求体现在《透明度指令》①中，该指令直接调整成员国与国有企业以及其他特定企业的财务关系。

《透明度指令》并不是完全针对国有企业的，该指令包含三组要求。

第一，从政府那里获得了"专门且独有权利"的企业，或被政府委托提供普遍经济利益服务的企业，必须遵守以下要求［第1.2条、第2(d)条、第4.1条］：

（1）为不同活动设立不同账户。

（2）这些分设账户正确地反映该企业的财务和组织结构，从而使得以下信息可以清楚地显现：不同活动的成本和收益；把成本和收益分摊到不同活动的方法的全部细节。

（3）把成本和收益在不同活动之间分摊，或分配给不同活动，完全是用正确的方法，依据前后一贯的、有客观根据的成本核算原则来进行的。

（4）这些账户的分设依据的是规范的成本核算原则。

以上第（1）项中"不同活动"指的是两种类型的活动，一种是普通的面向市场生产产品或提供服务的活动，另一种是获得了"专门且独有权利"或被委托提供普遍经济利益服务的活动，即被政府授予了垄断特权或者接受政府委托提供公共服务的活动。这一条的要求是，如果一个企业同时从事这两种类型的活动，就必须为其设立不同账户，即前面提到过的，实现这些活动在会计上的分

---

① Commission Directive 2006/111/EC of 16 November 2006 on the Transparency of Financial Relations between Member States and Public Undertakings as well as on Financial Transparency within Certain Undertakings（consolidating inter alia, Commission Directive 80/723/EEC of 25 June 1980）. OJ L 318/17 17. 11. 2006.

离。第（2）项、第（3）项、第（4）项对账户如何分设、成本如何分摊规定了更具体的规则。

第二，国有企业除了遵守以上各项要求，还必须使公共部门与国有企业的财务关系保持透明，从而使以下信息清楚显现（第1.1条）：

（1）公共部门直接给予该国有企业的资金。

（2）公共部门通过国有企业或金融机构作为中介给予该国有企业的资金。

（3）这些公共资金的实际使用情况。

这些规定应特别适用于公共部门与国有企业财务关系的如下方面（第3条）：

（1）经营亏损的冲销。

（2）资本金的提供。

（3）不可收回的赠款，或以优惠条件提供的贷款。

（4）通过放弃利润或放弃收缴到期款项而提供的财务优势。

（5）放弃收缴该企业使用的公共资金的正常回报。

（6）对公共部门施加给企业的财务负担提供补偿。

这部分的重点是资金从公共部门向国有企业的流动，目的是把从公共部门流向国有企业的所有资金呈现在阳光之下。其中特别关注的六项，都是最有可能包含利益授予或"优势"的资金流动。比如企业发生亏损，获得公共部门提供的资金用于冲销亏损，很可能就是直接的补贴。资本金提供如果不符合私营投资者通常的投资做法，或者放弃收缴该企业使用的公共资金的正常回报，就可能包含利益授予或优势。不可收回的赠款本身当然就是赠款，以优惠条件提供的贷款包含利益授予或优势。放弃利润或放弃收缴到期款项，相当于公共部门向企业注入资金，如果是无条件注资，则形同赠款，当然也包含利益授予或优势。向公共部门施加给企业的财务负担提供补偿，指的是前面讨论过的，对企业执行公共服务义务产生的成本给予补偿。这种补偿必须透明，因为过度的补偿就会包含利益授予或优势。

第三，制造业行业的国有企业除了遵守以上各项，还必须提供如下细节（第8.3条）：

（1）任何股本或类似于股权资本的准资本金的提供，详细说明其条件（是否为普通股、优先股、递延股、可转股，以及利率、附带的股息或转换权益）。

（2）不可收回的赠款，或只有在特定情况下才可以收回的赠款。

（3）任何贷款，包括基于资本金注入的透支和预支，详细说明收到贷款的企业给予放款人的利率、贷款条件以及任何担保。

（4）公共部门给予该企业的贷款担保（说明条件以及企业为此支付的任何费用）。

（5）支付的股息红利和留存的利润。

（6）任何其他形式的国家干预，特别是放弃的该国有企业应支付给国家的款项，包括贷款和赠款偿还、公司和社会税收的支付或类似缴费。

这部分是对第二部分一些条款的更细化的要求，重点在于资本金注入、贷款、赠款和分红。之所以对制造业的国有企业提出更高水平的透明度要求，可能是因为制造业企业较之于服务业，对贸易的参与度更高。

从《透明度指令》的以上三部分内容的简要介绍可以看出，在国有企业透明度标准方面，欧盟远远走在了 WTO、CPTPP 的前面，甚至也超越了 OECD 的《指引》。当然，如前所述，这也得益于欧盟在经济、司法等方面更高的一体化程度。尽管如此，欧盟的经验仍然值得借鉴。

除了政府与国有企业之间的财务关系，在经营方面，政府与国有企业之间的关系也需要有透明度要求，这对于前面讨论的国有企业行为对政府的可归因性尤其重要。特别是，对于政府对其行为不承担责任的国有企业，应该要求政府承担披露关键信息的义务，这些信息应能足以令人信服地表明国有企业在经营上独立于政府的程度。为此，披露的信息应该清楚地表明政府在国有企业商业决策中的参与程度。这些信息可以包括：

（1）只有政府或其代表才有权决定、批准或否决的战略性和经营性决策。

（2）在国有企业股东大会上，国有股东有否决权的事项。

（3）在任命董事会成员的过程中，国有股东行使其权利的过程。

（4）董事会成员的行为受政府影响的程度，以及此种影响发生的方式。

（5）在任命经理层过程中政府的任何参与。

（6）对董事会和经理层的管理自主权做出规定的任何法律、法规、政府文件，以及反映此种自主权之实际上程度的信息。

（7）说明国有企业在经营方面对政府具有独立性的范围和程度的任何其他证据。

提高透明度会增加国有企业的运营成本，因而需要有分寸，并与贸易扭曲的潜在风险相匹配。这可以通过两方面的措施来实现。

一方面是对三类信息区别对待：一是公开信息，即那些必须定期、强制性地公开披露的信息；二是非公开、非保密信息，即在贸易伙伴的要求符合特定标准的情况下，必须要求提供给相关贸易伙伴的信息；三是保密信息，即在贸易伙伴的要求符合特定标准并承诺作为保密信息对待的前提下，可以应要求提供给相关贸易伙伴的信息。

另一方面是豁免一部分低风险的企业。这方面，欧盟的做法也值得借鉴。在欧盟，前面提到的第二组要求不适用于以下三类国有企业（Zhou，2022）：一是在收到公共资金之前的两个财年，或在被赋予专门且独有的权利或被委托提供普遍经济利益服务之前的一年，年度净收入总额低于4 000万欧元的国有企业；二是资产负债表总额小于8亿欧元的公共信贷机构；三是被委托提供普遍经济利益服务的企业，如果其补偿是通过一个公开、透明、非歧视的程序而固定下来的，也在豁免之列。第三组要求也不适用于那些最近财年的总收入不超过2.5亿欧元的企业。

六、国有企业作为补贴提供者

在讨论与国有企业相关的贸易规则的英文文献中，如何界定《补贴与反补贴措施协定》的"公共机构"是近年来备受关注的热点问题［相关讨论的介绍见Ding（2018）］。这可能是由于美国、欧盟针对中国国有企业的反补贴调查大多涉及公共机构问题。但是，如果本章前面提议的改革措施得以实施，这一问题应该能够迎刃而解；相反，如果没有这些改革措施，仅仅认定国有企业是公共机构，也就是说，把国有企业认定为政府的一部分，恐怕不能解决实际问题。要说明这一点，关键是要认识到，对《补贴与反补贴措施协定》第1.1条来说，公共机构实质上是政府间接提供补贴的一种途径。

为什么第1.1条把补贴定义为"政府或公共机构"提供的财务资助，而不是只提"政府"本身呢？很显然是为了事先堵塞政府通过其控制的公共机构提供补贴的途径。由于同样的原因，按照第1.1条，即使私营实体，只要受政府的"委托或指挥"而提供财务资助，也不能例外。由于既覆盖了政府、公共机构，又覆盖了私营机构，第1.1条就覆盖了所有可能的补贴提供者，没有留下任何漏洞。政府通过私营机构提供补贴，毫无疑问是间接的，需要"委托或指挥"私营机构。但政府通过公共机构提供补贴，对狭义政府来说，其实也是间接的，尽管这一点在第五章介绍的几起WTO争端中并没有得到确认。

这里所谓的"间接"有两重含义：一是权力，二是资源。首先，并非每一个公共部门的实体，包括国有企业，总是拥有向别的企业提供补贴的职能或权力，至少一些实体需要获得政府的指示和授权才能向企业提供补贴。其次，向别的企业提供补贴需要资源，而并非每一个公共部门实体总是拥有这样的资源。至少一些实体或者需要从政府获得一笔等量的补贴，或者需要得到政府授权动用其掌握的、本应用于其他用途的资源。这两点是公共部门实体与狭义政府的区别所在。狭义政府首先自己就拥有向企业提供补贴的职能和权力，其次自己也拥有这样的资源，即国家的财政收入以及与之相联系的征税权、国债发行权、印钞权。与之相比，大部分公共部门实体包括国有企业通常并不具有这些职能、权力和资源。

因此，狭义政府要通过国有企业向另一个企业提供财务资助，在它和这个国有企业之间必须有两件事情发生：其一是它要赋予该国有企业这样的职能或权力，其二是它赋予该国有企业这样的资源。这两件事情如何发生，取决于该国有企业的治理模式。如果该国有企业的治理模式非常接近于第三章定义的传统模式，那么它本身就是狭义政府的基层单位或延伸，这两件事情都很容易发生。第一件事情的发生只需要政府给它一个指示，至于第二件事情，它拥有的资源就是政府的资源，因为它自己不必为盈利或亏损负责，所以完全可以动用这些资源做任何政府指示它做的事情。

但是，如果该国有企业的治理模式非常接近现代模式，这两件事情的发生就没有那么简单。首先，政府只是这个国有企业的股东。要求这个国有企业向其他企业提供补贴，超出了其股东权利。而且该国有企业在典型情况下还有非国有股东的参与，国有股东的要求并不一定总能获得董事会的认可。因此，为了驱使该国有企业向其他企业提供补贴，政府不得不像对待私营企业一样，采取委托或指挥的方式。而这种委托或指挥，肯定会以侵害该国有企业的经营独立性为代价。其次，股东财产和公司财产是两个不同的概念。政府尽管是这家国有企业的控制性股东，但并不等于说它可以任意支配该企业的资源，将之用于补贴其他企业。为了让该企业向别的企业提供补贴，政府至少必须向它提供一笔等量的补贴，否则，这家国有企业就必须以减少自身利润（或增加自身亏损）为代价去补贴其他企业，而这属于"商业上不具合理性"的行为①，至少是不

① Paragraph 107，WTO Analytical Index：SCM Agreement – Article 1（Jurisprudence）.

可持续的, 甚至是根本不可行的。

所以, 在一家国有企业作为补贴提供者, 与另外一家作为补贴接受者的企业发生关系之前, 在政府和这家国有企业之间必须有一种关系存在。换句话说, 国有企业是否可以被认定为公共机构这个问题, 实际上涉及两个层次的关系, 可以称之为 "初级关系" 和 "次级关系", 如图 6.2 所示。基本的关系是狭义政府与作为公共机构向其他企业提供补贴的国有企业之间的关系。这种关系是初级关系, 因为它是次级关系赖以产生的源泉。提供补贴的国有企业与接受补贴的其他企业之间的关系则属于次级关系。

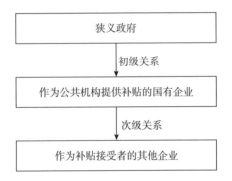

图 6.2 公共机构问题中的初级关系和次级关系
资料来源: 作者绘制。

认识到这一点, 就可以很清楚地看到, 当狭义政府通过公共机构间接提供补贴时, 补贴控制的关键在于初级关系而不是次级关系。以图 6.2 所示的关系为例, 如果在初级关系这一环节上不能成功地控制狭义政府与国有企业的关系, 以至于政府顺利地驱使国有企业向其他企业提供补贴, 并且为此而向国有企业提供了所需的资源, 那么仅仅宣布这个国有企业是政府的一部分, 然后致力于控制次级关系, 可能已经无济于事。

那么，如何在初级关系这一环节上提高补贴控制的成功率呢？答案就是本章前面提出的那些措施。具体来说，一个基本途径是保证国有企业的经营独立性，辅之以高水准的透明度要求。按照本章提出的改革建议，首先，政府驱使一个国有企业向其他企业提供补贴的任何要求，只要与政府对贸易伙伴的承诺相冲突，就在被禁止之列。其次，对于政府对其行为（包括向其他企业提供财务资助的行为）不承担责任的那些国有企业，政府有义务执行更高水准的透明度标准。如果这些改革建议得以落实，一个国有企业仍然自愿向另一个企业提供包含利益授予的财务资助，那么，就其对贸易的影响而言，其性质可以等同于一个未经政府委托或指挥的私营机构提供的类似资助。当然，按本章的改革建议，有一部分国有企业因为其行为可以归因于政府，政府可以执行相对较低的透明度标准。但即使在这些企业中，政府仍然承担着义务，不采取与其对贸易伙伴的承诺相冲突的任何行动。由于这类国有企业的数量已经相对较小，相关的风险已经大为降低。

另一个基本途径是有效控制政府对国有企业本身的补贴，同样辅之以高水准的透明度要求，特别是针对股权资本形式的补贴。如果政府与国有企业之间的资金流动都处在类似欧盟那样的高透明度要求的监测之下，从政府流向企业的带有显著利益授予的财务资助就很难隐藏。通过可操作的关于股权资本提供的约束性规定，可以把有利益授予的股权资本形式的财务资助与无利益授予的股权资本提供区分开来，然后加以处理。如果一个国有企业不能或非常难以从政府那里获得补贴，它给予另一个企业的带有利益授予的财务资助就与私营机构提供的类似资助具有类似的商业不合理性，使得这种资助很难发生或者起码不可持续。

有人可能会说，这些改革很难落实：既无法控制政府驱使国有企业向其他企业提供补贴的行为，也无法防止政府为此而向国有企业提供补贴。这样的悲观看法也许并非完全没有根据。但如果事情真的如此，仅仅宣布国有企业是公共机构能有什么意义吗？答案无疑是否定的。这是因为宣布国有企业是公共机构，或者像 CPTPP 第 17 章那样，把国有企业自动认定为补贴提供者，无非是把国有企业宣布为政府的一部分。但是，既然已经承认，现存的补贴控制体系无法约束政府通过国有企业向其他企业提供补贴的行为，也无法约束政府向国有企业提供补贴的行为，也就是说，在约束政府行为方面现存的体系已经无能为力，那么，再把国有企业认定为政府的一部分，现存体系在约束国有企业行为方面不是仍然注定会失败吗？

事实上，这并不是单纯的逻辑推论。由于这里的国有企业包括国有银行，而国有银行在各国国民经济中普遍存在，基本上每一家国有银行与其他企业的每一项交易都有可能成为补贴的携带者。如果把 WTO 成员方的国有银行都认定为政府的一部分，那就意味着需要把它们与出口企业的每一笔交易都纳入监控范围，审查其是否包含利益授予。根据 2018 年 9 月 25 日在纽约发表的《美国、日本和欧洲联盟三方贸易部长会议联合声明》[①]，这似乎确实是它们的计划。该声明声称，它们将开发"有效的规则"来

---

① https：//ustr. gov/about－us/policy－offices/press－office/press－releases/2018/september/joint－statement－trilateral，2022 年 4 月 7 日查阅。

应对特别有害的补贴做法，"例如，与公司信用程度不相符的国有银行贷款行为，包括基于政府隐性担保的贷款；基于非商业条件的政府股权投资或政府控制的投资基金股权投资；非商业性的债转股；优惠的投入品定价，包括双轨定价；在没有可信的重组计划的情况下向陷入困境的企业提供补贴；导致或维持产能过剩的补贴"。但这里的问题是，既然现有的补贴控制体系没能防止政府驱使国有银行从事这些行为，也没有防止政府为此向这些国有银行提供补贴，怎么可能开发出"有效的规则"来控制这些银行的行为呢？如果真能开发并实施这样的规则，首先切断政府向国有银行的补贴，使之无法再去补贴出口企业，不是简单得多吗？

政府通过公共机构提供补贴对狭义政府来说是一种间接提供补贴的途径，这一点之所以没有得到应有的重视，可能与 WTO 上诉机构在 DS379 案中的里程碑式裁决有关。在该案中，上诉机构第一次比较全面地阐释了公共机构的定义，确定了"拥有、行使或被赋予政府性权力"的法律标准。但是，上诉机构得出这个结论的主要依据似乎是第 1.1 条的具体条文。具体来说，按照该条文，公共机构应该能够"放弃或未征收在其他情况下应征收的政府税收"，或者委托或指挥私营机构履行该条列举的政府职能。由此推断，一个公共机构必须"拥有、行使或被赋予政府性权力"，否则做不了这两件事情。但是，上诉机构并没有提出和讨论资源的问题：国有企业即使"拥有、行使或被赋予政府性权力"，仍然存在以什么资源来向其他企业提供补贴的问题。

这个问题之所以被忽略，也可能是由于一个隐含的假定，即国有企业拥有的资源就是政府的资源，或者如美国在 DS436 案中的主张隐含的意思一样，政府可以像使用自己的资源一样使用国有企业的资源。所以，国有企业成为公共机构唯一需要满足的条件就是政府性权力。但是，如果这里的国有企业实行的是公司制度，其中有非国有股东的参与，国家只是控制性股东，这个假定就毫无疑问是错误的。因为国有企业的资源是公司财产，不属于任何股东。换句话说，国有企业要成为公共机构，需要满足两个条件，除了政府性权力，还需要从狭义政府那里收到一笔等量的财务资助。

当然，同样的逻辑也适用于私营机构。《补贴与反补贴措施协定》第1.1(a)(1)(iv)条包括两个部分：前面一部分提到"政府向一家筹资机构付款"，后面一部分提到"委托或指挥一家私营机构"，但并没有提到是否向被委托或被指挥的私营机构付款。

在这个问题上，欧盟的国家援助制度也提供了宝贵的经验（Zhou，2022）。如前所述，根据欧盟国家援助控制规则，国家援助必须直接或间接地以国家资源来提供，必须可归因于国家，二者合在一起被称为"国家来源"。这个概念反映的是成员国政府在提供援助方面的卷入程度，即可归因性。国家对相关资源的控制可以作为充分证据，证明国家来源的存在，类似于补贴由政府本身提供。如果国有企业是国家援助的提供者，可归因性的标准就尤其重要，因为在这种情况下，国家来源是否存在并非一目了然。由于这样的原因，欧盟形成了一套称之为"可归因性测试"的做法。①

可归因性测试决定一个企业（例如，一个公共信贷机构或一家

---

① 关于测试标准的确立，见 Case C – 482/99，France v Commission（Stardust），ECLI：EU：C：2002：294；Para 35 of Case C – 242/13，Commerz Nederland，ECLI：EU：C：2014：2224；para. 63 of Case T – 387/11，Nitrogenmuvek Vegyipari，Zrt. v Commission，ECLI：EU：T：2013：98。

开发银行）是否独立于成员国政府而行动，在一项特定措施的决策方面是否受成员国政府的影响和控制。在这方面，欧盟历史上有一起标志性的*Stardust*案，该案确立的一个原则是，仅仅从采取某一措施的国有企业由国家控制这一事实，不能推知可归因性。① 换句话说，所有权、决定性影响、控制和对企业运行的监控都不足以确立某项特定措施的可归因性。②

那么在什么条件下可以推知可归因性呢？可归因性测试的标准也是在*Stardust*案中确立的，此后又在很多其他场合被迭代修订③，经受住了时间的考验。2002年，欧洲法院决定，该测试应在"具体案件具体分析的基础上"进行。④ 在*Stardust*案中，欧洲法院列出了两个可以推知可归因性的场景⑤：

（1）除非考虑了公共当局的要求，该国有企业不可能做出有争议的决策；

（2）除了把国有企业与国家连接在一起的有机性质的要素（factors of an organic nature），该企业必须在决策中考虑了一个国家发布的指令。

---

① Summary and paragraph 51 – 52. Case C – 482/99，France *v* Commission（Stardust），ECLI：EU：C：2002：294.

② Summary and paragraph 49. Case C – 482/99，France *v* Commission（Stardust），ECLI：EU：C：2002：294.

③ 例如，Case C – 472/15 P，Servizi assicurativi del commercio estero SpA（SACE）and Sace BT SpA *v* European Commission，ECLI：EU：C：2017：88；以及 Case T 468/08 Tisza Ermö kftüv European Commission，ECLI：EU：T：2014：235。

④ Paragraph 45. Case C – 482/99，France *v* Commission（Stardust），ECLI：EU：C：2002：294.

⑤ Paragraph 55. Case C – 482/99，France *v* Commission（Stardust），ECLI：EU：C：2002：294. 另见 paragraph 13 – 14，Case C – 305/89，Italy *v* Commission，ECLI：EU：C：1991：142；paragraph 102，Case T – 351/02 Deutsche Bahn AG *v* Commission，ECLI：EU：T：2006：104。

这两种场景都属于常规的国家所有和控制以外，政府专门驱使国有企业采取某一措施的情况。第一种场景的意思是，尽管企业是国有企业，但如果不是考虑了公共当局的要求，该企业不可能采取有争议的措施，那么该措施就可以被认为可归因于成员国政府。第二种场景中所谓有机性质的要素是指政府对企业的所有权、决定性影响、控制和对企业运行的监控等因素。这种场景指的是，要把一个国有企业的某一项措施归因于成员国政府，这个国有企业必须在这些因素之外还考虑了其政府发布的指令。

但是，在欧盟的法律体系中，欧盟委员会没有责任证明，如果没有成员国政府的要求或指令，所涉及的国有企业行为会有所不同。欧盟委员会也没有责任证明成员国政府确实鼓动其国有企业采取了有争议的措施。很多其他因素和事实可能使法院得出可归因性的结论（Zhou，2022）。①

与国有企业相关的贸易规则未来的改革所需的，不是在无力控制图6.2中的初级关系的情况下聚焦于次级关系，而是采取措施在初级关系的环节上实现有效的补贴控制。为此，也需要开发与欧盟的可归因性测试类似的方法，以便确定国有企业向其他企业提供财务资助的行为是否可归因于其政府。

七、小结

本章讨论了与国有企业相关的贸易规则在未来的改革中需要关

---

① Paragraph 56，Case C–482/99，France *v* Commission（Stardust），ECLI：EU：C：2002：294.

注和解决的重点问题，包括基本方向和若干具体问题，并结合欧盟的经验提出了一系列改革建议。

就基本方向而言，首先，本章提出了六个方面的观点：

（1）CPTPP 第 17 章并不代表未来改革的方向。它和它继承的那些规则一样，本身就是改革要解决的问题的一部分，而不是解决方案。

（2）不能试图通过把国有企业逐出世界贸易体系来解决其与世界贸易体系的矛盾。

（3）从《中国加入 WTO 议定书》开始形成的一系列针对国有企业、不适用于私营企业的贸易规则，并非对国有企业的所有制歧视，因为这些规则追求的，只是保证国有企业的行为不扭曲全球市场的竞争。

（4）国有企业参与世界贸易能带来多大的扭曲贸易的风险，决定因素是其治理模式。因此，与国有企业相关的贸易规则在未来的改革中应该从聚焦于所有制转向治理模式。

（5）与国有企业相关的贸易规则还需要承认并反映一个基本事实，即典型的国有企业都追求非财务目标。

（6）提高透明度至关重要。

在此基础上，本章对五个具体问题提出了改革建议。

第一，关于国有企业行为对政府的可归因性，本章提出的建议是，贸易协定缔约方的国有企业应该分为两类，"不可归因"的和"可归因"的。不可归因类国有企业，其行为是企业行为，不是政府行为，不在贸易协定的约束范围之内，包括不必遵循非歧视原则和与之相联系的商业考虑要求，不被认定为公共机构，但前提条件是政府必须遵守一个"负面清单"性质的《行为规范》，严格限制自己在国有企业中的行为，以便确保国有企业的独立性。可归因类国有企业的行为视同政府行为，属于贸易协定的约束范围，包括必须遵循非歧视原则和与之相联系的商业考虑要求，属于《补贴与反补贴措施协定》意义上的公共机构，同时政府在国有企业中的行为不受《行为规范》约束。但是，无论在哪类国有企业中，政府行使其所有者职能的方式都不能与其对贸易伙伴的承诺相冲突。至于《行为规范》的具体内容，需要按此目的，依据 OECD《指引》进行专门设计。

第二，关于国有企业的非财务目标，贸易规则未来的改革需要从两方面着手。与国有企业的经营独立性相关，未来的改革需要在两个目标之间取得平衡：既要实现合理的非财务目标，又要保证贸易伙伴的利益不会受到不利影响。为此，关键措施仍然是要求政府在国有企业中行使所有者职能的方式与其对贸易伙伴的承诺不相冲突。为使这一承诺更容易落实，应鼓励政府像 OECD《指引》推荐的那样，使国有企业追求非财务目标的活动与其他活动至少实现会计核算层面上的分离。与国有企业的财务独立性相关，改革需要做的是完善补贴的定义，明确排除无利益授予的对国有企业的财务资助，从而使补贴定义与国有企业公司治理标准相一致。为落实这个一般原则，相关的改革可以学习欧盟在管理普遍经济利益服务方面的具体做法。

第三，关于股权资本形式的补贴，无论是《补贴与反补贴措施协定》还是 CPTPP 第 17 章，都只是确立了一个一般原则，其核心概念是与"私营投资者（包括风险资本提供）通常的投资实践"的一致性。未来的改革需要做的是开发可操作的识别标准和计算方法，把这一原则付诸实施。在这方面，OECD《指引》已经提出了一些更为具体和可操作的标准，欧盟的"市场经济经营者测试"也提供了宝贵经验。

第四，关于提高国有企业的透明度，OECD《指引》也提供了很好的标杆。但是，在两个方面需要制定新的规则。其一，关于政府与国有企业的财务关系，可以借鉴欧盟的《透明度指令》，制定更高标准、更详细的新规则。其二，关于政府与国有企业在经营决策方面的关系，也需要制定新的透明度规则，这对于决定国有企业行为对政府的可归因性尤其关键。

第五，关于国有企业作为补贴提供者的问题，本章的观点是，如果本章前面提议的改革措施得到实施，这一问题应该能够迎刃而解；相反，如果没有这些改革措施，仅仅宣布国有企业是公共机构，也就是说，把国有企业认定为政府的一部分，恐怕并不能解决实际问题。关键是要认识到，对《补贴与反补贴措施协定》第1.1条来说，公共机构实质上是政府间接提供补贴的一种途径。因此，补贴控制的关键是聚焦于狭义政府与作为补贴提供者的国有企业之间的关系，即初级关系，而不是撇开初级关系，专注于作为补贴提供者的国有企业与作为补贴接受者的其他企业之间的关系，即次级关系。

第七章
结束语

　　作为全书结束语，本章集中讨论一个问题：对于本书研究的与国有企业相关的世界贸易规则，中国应该如何应对？

　　当然，贸易问题从来不是孤立的，在当今世界尤其如此。由于中美两个大国之间的战略博弈，中国与美国及其他西方贸易伙伴之间的经济和贸易关系无可避免地带有越来越强烈的政治、安全含义，涉及国有企业的贸易问题尤其敏感。在这样的大环境中，关于贸易规则的讨论很容易被政治和安全逻辑劫持，以致经济和贸易本身的逻辑反而难有一席之地。虽然如此，本章将与本书其他部分一样，只专注于经济和贸易本身的逻辑。这一方面是因为政治和安全问题虽然重要，但属于另外的领域，不在本书的研究范围之内；另一方面也是基于一种信念，即经贸关系的泛政治化、泛安全化是非理性的、不可持续的。

　　作为出发点，首先需要看到，现存的与国有企业相关的世界贸易规则是以自由市场经济模式为基础的。这是因为如第一章所述，为维护自由贸易而被缔造出来的世界贸易体系，本来是要在自由市场经济的规则基础上运作的。后来出现的与国有企业相关的贸易规则，例如 CPTPP 第 17 章，在这一点上与 WTO 体系一脉相承。

例如，非歧视的基本原则，包括最惠国待遇、国民待遇，体现的就是自由市场经济中的公平竞争原则。补贴控制规则要控制的，就是政府向特定企业发放的、包含利益授予的财务资助，尤其是与出口业绩或进口替代业绩挂钩的这类财务资助。其目的显然也是维护公平的自由竞争环境。再比如选择利益授予计算基准时的价格"扭曲"的概念，也完全是基于自由市场经济模式的概念：只有在自由市场竞争中形成的"私人价格"才是没有扭曲的、可以作为计算基准的价格。

这也就是说，任何其他的经济体制模式，只要包含了违反自由竞争和自由贸易的要素，就会不可避免地与现存的世界贸易规则发生摩擦和冲突，其中最突出的就是反竞争的产业政策。产业政策的很多定义有意把一些无害于竞争的政策（例如职业技术教育和培训）也称为产业政策。但对产业政策的积极倡导者来说，他们真正热心推崇的，其实只是反竞争的产业政策，其核心特征是政府干预措施损害公平竞争，最常见的形式是选择特定行业、特定企业，给予"重点扶持"，包括各种形式的补贴。

毫无疑问，中国的经济体制模式并非自由市场经济体制模式，也无意向其过渡。与自由市场经济体制模式相比，中国体制模式中政府的角色更为强大，产业政策是中国体制模式的重要组成部分，包括国有银行在内的国有企业是产业政策实施的重要力量。如果国有企业的治理模式过渡到非常接近第三章界定的现代模式，产业政策将很难实施。

因此，如第五章表明的，中国国有企业与WTO的相关规则相遇时面临的挑战，并不是由于这些企业偶然地违反了WTO的规则，而是中国经济体制模式的常规运作方式与WTO规则发生了摩擦和冲突。其中部分是因为规则本身不够清楚、不够完善，需要改革，但主要原因是中国的经济体制模式与 WTO 规则依据的自由市场经济体制模式之间存在鸿沟。例如，国有商业银行要"在国家产业政策指导下开展贷款业务"，这是《商业银行法》的要求，也是中国经济体制的实际需要。如果国有商业银行贷款完全以盈利为目的，置国家产业政策于不顾，国家产业政策当然就会形同虚设。但如果一家出口企业按照国家产业政策获得了国家商业银行贷款，那么按照 WTO 的反补贴规则，该贷款就有可能被认定为政府通过银行给予的财务资助。

在这种情况下，对与国有企业相关的贸易规则，中国应该如何应对？有哪些政策选项？

首先，因为中国已经明确表示，要坚定不移地主张自由贸易，维护以 WTO 为核心的多边贸易体制，所以，对现行世界贸易规则推倒重来，不是中国的选项。

其次，中国不应该仅仅是贸易规则的接受者。到目前为止，由于历史原因，对于与国有企业相关的贸易规则，中国确实基本上都是规则的接受者而不是制定者，从 WTO 到 CPTPP 第 17 章，都是如此。作为贸易大国和国有企业大国，中国今后理应更加积极地参与这方面的改革，尤其是 WTO 改革中的国有企业议题。

中国参与与国有企业相关的贸易规则的改革，应该持何种立场？基本的立场应该是维护自由贸易。自由贸易在今天虽然遇到了阻力，却是历史正确之所在。以 WTO 为核心的多边贸易体制是第二次世界大战后建立的维护自由贸易的基本制度依托。因为 WTO 本身是建立在自由贸易理念的基础之上的，而中国已经向世界表明要坚定不移地主张自由贸易，维护以 WTO 为核心的多边贸易体制的权威性和有效性，所以，在 WTO 的国有企业改革议题上，中国坚持维护自由贸易的立场是理所当然的正确选择。

除了贸易规则本身，2020 年，国际货币基金组织还从一个不同的角度建议（IMF，2020，第 66 页），借鉴主权财富基金之间达成圣地亚哥原则的做法，各国也可以就国有企业在国际市场上的行为和这些行为的接受国的反应必须遵循的基本原则达成一份多边协定，以便建立相互信任。其内容可以包括在政府支持的条件、类型、规模等方面的透明度，也可以包括促进非歧视对待。这种在贸易规则之外寻求共识的途径，也值得中国重视和考虑。

那么，与国有企业相关的贸易规则具体应该如何改革，才能符合这样的大目标？本书的答案就是第六章提出的一系列改革建议。这些建议的基本精神就是在承认国有企业参与世界贸易有其合理性的前提之下，更有效地保证其行为不扭曲自由贸易。

如果与国有企业相关的贸易规则能得到改革和完善，中国国有企业面临的挑战就可以得到一定程度的缓解。例如，如果贸易规则能够承认国有企业的治理模式有不同的类型，在特定类型的治理模式中，国有企业行为可以不归因于政府。在"双反案"中，国有企业在热轧钢板市场上的份额能不能等同于政府的市场份额，就应该是一个需要论证的问题，而不是可以直接得出结论的事情。

但是，需要看到，第六章提出的这些改革和完善措施仍然是以维护自由贸易为宗旨的，是以自由市场经济体制为基本前提的。因此，规则的改革和完善可以在一定程度上缓解中国国有企业所面临的挑战，但只要中国的经济体制模式与自由市场经济模式仍然存在显著的差距，中国体制模式的常规运作方式与 WTO 规则的系统性摩擦和冲突就仍然会存在。

在这种情况下，关于国有企业问题，剩下的选项就是，或者维持现行的国有企业治理模式，承受贸易摩擦的成本；或者调整国有企业的治理模式，使之向第三章所界定的现代模式靠近，以求降低贸易摩擦的成本。

贸易摩擦的成本当然越低越好。所以，做出这个选择的一个关键问题是，中国是否应当进一步改革国有企业的治理模式，使之进一步向现代模式的方向靠近？

当然，最简单的情况是，进一步向现代模式靠近既能对外降低贸易摩擦的风险，又能对内促进改革和发展。如果是这样，何乐而不为呢？应该说，当年加入 WTO 时的情况大体上就是这样。当时的共识就是，向市场经济转轨本身就是改革的方向，即使没有来自外部的其他 WTO 成员方的要求，也是势在必行。因此，在《中国加入 WTO 议定书》中，中国可以很容易地承诺，包括国有银行在内的国有企业改革的目标是在商业基础上运作并自负盈亏。

时过境迁，今天面对这个问题，可能会有不同的答案。一种可能的答案是，改革也没有用，不改也罢。在中美战略博弈大局中，贸易问题只是一个局部，而国有企业问题又只是贸易问题的一个局部。所以，与国有企业相关的贸易摩擦当然要服从于中美博弈的大局以及中美经贸关系的大局，仅仅指望通过单方面的改革而取得根本性突破是不现实的。

但是，是否因此就应该采取"不改也罢"的态度，关键还是取决于对这种改革本身的认识：进一步改革国有企业的治理模式，使之进一步向现代模式的方向靠近，是否符合中国改革和发展的利益？

国有企业的治理模式当然不是孤立的，所以这个问题的实质是，中国目前的体制模式进一步向自由市场经济模式靠近，是否符合中国自身发展的利益？这当然是一个非常宏大和复杂的问题，本书难以展开讨论。但是，如果对这个问题的回答是否定的，那就意味着与之相关的贸易摩擦的成本是必须承担的成本。本书到这里也就可以结束了。

如果对这个问题的回答是肯定的，就有一个进一步的问题：具体说来，如何进一步改革，才能使国有企业的治理模式向现代模式的方向靠近？对此，本书的建议简单来说是从广度和深度两个意义上减少政府在企业层面的干预。

所谓从广度上减少政府在企业层面的干预，就是减少那些纳入贸易规则约束范围的国有企业的数量。很显然，其他条件不变，属于贸易规则约束范围的企业越多，发生贸易摩擦的风险就越大。而哪些企业属于贸易规则的约束范围，在国有企业定义和其他规则及其解释给定的情况下，贸易协定的缔约方是有调节余地的。中国非金融行业国有全资和控股企业在 2021 年总计有 26.7 万家，此外还有相当数量的国有金融机构。如果把这些企业和金融机构都置于贸易规则的约束范围之内，履约压力当然就比较大，发生贸易摩擦的风险就比较高。如果能使其中一部分不受贸易规则约束，则履约压力就可以缓解，发生贸易摩擦的风险也可以降低。

如何做到这一点呢？一项可以考虑的措施是把大多数商业－竞争类国有企业改组为国有资本参股公司。2013 年通过的《中共中央关于全面深化改革若干重大问题的决定》提出了"准确界定不同国有企业功能"的任务。根据国务院国资委等部门发布的一份指导文件（国务院国资委、财政部、国家发改委，2015），国有企业分类改革于 2016 年进入实施阶段，现在已经完成。按照这份文件提出的框架（见表 7.1），非金融类国有企业分为公益类和商业类两个大

类，商业类又分战略性和竞争性两个小类。所谓商业类，其标准是
"以增强国有经济活力、放大国有资本功能、实现国有资产保值增
值为主要目标，按照市场化要求实行商业化运作，依法独立自主开
展生产经营活动，实现优胜劣汰、有序进退"，其中的竞争性小类
的标准是"主业处于充分竞争行业和领域"。

表7.1　中国非金融类国有企业的分类框架

类别	标准
公益类	以保障民生、服务社会、提供公共产品和服务为主要目标
商业类	以增强国有经济活力、放大国有资本功能、实现国有资产保值增值为主要目标，按照市场化要求实行商业化运作，依法独立自主开展生产经营活动，实现优胜劣汰、有序进退
其中：战略性	主业处于关系国家安全、国民经济命脉的重要行业和关键领域、主要承担重大专项任务的商业类国有企业
竞争性	主业处于充分竞争的行业和领域

资料来源：国务院国资委、财政部、国家发改委（2015）。

可以看出，按照定义，商业 – 竞争类国有企业是主要追求财务
目标、在充分竞争的行业和领域运作的企业。除了国家在其中持有
股份，它们与私营企业不应该有其他重要区别。那些与私营企业不
同、必须追求非财务目标的国有企业，已经被划分为公益类或商业 –
战略类。如第三章所述，国有企业的存在理由在于它可以充当政府
的政策工具。在仅仅追求财务目标的企业中，国家为什么需要投资
并持有股份，本身就是一个值得考虑的问题。当然，在世界范围
内，各国政府确实都通过主权财富基金等工具投资于一些仅仅追求
财务目标的企业。但是，在多数情况下，国家只投资于非控制性的
少数股权，以追求投资回报为唯一目的。但是，在中国，目前被划
分为商业 – 竞争类国有企业的都还是国家控股企业甚至是国家全资

企业，否则不会被称为国有企业。因此，在这些企业中，国家完全可以考虑从全资和控股地位退出，或者完全退出，或者变成非控制性少数股东，使这些企业成为国有资本参股公司。这样一来，这些企业就不会再符合 CPTPP 第 17 章中国有企业的定义。因为国有资本参股公司按定义属于私营企业，这些企业按照《补贴与反补贴措施协定》被界定为公共机构时就会多一个要求，即必须证明有政府的"委托或指挥"。

因为国有企业分类改革的结果没有公布，非金融行业的国有企业究竟有多少属于商业－竞争类，没有官方的数据。但是，根据《中国财政年鉴 2022》公布的 2021 年的数据①，在非金融行业国有企业的总资产中，以下 6 个行业分类的占比达到 66.8%：农林牧渔业、建筑业、批发零售餐饮业、房地产业、社会服务业、机关团体及其他。这 6 个行业分类中的国有企业当然不一定都属于商业－竞争类，而且"社会服务业"和"机关团体及其他"是《中国财政年鉴》特有的行业分类，其确认含义有待澄清。但是，这 6 个行业分类中的国有企业属于公益类或商业－战略类的概率较低。所以，66.8% 的比例也可以在一定程度上说明，属于商业－竞争类从而可以考虑转型为国有资本参股公司的国有企业在全部非金融类国有企业中应该占有很大比重。

所谓从深度上减少政府在企业层面的干预，关键是推行第六章提出的适用于全球范围的一项改革措施，即把国有企业分成两类，实行不同的治理模式。具体而言，这一措施的要点如下：

• 在所有国有企业中，政府行使国家所有者权利的方式与中国

---

① 中国财政年鉴编辑部．中国财政年鉴 2022［M］．北京：中国财政杂志社，2022：469．

对贸易伙伴的承诺保持一致。

● 在一部分国有企业中，政府行使国家所有者权利的方式遵守《政府在国有企业中的行为规范》（以下简称《行为规范》）的规定，作为结果，在贸易协定的意义上，政府对这些国有企业的行为不承担责任。该《行为规范》需要按此目的，依据 OECD《指引》进行专门设计，并作为中国参与 WTO 国有企业改革议题的一部分。

● 在其余国有企业中，政府行使国家所有者权利的方式不必遵守《行为规范》的规定，作为结果，在贸易协定的意义上，政府对这些国有企业的行为承担责任。

举例来说，作为 WTO 成员方，中国对其他 WTO 成员方的一项承诺是非歧视。因此，在国有企业行使国家所有者权利时，政府就不能以任何方式要求国有企业对其他贸易伙伴的企业或产品和服务采取有违 WTO 规则的歧视行为。如果加入了 CPTPP，中国就有义务保证国有企业不向任何其他国有企业提供可以对其他缔约方的利益造成不利影响的非商业援助。所以，政府在行使国有股东的权利时，就需要保证遵守这一规定。这就是在深度的意义上减少政府在企业层面的干预。

另一项可以考虑采取的措施是把竞争政策明确提高到优先于产业政策的地位，减少和逐步消除反竞争性质的产业政策。在与国有企业相关的领域，这意味着贯彻竞争中性原则，消除国有企业因其所有制而获得的不当竞争优势。其实，早在 1993 年，中国共产党第十四届三中全会的《中共中央关于建立社会主义市场经济体制若干问题的决定》就已经提出"国家要为各种所有制经济平等参与市场竞争创造条件，对各类企业一视同仁"。20 年后十八届三中全会的

《关于全面深化改革若干重大问题的决定》进一步提出，必须积极稳妥从广度和深度上推进市场化改革，大幅度减少政府对资源的直接配置，推动资源配置依据市场规则、市场价格、市场竞争实现效益最大化和效率最优化。政府的职责和作用包括"保障公平竞争""保证各种所有制经济依法平等使用生产要素、公开公平公正参与市场竞争"。贯彻落实这些原则的关键是，在实践中，如果竞争政策与反竞争的产业政策发生冲突，产业政策必须服从竞争政策。

具体到补贴问题上，有两项改革可能已经比较具备全面展开的条件。

第一项是落实国务院关于建立国有企业公益类业务"补贴体系"的决策，并把该体系扩展成为覆盖所有国有企业非财务目标的成本补偿机制，以求把无利益授予的补偿和有利益授予的补贴区分开来。2020 年 9 月 27 日，国务院国有企业改革领导小组就国有企业承担公益类业务的问题决定，"要进行分类核算和分类考核"，并在此基础上"建立健全符合国际惯例的补贴体系"。[①] 这一决定与国际上公认的国有企业公司治理规范是一致的，按照此种规范，应当对完成公共政策目标的国有企业进行合理补偿，并应采取措施避免补偿过度和补偿不足（OECD，2024，第 31 页）。虽然国务院的决定针对的是国有企业的公益类业务，但其原则应该适用于战略性业务和其他非财务目标，或者用 OECD《指引》的语言来说是"公共政策目标的完成"。所以，该补偿机制应该扩展到覆盖国有企业的所有非财务目标。

---

① 见 http://www.gov.cn/guowuyuan/2020-09/27/content_5547693.htm。

第二项是通过实施《企业会计准则第 16 号》（"16 号准则"）建立政府补助的监测机制，并提高其透明度。2017 年付诸实施的"16 号准则"要求企业记录"政府补助"，即具有两个特征的、企业从政府无偿取得的货币性资产或非货币性资产。第一个特征是来源于政府的经济资源，第二个特征是企业取得来源于政府的经济资源，不需要向政府交付商品或服务等对价。"16 号准则"虽然使用了"补助"而不是"补贴"的术语，但是，如此定义的"政府补助"与《补贴与反补贴措施协定》的补贴定义是高度一致的。首先，一项政府补助，至少当它是货币性资产形式的时候，就是一项来自政府的财务资助。其次，它带有利益授予，因为受益者不需要向政府交付商品或服务等对价。再次，该定义特别指出，对于企业收到的来源于其他方的补助，有确凿证据表明政府是补助的实际拨付者，其他方只起到代收代付作用的，该项补助也属于来源于政府的经济资源。很显然，如果"其他方"是一个"公共机构"，这个定义就是《补贴与反补贴措施协定》的补贴定义。因此，"16 号准则"的严格实施意味着在企业层面建立起一种补贴监测机制。无论国有企业还是私营企业，其严格按照"16 号准则"记录并经过审计而报告的政府补助数据，大体上可以放心地作为企业层面的疑似补贴数据来使用。对于竞争政策的实施，这样的数据无疑是很重要的基础。如能公开披露，则与政府补助相关的透明度也可以得到大幅度提高。

后记

　　本书即将出版之际，2025年4月2日，美国总统特朗普宣布对美国的几乎所有贸易伙伴征收所谓"对等关税"；此前，他已经发动了对墨西哥和加拿大的关税战。"对等关税"当然只是特朗普在其第二任期内全面推行"美国优先"的贸易政策的开始。但是，它已经表明特朗普代表的MAGA（让美国再次伟大）势力所主导的美国决意抛弃第二次世界大战以来确立的以自由贸易为宗旨、以规则为基础的世界贸易秩序。特朗普关税是否会终结自由贸易时代？这一变局对中国国有企业有何含义？这个部分就此作一些探讨，作为对本书内容的补充。

　　关于自由贸易时代的前途，从特朗普关税政策出台后国际上的反应看，既有悲观的估计，也有乐观的估计。前者如新加坡总理黄循财于4月4日发表的讲话认为，"以规则为基础的全球化和自由贸易时代已经结束。我们正在进入一个新阶段，一个更加武断、保护主义色彩更浓、更危险的阶段"。[①]后者如《纽约时报》4月6日发表的题为"特朗普关税会终结自由贸易吗？"的文章[②]所说，乐观的经济学家们，如曾任国际货币基金组织中国局局长的康奈尔大学教授

---

① https：//international. caixin. com/2025 – 04 – 05/102306441. html.

② https：//cn. nytimes. com/world/20250407/trade – trump – tariffs – brexit/.

埃斯瓦尔·普拉萨德（Eswar Prasad）认为，特朗普关税政策肯定是对现行贸易秩序的沉重打击，也意味着不受约束的（unfettered）自由贸易的终结，但不会导致自由贸易本身的终结。

悲观的理由

悲观的观点肯定是有其道理的。如黄循财所言，现存的世界贸易体系本来就是二战后在美国的主导下建立起来的。此后的几十年中，美国一直积极倡导自由贸易，并凭借其超级大国的实力推进贸易自由化和经济全球化。现在美国自己彻底抛弃这个体系，背弃其基本原则，对这个体系自然打击不小。有人甚至把特朗普关税形容为对世界贸易体系的一次"内部爆破"。这首先当然是因为美国脱离了这个体系本身。2023年，美国在全球GDP总额中占比仍高达26%，远高于其他国家，例如中国的17%，欧盟的15%。① 没有美国参与的世界贸易体系当然是一个高度不完整的体系，意味着现行的以自由贸易为宗旨的贸易规则已经不能覆盖很大一部分世界贸易。没有美国参与的经济全球化当然也很难再称之为"全球化"。在这个意义上，说经济全球化的进程已经中断，也不为过。

但是，问题还不止于此。特朗普关税的意义既不同于英国2016年决定退出欧盟，更不同于美国2017年退出TPP。由于美国的经济实力，现行的世界贸易秩序即使在美国以外的世界市场上也会受到来自两个方面的威胁。

其一是现行的世界贸易规则被美国规则所替代。依托其综合实力尤其是市场潜力，特朗普治下的美国可以通过关税和其他手段胁迫很

---

① 世界银行数据，见 https：//data. worldbank. org/indicator/NY. GDP. MKTP. CD。

多贸易伙伴与之谈判，"分而治之"。谈判的结果可以形成一系列双边或诸边贸易协定，其中可以加入针对中国和其他第三方的内容。这些协定会以"美国优先"为宗旨，很大程度上由美国制定、美国解释、美国裁决。这些协定付诸实施的结果，是相关经济体与美国发生的贸易甚至与其他经济体发生的一部分贸易，都会在美国制定的规则下而不一定是在现行的 WTO 规则或其他规则下发生。由此，以"美国优先"为宗旨的贸易规则就会替代现行世界贸易秩序中以自由贸易为宗旨的规则。具体替代到什么程度，取决于美国对相关贸易伙伴的谈判能力。比如，如果美国有能力胁迫墨西哥和加拿大针对其他 CPTPP 缔约方做出违反两国协定义务的承诺，CPTPP 就会面临威胁。如果美国要求所有其他贸易伙伴建立针对中国的关税壁垒，形成所谓"环中国"关税墙，就等于要求它们违反其作为 WTO 成员方对中国承担的义务。

其二是美国的市场保护在其他经济体之间引发贸易战。美国市场的进入壁垒突然升高会导致美国以外的世界市场出现大规模的供给过剩。面对这种失衡压力，各经济体的出口商很自然地会向其他市场寻找出路。为了防止他人向自己的市场廉价倾销，各经济体很容易寻求建立关税或非关税壁垒保护自己。如果这样的趋势得不到控制，美国以外的世界市场就会被关税壁垒所分割。最可能出现的局面是，以较大的经济体为中心形成若干贸易集团，各集团之间则形成关税和非关税壁垒。这样的集团越多，美国以外的世界市场就会越碎片化，按现行贸易规则完成的世界贸易额就会越低，世界贸易秩序就会越接近于贸易自由化之前的时代。

乐观的理由

但是，乐观的观点也有乐观的道理。这样说至少有两方面的根据。第一方面的根据是，美国的谈判能力是有限的。有一种说法是把美国与其贸易伙伴的博弈形容成"甲方"与供应商的博弈，这种比喻夸大了美国的谈判能力。在国际贸易中，每个经济体都既有出口又有进口，美国远不是唯一的买家。根据 WTO 的数据，2023 年世界货物贸易进口总额中，美国确实占了 13.1% 的份额，名列第一，但是欧盟和中国也分别占了 11.2% 和 11% 的份额，英国、加拿大、日本、韩国加在一起占了另外的 11.5%。[①] 至少从市场份额而言，美国远不具有绝对主导地位。

更具根本意义的是，特朗普无视美国在 WTO 和其他贸易协定下承担的种种义务，包括他在第一任期内签署的贸易协定中的承诺，对全世界发动逻辑荒唐的关税战，已经使美国信誉扫地。美国的贸易伙伴已经清楚地看到，无论和美国签下什么样的贸易协定，最终压倒一切的规则肯定还是"美国优先"。这种情况下，短期内不得不与美国谈判的贸易伙伴，其长期战略必然是尽可能减少对美国市场的依赖。当然，在多大程度上可以摆脱对美国市场的依赖，各经济体有所不同。比如，墨西哥和加拿大与美国在经济上已经高度一体化（按世界银行数据，2022 年两国出口额近 80% 以美国为目的地[②]），可能比较困难；但是，相比之下，德国和法国对美国市场的依赖就远没有那么严重（2022 年出口额中美国市场的比例只有 9.8% 和 7.9%[③]）。

另外，"美国优先"的贸易政策意味着美国要逐步从世界贸易

---

① https：//globaltradedata. wto. org/official－data.

② https：//wits. worldbank. org/countrystats. aspx? lang＝en.

③ 同上。

体系和全球供应链中退出，而不是进一步融入其中。特朗普政府究竟希望通过高关税等手段达到什么目的，他们自己有多种说法，比如消除贸易逆差，增加财政收入为减税创造条件，促使制造业工作岗位回流，降低制造业的对外依赖程度。这些说法之间存在矛盾，比如，如果为消除逆差而减少了进口，关税收入就会减少。但是，总的趋势是，"美国优先"的贸易政策会使美国越来越趋向于自给自足，孤立于世界贸易和国际分工体系。这种趋势加上其贸易伙伴力图降低对美国市场依赖的努力，结果只能使美国对世界贸易规则的影响力不断下降。所以，长期看，以"美国优先"为宗旨的贸易规则不大可能取代现行的以互惠互利为宗旨的贸易规则。

第二方面也是更为重要的根据，即《纽约时报》文章提到的经济学家们所说的，自由贸易的利益可能过分巨大，以至它崛起的趋势已经不可逆转。说自由贸易属于历史正确，也是同一个意思。

贸易会产生一种"得自贸易的利益"（gain from trade），这是经济学的基本常识。由于这样的利益可以供参与贸易的双方分享，所以贸易可以成为一种双赢的交易。由于这个原因，贸易的障碍越少，贸易越自由，可供贸易的市场越大，得自贸易、可供贸易参与者分享的利益就越多。这就是自由贸易可以促进经济增长和人民生活水平提高的基本道理。二战以后的历史已经验证了这种理论的正确。根据WTO《世界贸易报告2024》的数据（WTO，2024，第21页），二战结束以来，全球范围内按贸易额加权平均的关税下降了40%。现在约有60%的世界贸易额在零关税的环境中发生，另有约20%在低于5%的关税环境中发生。尽管当今世界的贸易还远不能说"自由"，更不能说完美，但持续几十年的贸易自由化确实促进了收入增长，尤其促进了包括中国在内的发展中经济体的"追赶式增长"。由于这一原因，过去几十年中出现了 WTO 报告所称的"大趋同"（Great Convergence）（WTO，2024，第 19 页），即一部分发展中经济体的人均收入与发达经济体的差距大幅收窄的趋势。

但是，从自由贸易中获益的并不仅仅是发展中经济体，包括美国在内的发达经济体同样获得了巨大利益。世界银行的数据①显示，从 1980 年到 2023 年，按不变价美元计算，美国的人均 GDP 增长了 112%，英国增长了 101%，加拿大、德国、法国、意大利、日本的增幅较低，但也在 56%～91%。美国不仅不是自由贸易的受害者，而且其收入增长速度远高于其他发达国家。美国的真正问题在于收入分配，或者说，从贸易自由化获得的利益没有惠及所有人。总体来说，美国的消费者受益于廉价消费品，美国的公司尤其是跨国公司受益于按比较优势原则建立起来的全球供应链。从人群分布看，除了少数亿万富翁，受益者主要是受过高等教育的劳动力群体。农民和没有受过高等教育的低技能劳动力群体则获益较少、没有获益或者承受了损失（尽管导致他们利益受损的另一个重要原因是技术进步）。

实际上，自由贸易所产生的利益没有惠及更广泛的人群，是近几十年贸易自由化浪潮遇到的重大挑战，不只存在于美国。这也是所谓"不受约束的"自由贸易不可持续的重要原因。在贸易自由化的环境中，全球制造业的企业和工人差不多是在同一个市场上相互竞争。而在特定时间，全球市场对制造业产出的需求——从而工作岗位总量——总是有限的。因为在全球市场上没有类似于财政转移支付、社会保障之类的有效的利益再分配机制，国际援助的力度又

---

① https：//data. worldbank. org/indicator/NY. GDP. PCAP. KD.

非常有限，所以，如果任凭市场竞争的优胜劣汰机制来分配全球制造业工作岗位，有些发展中经济体就会被甩在后面。WTO 的《世界贸易报告 2024》提到，一部分发展中经济体的人均收入与发达经济体的差距在过去几十年中不仅没有缩小，反而有所拉大（WTO，2024，第 19 页），其中应该就有这个原因。所以，贸易自由化必须正视分配问题。

然而，自由贸易确实已经产生了巨大的利益，这是不争的事实。当自由贸易仍然存在的时候，人们对这种利益会像对空气一样习以为常。但是，一旦人们不得不失去这些利益，就会感到切肤之痛，甚至是难以承受之痛。因此，随着"美国优先"的贸易政策全面付诸实施，可能会出现至少两种起相反作用的机制。

第一种机制会出现在美国国内。所谓"美国优先"的贸易政策意味着美国社会内部的一次利益再分配。在自由贸易环境下受益的是美国消费者和公司，或者说公司背后的投资者和工人；受损的是那些在全球市场上没有足够竞争力的美国工人，他们由于贸易自由化和技术进步或者失去了工作，或者虽然保住了工作，但工资增长缓慢。他们多数是没有接受过高等教育的低技能劳动力。如果把"美国优先"的贸易政策的首要目标理解为促进制造业工作岗位的回流以及创造新的工作岗位，那么其实质就是向上述受益者征税来补贴受损者。比如，按照一种估算方法，如果苹果手机完全在美国生产以便把工作岗位迁移回美国，美国消费者必须支付的价格会上升到 3 500 美元。如果苹果公司不想过度削弱其手机的竞争力，就必须降低利润来抑制价格上涨的幅度，即让其投资者分担一部分成本。这样的制造业工作岗位回流违背比较优势原则，当然会降低美国经济的效率。但是，主张"美国优先"的人坚持认为，即使付出效率方面的代价也是值得的。比如特朗普第一任期的贸易代表莱特希泽就明确指出，必须在效率和工作岗位之间保持平衡，也就是说，为了工作岗位可以牺牲效率（Lighthizer，2023，第23页）。

但是，长期来看，这样一种利益再分配在美国恐难成功。一方面，自由贸易的众多受益者必须为此支付的成本是非常清楚、无可逃避的，而且很大部分成本都是在短期内必须支付的。另一方面，这一政策的收益是不确定的，即使有收益也主要是长期内才能实现的。

关于收益不确定，有几个原因。第一是制造业的回流有多方面的结构性制约因素，并不是靠提高关税就可以实现的。比如，无论是美国公司回流还是外国出口商来美国投资，制造业生产能力的形成都需要时间。第二，即使制造业回流（道理同样适用于外国出口商来美国投资），也不等于低技能工作岗位的回流。美国的低技能劳动力失去工作岗位和工资增长缓慢，本来就不完全是贸易冲击所致，另一个重要原因是技术进步。所以，即使特朗普政府的一些要员，对低技能工作岗位的回流也没有信心。比如总统经济顾问委员会主席米兰（Steven Miran）于2024年11月发表的、被认为给特朗普关税提供了理论基础的一篇著名论文（Miran，2024）就特别提到，把孟加拉国纺织服装行业的工作岗位转移到美国是不可能的。商务部长卢特尼克（Howard Lutnick）也明确宣称回流后的制造业会使用机器人和人工智能。第三，制造业复兴在美国可能根本就没有多大的合理空间。美国的制造业过去几十年虽然流失了很多工作岗位，但如果看增加值（世界银行数据①），在世界制造业增加值总

---

① https://data.worldbank.org/indicator/NV.IND.MANF.CD.

额中，美国2021年的份额仍然高达15.5%，而且2011年以后基本维持在这个水平。这个份额低于中国的30.5%，但高于欧元区的13.6%和日本的6.5%。所以，即使不考虑在全球价值链中的地位，美国也仍然是世界制造业第二大国。美国制造业复兴的经济合理性究竟有多大，是非常值得怀疑的。如果强行进入美国不具备比较优势的领域，长期后果将是美国经济效率的降低。

事实上，随着人均收入的提高，服务业在经济中的比重提高从而导致农业和制造业比重下降是一般规律。尽管特朗普声称他的关税解放了美国，但自由贸易的受益者在美国社会其实是多数。美国只是在货物贸易方面有逆差，在服务贸易方面多年保持顺差。美国制造业就业人数即使在1979年最高峰时也只有1 960万人①，占非农就业总人数的20%，2024年这个比例已经下降到8%②。

所以，一方面是自由贸易的众多受益者短期内必须支付的、无法回避的成本，另一方面是长期内才可能实现的、具有很大不确定性的、即使实现也只能惠及相对少数人群的政策收益，在这种情况下，更可能发生的情况是，政策实施到一定的程度，在取得显著收益之前，必须支付的成本已经达到自由贸易的受益者无法容忍的程度。特朗普关税出台不到一个月，已经在美国国内遭到多方面的反对，其中不仅包括已经起诉他的12个州（其中两个州的州长是共和党人）③，甚至包括他的坚定支持者，肯塔基州共和党参议员保罗（Rand Paul）和亿万富翁马斯克（Elon Musk）。特朗普推出"对等

---

① https：//fred. stlouisfed. org/series/manemp.

② https：//fred. stlouisfed. org/series/PAYEMS.

③ https：//www. nytimes. com/2025/04/23/us/politics/states – tariff – trump – lawsuit. html.

关税"，只是美国社会内部利益再分配的开始而不是终结。"美国优先"的贸易政策失败、美国重返自由贸易，并非不可能。

第二种机制会出现在美国以外的世界市场。一方面，现行的以自由贸易为宗旨、以规则为基础的贸易秩序惠及大部分经济体，包括中国、欧盟这样的大经济体，更包括新加坡这样的开放度高的小经济体。在美国的威胁面前维护这种秩序，符合大家的根本利益。另一方面，世界经济已经足够多极化。在美国以外的世界市场上，至少有三个自由贸易区非常重要：第一是欧盟，第二是CPTPP，第三是中国主导的RCEP（《区域全面经济伙伴关系协定》）。在2023年世界货物贸易进口总额中，欧盟占比11.2%，CPTPP的11个缔约方合计占比17.4%，RCEP的15个缔约方所占比例最高，为24.9%。因为CPTPP成员和RCEP成员有很多重合，三个贸易区成员加在一起，在2023年世界货物贸易进口总额中所占比例为44.6%，相当于美国的3.4倍。

当然，维护自由贸易属于大家的共同利益，不等于大家就一定能联合起来一致行动。《经济学人》的一篇文章（*The Economist*，2025）分析，欧盟不大可能加入CPTPP，因为CPTPP的规则是美国设计的。但是，欧盟和CPTPP的很多缔约方都已经有自由贸易协定。另外，还有若干经济体已经申请加入CPTPP，包括哥斯达黎加、厄瓜多尔、印度尼西亚、中国台湾、乌克兰和乌拉圭。三个贸易区协调行动的最大变数可能是中国和欧盟、CPTPP缔约方之间能否协调合作。

这当然是一个不小的挑战。如本书第一章所述，从2017年底以来，美国、欧盟和日本一直在进行一项针对他们所谓"不公平的市场扭曲和保护主义行为"的三方合作。"MAGA美国"虽然已经不再是以前的美国，这个三方合作可能也很难再持续，但欧盟和CPT-

PP 的至少部分缔约方在贸易问题上与中国之间的鸿沟仍然是存在的。除非双方大幅度调整立场，向对方靠近，否则，出现无法深化合作的情况也是完全可能的。

如果出现这种情况，世界贸易秩序会如何重塑？前述《经济学人》的文章提出的一种前景是，在中国和美国之间出现一个独立于二者的自由贸易集团。这个集团以欧盟和 CPTPP 为主体，外加若干有志于法律可预测性、商业自由和贸易多元化的经济体，包括挪威、韩国、瑞士。这个集团在世界货物贸易进口总额中的占比可以达到三分之一，超过美国或中国份额的两倍。换句话说，即使在这种最悲观的情况下，自由贸易时代也不会终结。

深化中国和欧盟、CPTPP 缔约方的协调合作虽然绝非易事，但也不是遥不可及，一切取决于双方的决心和努力。特朗普关税推出后，中国和欧盟的领导层都表达了共同维护自由贸易的立场。应该看到，特朗普关税的背景是，美国与欧盟以及加拿大、英国等国在贸易以外的其他领域也已经出现明显的裂痕。由于 MAGA 运动的性质，这些裂痕很可能是长期的、根本性的，所以，这些国家有必要面对新的世界格局，对中国采取更为务实和平衡的态度。对中国来说，应对美国的挑战，维护自由贸易和多边主义的国际环境，事关中国未来的发展。这些都决定了加强协调合作符合双方的根本利益。出于这样的根本利益，双方有可能愿意在一些以前不愿让步的分歧上表现出更大的灵活性，以便在若干难点问题上找到解决方案。国有企业问题就是这样的难点问题之一。

国有企业问题

如本书介绍的，现行的世界贸易规则所约束的对象是政府行为，国有企业之所以也会成为贸易规则约束的对象，是因为它可以成为政府干预贸易的政策工具。事实上，即使私营企业，只要成为政府干预贸易的政策工具，也在贸易规则的约束范围之内。如本书第四章所介绍的，最早成为世界贸易规则约束对象的企业是 GATT 中的国家贸易企业。国家贸易企业的核心特征不是所有制，而是在进出口贸易方面被政府赋予的"排他性和特别的权利或特权"。它可以是国有企业也可以是私营企业。因为国家贸易企业参与进出口贸易其实就是政府参与进出口贸易，所以 GATT 第 17 条要求国家贸易企业承担政府必须承担的一些义务，比如在进出口贸易中遵循非歧视原则。

国家贸易企业参与进出口贸易的行为就是政府参与进出口贸易的行为，或者，其行为可归因于政府，这是没有争议的。因此，它承担政府应当承担的义务，也没有问题。那么，国有企业按定义都是政府在其中拥有所有权和控制权的企业，国有企业参与进出口贸易是否可以被视为政府参与进出口贸易？其行为是否可以归因于政府？是否也应当承担政府必须承担的义务，比如遵循非歧视原则？从本书第四章和第五章可以看到，中国在国有企业问题上与发达经济体的很多争议都可以归结为对这一问题的不同回答，而这些规则都是过去几十年在美国的主持下制定的，中国在过去有关国有企业的贸易摩擦中主要的谈判对手也都是美国。欧盟、日本等发达经济体在国有企业问题的立场一直与美国保持协调。

在未来的世界贸易秩序中，贸易规则当然在很长时间内仍然会是过去由美国牵头制定的规则，比如 CPTPP 第 17 章。但如果撇开美国而与欧盟和 CPTPP 缔约方谈判，问题的难度可能会小一些，理由有三。

第一，从本书第二章可以看到，欧盟以及 CPTPP 缔约方与美国不同，国有企业在它们的经济中都占有相当的比重，所以它们更容易在国有企业问题上采取更为务实的态度。当然，除了越南，国有企业在它们的经济体系中的角色和地位与中国还是有本质区别的，但与美国相比，鸿沟要小一些。特别值得一提的是，欧盟和美国以外的发达经济体对本书第六章提到的 OECD 的《国有企业公司治理指引》的接受程度很高，而中国对此也没有表示过反对。该指引是国际上广泛接受的标准。从第六章的分析可以看出，如果双方能以此为基础，根据国有企业的治理模式尤其是与政府的实际关系确定其行为对政府的可归因性，则达成解决方案的可能性会大大增加。

第二，就经济体制模式而言，越南是与中国最接近的国家，甚至可以说是唯一一个与中国同类型的国家。越南经济中国有企业的比重虽然没有中国那么高，但其地位和作用与中国非常接近。与中国不同的是，越南是 CPTPP 的初始缔约方，又与欧盟有自由贸易协定。尽管越南的经济总量与中国不能相提并论，但它与其他 CPTPP 缔约方以及欧盟共处的经验，还是为中国提供了重要的参考。

第三，如在本书第四章和第六章中看到的，欧盟成员国都有国有企业，欧盟在其内部市场上并没有禁止国有企业，而是发展出一套解决国有企业问题的规则。这些规则的基本原则与 WTO 规则是一致的，但在很多方面比 WTO 规则更为成熟、更具可操作性。其中一些规则（如透明度规则）即使不考虑贸易问题，对中国加强国有企业与非国有企业之间的平等竞争也有重要的借鉴价值。如果中国考虑和欧盟在与国有企业相关的贸易规则方面寻求共同点，欧盟的这些规则中有很多值得中国考虑。

结论

特朗普关税标志着美国决意脱离现行的世界贸易秩序，这对自由贸易肯定是一个重大打击，也可以说打断了经济全球化的进程。但是，由于世界经济的多极化，美国的这一行动不会摧毁现行的世界贸易秩序。事实上，自由贸易给包括美国在内的众多经济体带来了巨大的利益，这使得它崛起的趋势可能已经不可逆转。从美国国内看，"美国优先"的保护主义贸易政策意味着一次利益再分配。随着这一政策全面付诸实施，其代价会逐步显现。美国重返自由贸易的历史潮流并非不可能。在美国以外的世界市场上，愿意维护自由贸易的经济体之间通过协调合作，有能力维护现行的世界贸易秩序。特朗普关税不会终结自由贸易时代，它所开启的，更可能是贸易自由化快速推进几十年之后的一个调整期。

中国和欧盟、CPTPP缔约方的协调合作对自由贸易的未来非常关键。面对新的世界格局，协调合作符合各方的根本利益，所以，在一些以前难以解决的问题上采取更灵活的态度是值得的。中国和欧盟、CPTPP缔约方在国有企业问题上寻求各方都能接受的解决方案，相对于以前与美国的对峙，可能会更容易一些。至于基本的利弊权衡和政策选项，第六章所述仍然是适用的。

2025 年 4 月 26 日

参考文献

Akcura, Elcin. 2024. "Global Power Market Structures Database". The World Bank. Available at https: //datacatalog. worldbank. org/search/dataset/0065245/global _ power _ market _ structures _ database? _ gl = 1 * 18rfskj * _ gcl _ au * MTg4ODMwNjU2 Ny4xNzE2NjYz MDQ1. Accessed on August 22, 2024.

Alchian, Armen A. and Harold Demsetz. 1972. "Production, Information Costs, and Economic Organization". *The American Economic Review*, Vol. 62, No. 5: 777 – 795.

Autor, David, and A. Beck, D. Dorn, G. H. Hanson. 2024. "Help for the Heartland? The Employment and Electoral Effects of the Trump Tariffs in the United States". NBER Working Paper 32082. https: //www. nber. org/papers/w32082.

Bauer, A. 2018. *Upstream Oil, Gas and Mining State – Owned Enterprises : Governance Challenges and the Role of International Reporting Standards in Improving Performance.* Extractive Industries Transparency Initiative (EITI) .

Bower, U. 2017. "State – Owned Enterprises in Emerging Europe: The Good, the Bad, and the Ugly". IMF Working Paper No. 17/221. https: //www. imf. org/en/Publications/WP/Issues/2017/10/30/State – Owned – Enterprises – in – Emerging – Europe – The – Good – the – Bad – and – the – Ugly – 45181.

Cerdeiro, DA & Ruane, C 2022. "China's Declining Business Dynamism". IMF Working Paper WP/22/32, viewed 29 April 2023, https: //www. imf. org/en/Publications/WP/Issues/2022/02/18/China – s – Declining – Business – Dynamism – 51 3157.

Che, Luyao. 2022. "On the Enforcement of WTO Rules Applicable to Chinese SOEs: An Inquiry into the Conceptual Structure of Norms" . Background paper prepared for Institute for State – Owned Enterprises, Tsinghua University.

Christiansen, H. 2011. "The Size and Composition of the SOE Sector in OECD Countries". OECD Corporate Governance Working Papers, No. 5, OECD Publishing. http://dx. doi. org/10. 1787/5kg54cwps0s3 – en.

CSIS. 2020. Trade Trilateral Targets China's Industrial Subsidies. Retrieved from Center for Strategic and International Studies. https://www. csis. org/analysis/trade – trilateral – targets – chinas – industrial – subsidies.

Cull Robert, Maria Soledad Martinez Peria, Jeanne Verrier. 2018. "Bank Ownership: Trends and Implications". World Bank Policy Research Working Paper 8297. Available at https://docume-nts1. worldbank. org/curated/en/810621515444012541/pdf/WPS8297. pdf. Accessed on February 5, 2022.

Dall' Olio, Andrea et al. 2022. "Using ORBIS to Build a Global Database of Firms with State Participation". World Bank Policy Research Working Paper 10261. Viewed January 15, 2024, https://documents. worldbank. org/en/publication/documents – reports/documentdetail/099800112132221252/idu03d9586040b28504 839081120922e33694f65.

De La Cruz, A. , A. Medina and Y. Tang. 2019. "Owners of the World's Listed Companies". OECD Capital Market Series, Paris, www. oecd. org/corporate/Owners – of – the – Worlds – Listed – Companies. htm.

Ding, Ru. 2018. The "Public Body" Issue in the WTO: Proposing a Comparative Institutional Approach to International Issues on State – Owned Enterprises. S. J. D. thesis. Georgetown University Law Center. Available at https://repository. library. georgetown. edu/bitstream/handle/10822/1060428/ding _ ru _ dissertation. pdf? sequence = 1&isAllowed = y. Accessed on April 3, 2022.

Ding, Ru. 2020. "Interface 2. 0 in Rules on State – Owned Enterprises: A Comparative Institutional Approach". Journal of International Economic Law, 2020: 1 – 27.

EBRD. 2020. Transition Report 2020 – 21: The State Strikes Back. https:// 2020. trebrd. com/.

European Commission. 2016. State – Owned Enterprises in the EU: Lessons Learnt and Ways Forward in a Post – Crisis Context. http://ec. europa. eu/economy _ finance/publications/.

Fleury Sylvestre Julien, & Marcoux Jean – Michel. 2016. The US Shaping of State – Owned Enterprise Disciplines in the Trans – Pacific Partnership. Journal of International Economic Law: 445 – 465.

Foster, V. and A. Rana. 2020. Rethinking Power Sector Reform in the Developing World. Sustainable Infrastructure Series. Washington, DC: World Bank.

Galambos, Louis. 2000. "State – Owned Enterprises in a Hostile Environment". In Pier Angelo Toninelli edited, *The Rise and Fall of State – Owned Enterprises in the Western World*. Cambridge: Cambridge University Press, 2000.

Gentilini, Ugo; Margaret Grosh, Jamele Rigolini, and Ruslan Yemtsov, eds. 2020. *Exploring Universal Basic Income: A Guide to Navigating Concepts, Evidence, and Practices*. Washington, DC: World Bank.

Government of India. 2021. Public Enterprise Survey 2019 – 20: Volume 1. https://dpe. gov. in/public – enterprises – survey – 2019 – 20.

Government Office of Sweden. 2021. Annual Report of State – Owned Enterprises 2020. https://www. government. se/reports/2021/09/annual – report – for – state – owned – enterprises – 2020/.

Hart, Oliver; Andrei Shleifer, Robert Vishny. 1997. "The Proper Scope of Government". *The Quarterly Journal of Economics*: 1127 – 61.

Hsieh T. C. , & Song Z. 2015. "Grasp the Large, Let Go of the Small: The Transformation. Brookings Papers on Economic Activity". Brookings Papers on Economic Activity. https://www. brookings. edu/wp – content/uploads/2016/07/2015a_hsieh. pdf. Accessed on February 5, 2022.

IEA. 2020A. The Oil and Gas Industry in Energy Transitions: Insights from IEA Analysis. https://www. iea. org/reports/the – oil – and – gas – industry – in – energy – transitions.

IEA. 2020B. Coal 2020: Analysis and forecast to 2025. https://www. iea. org/reports/coal – 2020.

IWGSWF (International Working Group of Sovereign Wealth Funds). 2008. Sovereign Wealth Funds: Generally Accepted Principles and Practices. Available at: https://www. ifswf. org/santiago – principles – landing/kuwait – declaration, accessed on January 28, 2022.

IMF. 2007. *Global Financial Stability Report*. Washington D. C. Available at https://www. elibrary. imf. org/view/books/082/08560 – 9781589066762 – en/08560 – 978158 9066762 – en – book. xml. Accessed on January 28, 2022.

IMF. 2014. *Government Finance Statistics Manual 2014*. Washington, D. C. : International Monetary Fund. Available at https://www. imf. org/external/pubs/ft/gfs/manual/2014/gfsfinal. pdf. Accessed on August 22, 2024.

IMF. 2016. Fiscal Policy: How to Improve the Financial Oversight of Public Corporations. Available at https://www. imf. org/external/pubs/ft/howtonotes/2016/howtonote1605. pdf. Accessed on February 8, 2022.

IMF. 2020. Fiscal Monitor: Policies to Support People During the Covid - 19 Pandemic. Chapter 3 (State - Owned Enterprise: the Other Government). https://www. elib-rary. imf. org/view/books/089/28929 - 9781513537511 - en/ch 03. xml.

IMF. 2021. State - Owned Enterprises in Middle East, North Africa, and Central Asia: Size, Role, Performance, and Challenges. Viewed January 15, 2024, on https://www. imf. org/en/Publications/Departmental - Papers - Policy - Papers/Issues/2021/09/17/ State - Owned - Enterprises - in - Middle - East - North - Africa - and - Central - A-sia - Size - Costs - and - 464657.

Indonesia Ministry of SOE. 2020. New Spirit for Indonesia Annual Report 2019, Viewed January 23, 2024, https://bumn. go. id/storage/report/5o29TwcMPfzIRvejO8 YpohEt9UAZgki5qcJPW52i. pdf.

Jackson, John H. 1989. "State Trading and Nonmarket Economies". *International Layer.* Vol. 23, No. 4. : 891 - 908.

Jackson, John H. 1997. *The World Trading System: Law and Policy of International Economic Relations.* Second edition. Cambridge: the MIT Press.

Jiang, Guohua, Heng Yue, Longkai Zhao. 2009. "A re - examination of China's share issue privatization". *Journal of Banking and Finance,* Volume 33, Issue 12: 2322 - 2332.

Jurzyk, Emilia and Cian Ruane. 2021. "Resource Misallocation Among Listed Firms in China: The Evolving Role of State–Owned Enterprises". IMF Working Paper. Available at https://www. elibrary. imf. org/view/journals/001/2021/075/001. 2021. issue - 075 - en. xml. Accessed on February 5, 2022.

Kawase Tsuyoshi, & Ambashi Masahito. 2018. Disciplines on State - Owned Enterprises under the Trans - Pacific Partnership Agreement: Overview and Assessment. ERIA Discussion Paper Series.

Kim, Minwoo. 2017. "Regulating the Visible Hands: Development of Rules on State - Owned Enterprises in Trade Agreements". *Harvard International Law Journal.* Vol. 58. Number 1: 225 - 272.

Kowalski, P. et al. 2013. "State - Owned Enterprises: Trade Effects and Policy Implications", *OECD Trade Policy Papers,* No. 147, OECD Publishing. http://dx. doi. org/10. 1787/5k4869ckqk7l - en.

Lighthizer, Robert. 2023. *No Trade Is Free : Changing Course, Taking on China, and Helping America's Workers.* Harper Collins. New York.

Mastromatteo, Andrea. 2017. "WTO and SOEs: Article XVII and Related Provisions of the GATT 1994". *World Trade Review*, 16: 601 –618.

Mavroidis, Petros C. and Andre Sapir. 2019. "China and the World Trade Organization: Towards a Better Fit. Bruegel Working Paper". Available at https://www. bruegel. org/wp – content/uploads/2019/06/WP – 2019 – 06 – 110619_. pdf. Accessed on February 18, 2022.

Mavroidis, Petros C. and Andre Sapir. 2021. *China and the WTO: Why Multilateralism still Matters.* Princeton: Princeton University Press.

Megginson, W & Netter, JM. 2000. "From State to Market: A Survey of Empirical Studies on Privatization". *Journal of Economic Literature*, Vol. XXXIX (June 2001): 321 –389.

Megginson, William L. , Diego Lopez, and Asif I. Malik. 2021. " The Rise of State – Owned Investors: Sovereign Wealth Funds and Public Pension Funds" . *Annual Review of Financial Economics*, 13: 247 –70.

Millward, Robert. 2000. "State Enterprises in Britain in the Twentieth Century" . In Pier Angelo Toninelli edited, *The Rise and Fall of State – Owned Enterprises in the Western World.* New York: Cambridge University Press: 157 –84.

Miran, Steven. 2024. *A Guide To Restructuring the Global Trading System.* Hudson Bay Capital. https://www. hudsonbaycapital. com/documents/FG/hudsonbay/research/6 38199_A_Users_Guide_to_Restructuring_the_Global_Trading_System. pdf.

Naqvi, K and E. Ginting. 2020. "State – Owned Enterprises and Economic Development in Asia: Introduction". In E. Ginting and K. Naqvi edited, *Reforms, Opportunities and Challenges of State – Owned Enterprises.* Asian Development Bank.

Norwegian Ministry of Trade, Industry and Fishery. 2021. State Ownership Report 2020: the Stat's Direct Ownership of Companies. https://www. regjeringen. no/en/topics/business – and – industry/state – ownership/state – ownership – in – numbers/id2770331/.

NRGI. 2019. National Oil Company Database. Available at www. nationaloilcompanydata. org.

OECD. 2005. Private Pensions: OECD Classification and Glossary. https://www. oecd. org/finance/private – pensions/38356329. pdf? _ga = 2. 6697906. 103612457 7. 1707317700 – 662675166. 1707317700.

OECD. 2013. Maintaining a Level Playing Field between Public and Private Business for Growth and Development: Background Report. https://www. oecd. org/mcm/C – MIN (2013) 18 – ENG. pdf.

OECD. 2015B. *State – Owned Enterprise Governance: A Stocktaking of Government Ra-*

tionales for Enterprise Ownership, OECD Publishing, Paris. Available at https：//www. oecd. org/publications/state‒owned‒enterprise‒governance‒9789264239944‒en. htm. Accessed on February 7, 2022.

OECD. 2015C. OECD Guidelines on Corporate Governance of State‒Owned Enterprises. Available at https：//www. oecd. org/corporate/soes/. Accessed on February 13, 2022.

OECD. 2016. *OECD Guidelines on Corporate Governance of State‒Owned Enterprises*, 2015 Edition：（Chinese version）, OECD Publishing, Paris.

OECD. 2017. *The Size and Sectoral Distribution of State‒Owned Enterprises*, OECD Publishing, Paris. http：//dx. doi. org/10. 1787/97892 64280663‒en.

OECD. 2021. OECD Corporate Governance Factbook 2021, https：//www. oecd. org/corporate/corporategovernance‒factbook. htm.

OECD. 2024. Recommendation of the Council on Guidelines on Corporate Governance of State‒Owned Enterprises, OECD/LEGAL/0414.

Pakistan Ministry of Finance. 2021. Federal Footprint SOEs Annual Report FY 2019： Vol 1 Commercial SOEs. http：//www. finance. gov. pk/publications/SOE_Report_FY1 9_Vol_I. pdf.

Panizza, Ugo. 2021. State‒Owned Commercial Banks. Available at https：//papers. ssrn. com/sol3/papers. cfm? abstract _ id = 3886728. Accessed on February 9, 2022.

Petri A. Peter, & Plummer G. Michael. 2019. China Should Join the New Trans Pacific Partnership. Peterson Institute for International Economics Policy Brief, https：//www. piie. com/publications/policy‒briefs/china‒should‒join‒new‒trans‒pacific‒partnership.

PwC. 2015. State‒Owned Enterprises：Catalysts for Public Value Creation? Available at https：//www. pwc. com/gr/en/publications/government/state‒owned‒enterprises‒catalysts‒for‒public‒value‒creation. html. Accessed on February 9, 2022.

Richmond, C. et al. 2019. Reassessing the Role of State‒Owned Enterprises in Central, Eastern, and Southeastern Europe. https：//www. imf. org/en/Publications/Departmental‒Papers‒Policy‒Papers/Issues/2019/06/17/Reassessing‒the‒Role‒of‒State‒Owned‒Enterprises‒in‒Central‒Eastern‒and‒Southeastern‒Europe‒46859.

Rubini, Luca and Tiffany Wang. 2020. "State Owned Enterprises". In Aaditya Mattoo, Nadia Rocha, Michelle Ruta edited. *Handbook of Deep Trade Agreements*. Washington,

DC: World Bank.

Shleifer, Andrei. 1998. "State versus Private Ownership". *Journal of Economic Perspectives*, Volume 12, Number 4: 133 – 150.

Szarzec, K. et al. 2021. "State – Owned Enterprises and Economic Growth: Evidence from the Post – Lehman Period". *Economic Modelling*, 99.

The Economist, 2025. Can the World's Free Traders Withstand Trump's Attack? https://www.economist.com/finance – and – economics/2025/04/02/can – the – worlds – free – traders – withstand – trumps – attack。

Toninelli, Pier Angelo. 2000. "The Rise and Fall of Public Enterprise: The Framework". In Pier Angelo Toninelli edited, *The Rise and Fall of State – Owned Enterprises in the Western World*. Cambridge: Cambridge University Press.

Tordo, Silvana. 2011. "National Oil Companies and Value Creation". World Bank Working Paper. Available at https://documents1.worldbank.org/curated/en/6507714683 31276655/pdf/National – oil – companies – and – value – creation. pdf. Accessed on February 10, 2022.

Uddin, Shahzad. 2005. Privatization in Bangladesh: Emergence of Crony Capitalism. Available at https://www.researchgate.net/publication/279190941 _ Privatization_in_Bangladesh_Emergence_of_Family_Capitalism_Development_and_Change_ January_Vol_36_1_pp_157 – 182_2005. Accessed on February 9, 2022.

USTR. 2004. 2004 Report to Congress On China's WTO Compliance. Available at https://www.politico.com/f/? id = 0000017d – 979a – dee4 – a5ff – ff9af8950000. Accessed on February 20, 2022.

USTR. 2005. 2005 Report to Congress On China's WTO Compliance. Available at https://ustr.gov/archive/assets/Document_Library/Reports_Publications/2005/asset_upload_file293_8580. pdf. Accessed on February 20, 2022.

USTR. 2008. 2008 Report to Congress On China's WTO Compliance. Available at https://ustr.gov/sites/default/files/asset_upload_file192 _ 15258. pdf. Accessed on February 20, 2022.

USTR. 2010. 2010 Report to Congress On China's WTO Compliance. Available at https://ustr.gov/about – us/policy – offices/press – office/reports – and – publications/2010/2010 – report – congress – china% E2% 80% 99s – wto – compliance. Accessed on February 20, 2022.

USTR. 2012. 2012 Report to Congress On China's WTO Compliance. Available at https://ustr.gov/sites/default/files/uploads/2012% 20Report% 20to% 20Congress% 20 – % 20Dec% 2021% 20Final. pdf. Accessed on February 20, 2022.

USTR. 2014. 2014 Report to Congress On China's WTO Compliance. Available at https：//ustr. gov/sites/default/files/2014 – Report – to – Congress – Final. pdf. Accessed on February 20, 2022.

USTR. 2015. 2015 Report to Congress On China's WTO Compliance. Available at https：//ustr. gov/sites/default/files/2015 – Report – to – Congress – China – WTO – Compliance. pdf. Accessed on February 20, 2022.

USTR. 2017. 2016 Report to Congress On China's WTO Compliance. Available at https：//ustr. gov/sites/default/files/2016 – China – Report – to – Congress. pdf. Accessed on February 20, 2022.

USTR. 2018. 2017 Report to Congress On China's WTO Compliance. Available at https：//ustr. gov/sites/default/files/files/Press/Reports/China% 202017% 20WTO% 20Report. pdf. Accessed on February 20, 2022.

USTR. 2019. 2018 Report to Congress On China's WTO Compliance. Available at https：//ustr. gov/sites/default/files/2018 – USTR – Report – to – Congress – on – China% 27s – WTO – Compliance. pdf. Accessed on February 20, 2022.

USTR. 2022. 2021 Report to Congress On China's WTO Compliance. Available at https：//ustr. gov/about – us/policy – offices/press – office/press – releases/2021/january/ ustr – releases – annual – reports – wto – compliance – china – and – russia. Accessed on February 20, 2022.

USTR. 2023. 2022 Report to Congress On China's WTO Compliance. https：//ustr. gov/sites/default/files/2023 – 02/2022% 20USTR% 20Report% 20to% 20Congress% 20on% 20China's% 20WTO% 20Compli-ance% 20 – % 20Final. pdf. Accessed on August 22, 2024.

USTR. 2024. 2023 Report to Congress On China's WTO Compliance. https：//ustr. gov/ sites/default/files/USTR% 20Report% 20on% 20China's% 20WTO% 20Compliance% 20 (Final). pdf. Accessed on August 22, 2024.

Willemyns, Ines. 2016. "Disciplines on State – Owned Enterprises in International Economic Law： Are We Moving in the Right Direction?" *Journal of International Economic Law*, 19：657 –680.

Wolfe, Robert. 2017. "Sunshine over Shanghai： Can the WTO Illuminate the Murky World of Chinese SOEs?" *World Trade Review*, 16：713 –732.

World Bank. 1995. *Bureaucrats in Business ： The Economics and Politics of Government Ownership.* New York：Oxford University Press.

World Bank. 2014. *Corporate Governance of State – Owned Enterprises ： A Toolkit.* Washington, DC：World Bank：3 – 7.

World Bank. 2016. *Malaysia Economic Monitor: Leveraging Trade Agreements*. The World Bank. Available at https://www.world-bank.org/en/country/malaysia/publication/malaysia – economic – monitor – june – 2016.

World Bank. 2021. *Bank Regulation and Supervision Survey 2019*. Updated April 26, 2021. Downloaded on December 22, Questions 13.7.1 and 13.7.2.

World Bank. 2023. *The Business of the State*. The World Bank, Washington D. C. Viewed December 22, https://www.worl-dbank.org/en/publication/business – of – the – state.

WTO. 2006. *World Trade Report 2006: Exploring the Links between Subsidies, Trade and the WTO*. Available at https://www.wto.org/english/res_e/publications_e/wtr06_e.htm. Accessed on April 3, 2022.

WTO. 2024. *World Trade Report 2024: Trade and Inclusiveness: How to Make Trade Work for All*. https://www.wto.org/english/res_e/booksp_e/wtr24_e/wtr24_e.pdf. Accessed on October 4, 2024.

WTO Appellate Body. 2011. *United States – Definitive Antidumping and Countervailing Duties on Certain Products from China*. WT/DS379/AB/R. 11 March 2011.

WTO Appellate Body. 2014A, *United States – Countervailing Measures on Certain Hot – Rolled Carbon Steel Flat Products from India*. WT/DS436/AB/R. 8 December 2014.

WTO Appellate Body. 2014B, *United States – Countervailing Duty Measures on Certain Products from China*. WT/DS437/AB/R. 18 December 2014.

WTO Appellate Body. 2019. *United States -- Countervailing Duty Measures on Certain Products from China: Recourse to Article 21.5 of the DSU by China*. WT/DS437/AB/RW. 16 July 2019.

WTO Panel. 2014. *United States – Countervailing Duty Measures on Certain Product from China*. WT/DS437/R. 14 July 2014.

WTO Panel. 2018. *United States – Countervailing Duty Measures on Certain Products from China: Recourse to Article 21.5 of the DSU by China*. WT/DS437/RW. 21 March 2018.

Wu, Mark. 2016. "The 'China, Inc.' Challenge to Global Trade Governance". *Harvard International Law Journal*, Volume 57, Number 2.

Wu, Yingying. 2019. *Reforming WTO Rules on State – Owned Enterprises in the Context of SOEs Receiving Various Advantages*. Singapore: Springer.

Wu, Yingying. 2022. "The Latest Regulatory Regime of SOEs under International Trade Treaties". In Julien Chaisse, Jędrzej Górski, Dini Sejko edited: *Regulation of*

State – Controlled Enterprises：*An Interdisciplinary and Comparative Examination.* Springer Singapore.

Zhou，Mu. 2022. "The Experience of the EU in Addressing Challenges of SOEs in the Common Market". Available at：https：//ssrn. com/abstract = 4596488 or http：// dx. doi. org/10. 2139/ssrn. 4596488.

财政部. 企业会计准则第 16 号——政府补助［EB/OL］.（2017 – 05 – 10）［2024 – 04 – 12］. https：//www. gov. cn/gongbao/content/2017/content_5237716. htm.

国家统计局. 国家统计局关于 2022 年国内生产总值最终核实的公告［EB/ OL］.（2023 – 12 – 29）［2025 – 04 – 21］. https：//www. stats. gov. cn/sj/zxfb/ 202312/t20231229_1946058. html.

国务院. 国务院关于 2022 年度国有资产管理情况的综合报告——2023 年 10 月 21 日在第十四届全国人民代表大会常务委员会第六次会议上［EB/OL］.（2023 – 10 – 27）［2025 – 04 – 21］. http：//www. npc. gov. cn/c2/c30834/202310/ t20231027_432641. html.

国资委，财政部，发展改革委. 关于国有企业功能界定与分类的指导意见［EB/OL］.（2015 – 12 – 30）［2022 – 08 – 04］. http：//www. mof. gov. cn/zheng-wuxinxi/zhengcefabu/201512/t20151230_1638704. htm.

韩立余. 国际法视野下的中国国有企业改革［J］. 中国法学，2019（6）.

江小涓. 立足国情与时代，探索开放促发展促改革之路［J］. 经济研究，2021（6）.

孔庆江，编. 世界贸易组织法理论和实践［M］. 北京：高等教育出版社，2020.

宋东华，欧福永. 论 WTO – DS437 案中"可获得事实"规则的适用［J］. 时代法学，2019，17（6）.

宋铮. 国有企业作为资源配置者的价值和定位［R］清华大学中国现代国有企业研究院举办的线上沙龙发言，2022.

吴敬琏. "中国模式"，还是过渡体制？［M］//吴敬琏文集 上卷. 北京：中央编译出版社，2013：275 – 282.

项安波. 借鉴竞争中立原则应对 TPP 国企条款挑战［N］. 中国经济时报，2016.

熊月圆. "竞争中立"视阈下的 TPP 国企规则评析［J］. 金融发展研究，2016（9）.

徐程锦，顾宾. WTO 法视野下的国有企业法律定性问题——兼评美国政府相关立场［J］. 上海对外经贸大学学报，2016（3）.

徐昕. 国有企业国际规则的新发展——内容评述、影响预判、对策研究［J］. 上海对外经贸大学学报，2017（1）.

张春霖. 从数据看全球金融危机以来中国国有企业规模的加速增长［J］. 比较，2019（6）.

张春霖. 国有企业与世界贸易体系的矛盾：为什么改革可以缓解矛盾以及如何改革（提交给清华大学中国现代国有企业研究院的课题报告）［R］. 2022.

张春霖. 国有企业的全球图景：各国经济中的国有企业规模和行业分布［J］. 比较，2023（1）.

张丽萍. TPP 协议和 WTO 有关国有企业规定之比较［J］. 国际商务研究，2017（5）.

中国投资有限责任公司. 中国投资有限责任公司 2022 年度报告［R］. http：// www. china‐inv. cn/chinainven/xhtml/Media/2022CN. pdf.